高等职业教育经管类专业平台课精品教材
“互联网+”新形态立体化教学资源特色教材

U0825555

经济法
基础与实务

（第四版）

主 编 赵 阳 张 良
副主编 王振平 李 艳
郭雪琴 姚兴良

中国轻工业出版社

图书在版编目（CIP）数据

经济法基础与实务 / 赵阳，张良主编. -- 4版. 北京：中国轻工业出版社，2024.8. --（高等职业教育经管类专业平台课精品教材）（“互联网+”新形态立体化教学资源特色教材）. --ISBN 978-7-5184-4860-9

Ⅰ. D922.29

中国国家版本馆CIP数据核字第2024VE3264号

责任编辑：李金慧　　责任终审：劳国强　　设计制作：锋尚设计
策划编辑：张文佳　　责任校对：吴大朋　　责任监印：张　可

出版发行：中国轻工业出版社（北京鲁谷东街5号，邮编：100040）
印　　刷：三河市万龙印装有限公司
经　　销：各地新华书店
版　　次：2024年8月第4版第1次印刷
开　　本：787×1092　1/16　印张：16
字　　数：360千字
书　　号：ISBN 978-7-5184-4860-9　定价：49.80元
邮购电话：010-85119873
发行电话：010-85119832　010-85119912
网　　址：http://www.chlip.com.cn
Email：club@chlip.com.cn
版权所有　侵权必究
如发现图书残缺请与我社邮购联系调换
231754J2X401ZBW

第四版前言

优化职业教育类型定位，强化“两个结合”背景下的职业教育文化育人，是职业院校进一步把握时代要求，推动职业教育高质量发展，培养德技并修的高素质技术技能人才的必然要求。

自《经济法基础与实务》第三版出版后使用至今，由于《中华人民共和国民法典》通过实施，《中华人民共和国公司法》等多部法律先后再次修正或颁布实施，原有教材部分内容已不再适应教学的需要，为了使教材内容与时俱进，使学生学习到最新的法律相关规定，编者根据最新的法律内容再次对教材相关内容进行修订，教材第四版于是应运而生。

本教材第四版的内容依然以培养和提高学生的非诉讼能力和诉讼能力为宗旨，着重培养学生运用法律思维指导实践的能力。

本教材第四版在编写过程中，主要有以下特色。

（1）继续沿用模块项目编写体系。教材内容均按照最新修订或实施的法律法规等内容进行修订和编写，读者通过阅读学习可知晓最新的法律规定。

（2）编写体例体现数字化。本教材在遵循原来编写体例的基础上，同时加注关联二维码资源，学生通过扫描即可学习微课内容，微课内容包含更多的知识技能。

（3）依然培养学生的非诉讼能力和诉讼能力，使学生能够用法律的思维处理商务事务，也能够在处理相关商务事务中掌握法律知识，为专业能力提供强有力的支撑。

（4）配套丰富立体化的教材资源。为了方便教学，编者按照最新法律的内容修订了包括电子教案、电子课件、教学任务单、试题库、教材答案等教学资源文件包。上述教学资源在订购此教材时将一并免费赠送，将大大方便任课教师的备课，节省教师时间。

本书各模块执笔者如下：张良（模块一、模块二、模块三、模块四、模块六）；赵阳（模块五、模块九）；王振平（模块十二、模块十三、模块十四）；李艳（模块七、模块八）；郭雪琴（模块十）；姚兴良（模块十一）。全书由张良、赵阳统改定稿。

本书的最终问世得到了中国轻工业出版社领导、各位作者所在学校领导的大力支持和帮助，本书在编写过程中也参考了许多专家、学者的研究成果，以及吉林普卓律师事务所徐新伟律师、单晶律师所收集的相关信息与材料，在此一并向他们表示衷心的感谢。本书的出版经过了各位作者的共同努力，但限于编者的学术水平以及编写时间仓促，书中难免有遗漏之处，恳请专家和广大读者批评指正。

编者

第一版前言

本教材以培养和提高学生的实际应用能力为宗旨，着重培养学生运用法律思维指导其专业实践的综合能力。

本教材在编写过程中结合高职高专人才培养目标，根据经济法课程自身的特点，积极大胆创新，本教材编写主要有以下特色。

（1）模块项目编写体系。本教材突出学生学习为主体，通过任务驱动进行内容编写，为了活跃教学气氛，提高教学效果，教材各模块中设置若干问题、案例、实训项目、拓展知识，其中实训项目主要在各节内容和技能训练中体现。

（2）编写体例活泼、新颖。本教材在编写体例上进行大胆创新，在阐述经济法律知识的同时，将想一想、议一议、评一评、看一看、练一练、查一查等小图标穿插在各节中，使教师教学、学生学习更加轻松，同时通过插入图片、表格等使内容更加通俗易懂。

（3）突出职业能力。本教材注重实践性，着重培养学生的非诉讼能力和诉讼能力，使学生能够用法律的思维处理商务事务，也能够在处理相关商务事务中掌握法律知识，同时注重知识的拓展。

（4）配套立体化的教材资源。为了方便教学，建设了包括电子教案、电子课件、教学任务单、试题库、教材答案等教学资源。同时该部教材也是精品课配套教材，相关学习资源也可到精品课网站点击学习下载。

本书各模块执笔者如下：张良（模块一、模块三、模块六、模块七、模块八、模块十一、模块十三、模块十四）；蔡占华（模块四）；高志和（模块五）；赵阳（模块九、模块十）；朱琢（模块二、模块十二）。全书由张良统改定稿。

本书的最终问世得到了中国轻工业出版社领导、各位作者所在学校领导的大力支持和帮助。本书在编写过程中也参考了许多专家、学者的研究成果，吉林义力律师事务所徐新伟律师和吉林同信法大律师事务所王志刚律师收集和提供的相关信息与资料，在此一并向他们表示衷心的感谢。本书的出版经过了各位作者的共同努力，但限于编者的学术水平，书中难免有遗漏或不当之处，恳请专家和广大读者批评指正。

编者

目 录

模块一

经济法基础知识

学习目标

一、知识目标

- 了解并理解经济法律关系的概念、要素、发生、变更和消灭。
- 掌握民事法律行为的概念、形式、有效要件，附条件和附期限的民事法律行为。
- 掌握代理的概念、特征、种类，表见代理，委托代理权的终止。
- 掌握诉讼时效的概念、效力及计算。

二、能力目标

- 具备识别并制作授权委托书的能力。
- 掌握完整准确撰写借条、欠条的能力。
- 具备拟定、审查并签订代理协议的能力。
- 能够分析经济法案例，从而初步具备用法律的思维分析和处理问题的能力。

三、素质目标

- 通过学习社会主义经济法律的相关规定，明确社会主义法治的价值引领，理解法治建设的基本价值准则与社会主义核心价值观的关系，培养学生坚定走社会主义法治道路的决心，做社会主义核心价值观的践行者。
- 培养学生尊崇法治、依法维护权利和依法履行义务的素质和修养以及严谨的法学思维，增强诚实守信、实事求是、知法守法的法律意识，使其内化于心，外化于行，从而实现“立德树人”的根本目标。

》导入案例

小王毕业已经3年了，如今在甲公司任技术主管，甲公司没有授予小王对外签订合同的权力。随着甲公司业务和规模的不断扩大，对外签订的合同也日益增多，一天乙公司的代表来到甲公司想要购买软件，并想和甲公司签订合同。请问：

❶ 小王是否有权代表甲公司签订合同？

❷ 如果甲公司想让小王代表公司签订合同，应具备什么条件？

❸ 如果甲乙公司最终签订了合同，甲公司将软件交付给乙公司，但是乙公司迟迟不给予货款，甲公司应注意什么？

第一节　经济法概述

一、经济法的概念

经济法是调整国家在管理与协调经济运行过程中发生的经济关系法律规范的总称。

经济法所调整的是一种社会关系，这种社会关系包括宏观经济调控关系、企业内部管理关系、市场运行关系和社会经济保障关系。

想一想

有人说社会主义市场经济是法治经济，你同意这种观点吗？

二、经济法律关系

（一）经济法律关系的概念

经济法律关系是指由经济法律规范规定和调整而形成的权利义务关系，也是由经济法律规范所确认的经济主体之间具有权利义务内容的社会关系。

法律关系是一种社会关系，调整平等主体之间的财产关系和人身关系为民事法律关系，调整行政管理关系而形成的关系为行政法律关系。

想一想

下列各项属于什么法律关系？

❶ 司机因违章被交警罚款。

❷ 甲乙两公司签订买卖合同。

❸ 甲乙二人登记结婚。

（二）经济法律关系的要素

经济法律关系的要素由主体、客体和内容三部分构成。

1. 经济法律关系的主体

经济法律关系的主体也称经济法主体，是指在经济法律关系中享有权利、承担义务的当事人。享受经济权利的一方称为权利主体，承担经济义务的一方称为义务主体。

经济法主体主要包括以下几种。

（1）国家机关。国家机关是指行使国家职能的各种机关的总称，包括国家权力机关、国家行政机关、国家司法机关等。

（2）企业和其他社会组织。企业是指依法设立的以营利为目的的从事生产经营活动的经济组织，是最重要的经济法主体。其他社会组织主要是指事业单位和社会团体。事业单位是由国家财政预算拨款或其他企业、社会组织拨款设立的从事文化、教育、科研等事业的单位，如学校、医院等。社会团体是由公民依法自愿组成的从事公共事务、学术研究等活动的社会组织，如党团组织、工会、学术团体等。

议一议

举例说明我国的权力机关、行政机关、司法机关包括哪些单位？

（3）企业内部组织和有关人员。企业内部组织虽无独立的法律地位，但在其根据经济法律规定参与企业内部的生产经营管理活动时，如在实行内部承包责任制、内部独立经济核算的情况下，则具有经济法主体的地位。

（4）自然人及个体工商户、农村承包经营户。个体工商户是在法律允许的范围之内，依法经核准登记，从事工商业经营的自然人。个体工商户经核准登记，取得营业执照后，才可以开始经营。农村承包经营户是指在法律允许的范围内按照承包合同规定从事生产经营的农村集体经济组织的成员。

2. 经济法律关系的客体

经济法律关系的客体是指经济法主体权利和义务所指向的对象。经济法律关系的客体包括以下几类。

（1）物。物是指能够为人控制和支配的、具有一定经济价值的、可通过具体物质形态表现存在的物品。物包括自然存在的物品和人类劳动生产的产品，以及固定充当一般等价物的货币和有价证券等。但并非所有的物都可以充当经济法律关系的客体，只有与经济法主体权利和义务相联系的物才符合经济法律关系客体的要求。

（2）经济行为。经济行为是指经济法主体为达到一定经济目的，实现其权利和义务所进行的经济活动。它包括经济管理行为、提供劳务行为和完成工作行为等。

（3）非物质财富。非物质财富也指精神财富或精神产品，包括智力成果、道德产品、经济信息等。

● 智力成果。智力成果是指经济法主体从事智力劳动所创造取得的成果，智力成果作为经济法律关系的客体，其法律表现形式主要为商标、专利、专有技术、著作等。

● 道德产品。道德产品是指人们在各种社会活动中取得的非物化的道德价值，如荣誉称号、嘉奖表彰等，它们是公民、法人荣誉权的客体。

●经济信息。经济信息是指反映社会经济活动发生、变化等情况的各种信息、数据、情报和资料等。

3. 经济法律关系的内容

经济法律关系的内容是指经济法主体享有的经济权利和承担的经济义务。

（1）经济权利。经济权利是指经济法主体依法能够作为或不作为一定行为，以及要求他人作为或者不作为一定行为的权利。如企业有自主生产经营权、债权人有向债务人主张债权的权利、财产所有权人有处分自己财产的权利等。

（2）经济义务。经济义务是指经济法主体根据法律规定或为满足权利主体的要求，必须作为或不作为一定行为的约束。

作为性义务是指以积极的方式去履行义务如纳税义务，不作为性义务是指以消极的方式去履行义务如企业不得生产和销售假冒伪劣商品、不得做假账等。

权利与义务关系

经济权利与经济义务相互依存。在经济法律关系中，一个经济法主体享有一定权利，必定以其他经济法主体负有一定义务为前提。同时，经济权利和经济义务具有对等性，没有无权利的义务，也没有无义务的权利，权利与义务是统一的。

三、经济法律关系的发生、变更与消灭

经济法律关系是根据经济法律规范在经济法主体间形成的权利与义务关系。但经济法律规范本身并不能必然在经济法主体间形成权利与义务关系，只有在一定的经济法律事实出现后，才能使经济法律关系发生、变更和消灭。

经济法律关系的发生、变更与消灭需要具备以下三个条件。

练一练

设计一种经济法律关系，并指出主体、内容和客体。

（1）经济法律规范。即经济法律关系发生、变更和消灭的法律依据。

（2）经济法主体。即经济权利与经济义务的实际承担者。

（3）经济法律事实。经济法律事实是指由经济法律规范所规定的，能够引起经济法律关系发生、变更和消灭的客观现象。经济法律事实可以分为两类（表1-1）。

●法律事件。法律事件是指不以经济法主体的主观意志为转移的，能引起经济法律关系发生、变更和消灭的现象。它包括自然现象（绝对事件）和社会现象（相对事件）两种，自然现象如地震、海啸等自然灾害，社会现象如战争、罢工等。

●法律行为。法律行为是指以经济法主体意志为转移的，为达到一定经济目的而进行

的有意识的活动。法律行为按其性质可分为合法行为和违法行为，这两种行为都可以引起经济法律关系的发生、变更和消灭。

表1-1　经济法律事实的划分

<table>
<tr><th>划分标准</th><th>分类</th><th colspan="2">内容</th></tr>
<tr><td rowspan="2">不以人的意志为转移</td><td rowspan="2">法律事件</td><td colspan="2">自然现象（绝对事件），如自然灾害、生老病死等</td></tr>
<tr><td colspan="2">社会现象（相对事件），如革命、战争、重大政策变更等</td></tr>
<tr><td rowspan="7">以人的意志为转移</td><td rowspan="7">法律行为</td><td>分类标准</td><td>具体类别</td></tr>
<tr><td>行为是否符合法律规范的要求</td><td>合法行为与违法行为</td></tr>
<tr><td>行为的表现形式不同</td><td>积极行为（作为）与消极行为（不作为）</td></tr>
<tr><td>行为是否通过意思表示</td><td>意思表示行为与非意思表示行为，如拾得遗失物，发现埋藏物是非意思表示行为</td></tr>
<tr><td>主体意思表示的形式</td><td>单方行为与多方行为，如遗嘱、行政命令是单方行为</td></tr>
<tr><td>行为是否需要特定形式或实质要件</td><td>要式行为与非要式行为</td></tr>
<tr><td>主体实际参与行为的状态</td><td>自主行为与代理行为</td></tr>
</table>

案例分析

张三借给李四1000元，约定借款后的第二天偿还。到了第二天，李四没有还钱。假设李四不还钱的原因有以下两种。

❶ 李四有钱但就是不还。

❷ 李四因为当地发生了地震事件而死亡。

请指出哪个是法律行为、哪个是法律事件。如果你是张三遇到上述两种情况要怎么办？

第二节　民事法律行为

案例导入

李四以开公司资金不足为由，向张三借款30万元，并答应公司成立后的1个月内还清，由于双方关系较密切，所以也没有签订书面的借款协议，后来李四听说炒股指期货挣钱较快，于是使用这笔钱从事期货交易，但因为不懂规则和操作技术，资金严重亏损。期限届满后，李四不能还钱，当张三向其索要时，李四十分愤慨并说没有向张三借钱。

请问：此案例给你什么启示？

一、民事法律行为的概念

民事法律行为是指民事主体的自然人、法人、其他组织以设立、变更、终止民事权利义务关系为目的，以意思表示为要素，依法产生法律效力的行为。

民事行为有合法的行为也有欠缺合法的行为，民事法律行为指的是合法的民事行为，欠缺合法的行为指的是无效民事行为或者可撤销、可变更的民事行为等。只要不违反法律的规定，民事主体之间的买卖、借贷、运输、租赁等行为都是合法的民事法律行为。

想一想

你知道什么是法人吗？

二、民事法律行为的形式

民事法律行为必须通过某种方式把行为人的意思表示反映出来，否则不能产生相应的法律后果。民事法律行为表现的方式也就是民事法律行为的形式。法律直接规定的形式叫法定形式，法律没有规定由当事人协商一致确定的形式属于约定形式。

民事法律行为形式主要有以下几种。

（一）口头形式

口头形式是日常生活中应用最普遍的形式，是用谈话方式所进行的意思表示，如当面交谈、电话联系等。口头形式简便易行，一旦发生争议如果当事人没有其他的证据作为证明，则有关当事人的利益可能将受到损失。口头形式大多用于即时结清、金额较小的交易。

（二）书面形式

书面形式是以书面文字进行的意思表示。日常的行为或者商事交易大部分都采取书面形式。书面形式分为一般书面形式和特殊书面形式。

> **想一想**
>
> 书面形式就是指我们通常所说的纸张吗？

1. 一般书面形式

一般书面形式是指法律不做特别要求的一般文字记载形式，如合同书、信件、数据电文（包括电报、电传、电子邮件和电子数据交换）等形式。

2. 特殊书面形式

特殊书面形式是指一般在书面的基础上，尚需有关单位确认的形式，主要包括公证形式、鉴证形式、审核登记形式和公告形式。

> **议一议**
>
> 生活和工作中哪些事情需要公证？

（1）公证形式是指当事人将其用文字表达的意思，提请公证机关对该书面意思表示的真实性和合法性进行审查确认的形式。公证形式在我国是最具有证明力的形式。我国法律规定，经过公证的书证、物证的证据力明显高于其他证据的效力。

（2）鉴证形式是指国家有关机关对当事人的意思表示进行审查和证明的形式。鉴证形式是我国合同的一种行政管理方式，如一般合同的鉴证机关是市场监督管理部门，劳动合同的鉴证机关是人力资源和社会保障部主管部门。不过现在大多数合同已经不再采取鉴证形式。

（3）审核登记形式是指国家主管机关对当事人的书面表示意思加以审查批准并登记的形式。如城市私有房屋买卖到当地的房地产管理部门登记和办理过户手续就属于审核登记形式。

（4）公告形式是指国家有关机关对当事人的书面意思表示予以确认并向社会公示的形式。

（三）推定形式

推定形式是指当事人以某种表明意图的行为将其内在意思表现于外部，使他人根据交易习惯或相互之间的默契，推定当事人已作某种意思表示，从而使法律行为成立的形式。如租期届满后，承租人继续缴纳房租，出租人接受之，由此可推知当事人双方作出了延长租期的法律行为。

> **想一想**
>
> 如果你是公司的销售部经理，代表公司与其他公司签订合同，应采取什么形式？为什么？

（四）沉默形式

沉默形式是指既无言语又无行动表示的不作为形式。一般情况下，只有在法律规定或者当事人约定的情况下，才可以赋予当事人的不作为以一定的意思表示，使其产生相应的法律效果。

三、民事法律行为的有效要件

民事法律行为成立后只有符合相关的条件才能取得法律认可的效力，其生效要件包括以下几种。

1. 行为人具备相应的民事行为能力

对于自然人而言，完全的民事行为能力人可以单独实施法律行为；限制行为能力人只能进行与其年龄、智力相当的法律行为；无民事行为能力人不能实施民事行为（纯获利益或不承担义务的除外）。法人从合法成立时便具有相应的民事行为能力。

民事行为能力种类

我国《民法典》规定：十八周岁以上的公民是成年人，具有完全民事行为能力。十六周岁以上不满十八周岁的公民，以自己的劳动收入为主要生活来源的，视为完全民事行为能力人。

八周岁以上的未成年人为限制民事行为能力人，实施民事法律行为由其法定代理人代理或者经其法定代理人同意、追认；但是，可以独立实施纯获利益的民事法律行为或者与其年龄、智力相适应的民事法律行为。

不满八周岁的未成年人为无民事行为能力人，由其法定代理人代理实施民事法律行为。

2. 意思表示真实

意思表示真实是指当事人的内心意图和外部表达相一致的状态。如果不一致，其所进行的行为可能是无效或者是可撤销、可变更的行为。

案例分析

张三是甲公司的业务代表，负责公司的原材料采购等工作，持有公司的授权委托书和公章。一天张三找到了乙公司代表进行业务洽谈，晚上乙公司的代表宴请张三，由于对方热情好客，张三饮酒过量，在大醉状态下和乙公司签订了合同，第二天张三清醒后发现所签订的合同对自身十分不利，于是主张合同无效。

请问：甲乙公司签订的合同有效吗？

3. 不违反法律、行政法规的强制性规定和公序良俗

民事活动应当遵循自愿的原则，并且不得违反法律、行政法规的强制性规定和公序良

俗，否则其行为是没有法律效力的，而且还可能遭到行政处罚或者被追究刑事责任。

四、附条件、附期限的民事法律行为

当事人进行法律行为，有时并不希望现在就发生法律效力，而是附条件或者期限的。

附条件的法律行为，是指在其中设定一定的条件，并将条件的成就作为决定效力发生或消灭的依据的民事法律行为。

根据我国《民法典》规定，民事法律行为可以附条件，但是根据其性质不得附条件的除外。附生效条件的民事法律行为，自条件成就时生效。附解除条件的民事法律行为，自条件成就时失效。附条件的民事法律行为，当事人为自己的利益不正当地阻止条件成就的，视为条件已经成就；不正当地促成条件成就的，视为条件不成就。

附期限的民事法律行为，是指当事人为民事法律行为设定一定的期限，并将期限的到来作为民事法律行为效力发生或者消灭的前提。

根据我国《民法典》规定，民事法律行为可以附期限，但是根据其性质不得附期限的除外。附生效期限的民事法律行为，自期限届至时生效。附终止期限的民事法律行为，自期限届满时失效。

所附期限与所附条件的区别在于：期限是肯定要到来的，而条件是否成就是不确定的。

附条件和附期限都属于法律行为的附款，是当事人对于法律行为效果的发生或消灭所加的限制。法律行为所附期限可以是明确的期限，也可以是不确定的期限，但都必须是一定会发生的。期限是必然到来的事实，这与附条件的法律行为所附的条件不同。法律行为所附条件本身不能违反法律、行政法规的强制性规定和公序良俗。而且条件是否发生客观上是不确定的，如果条件不可能发生则认定民事行为无效。

练一练

❶ 如果我中奖500万元，则我就借给你10万元。

❷ 10天后，我借给你10万元。

❸ 如果太阳从西边出来我就借钱给你。

❹ 本协议暂不生效，待乙方支付首批货款后自动生效。

请问：上述行为是附条件还是附期限的？并指出附条件和附期限有什么区别？

第三节　代理

案例导入

甲公司业务员王某到广州探亲，公司经理说南方电子产品价格较低，让其为公司采购电脑8台，并要求一定要购买原装机，质量要保证。王某到广州后由于时间非常紧张，就让表哥赵某替其购买并将公司经理的要求告诉了他，赵某去科技城购买后将电脑交给王某，王某没验货即将电脑运回公司，公司使用后发现电脑并非原装机，质量也较差。请问：

① 该公司的损失由谁承担？

② 从上述案例的当事人中找出代理人、被代理人。

一、代理的概念和特征

（一）代理的概念

代理是指代理人在代理权限范围内以被代理人的名义进行民事法律行为，所产生的后果直接归属于被代理人。

（二）代理的特征

1. 代理人必须在代理权限范围内实施代理行为

无论代理权的产生是基于何种法律事实，代理人都不得擅自变更或扩大代理权限，代理人超越代理权限的行为所造成的后果，被代理人不承担责任。

2. 代理人应以被代理人的名义实施代理行为

代理人只有以被代理人的名义实施代理行为，才能为被代理人取得权利和设定义务。如果代理人是以自己的名义实施法律行为，这种行为是代理人自己的行为而非代理行为。这种行为所设定的权利与义务只能由代理人自己承担。

3. 代理人的代理行为所产生的法律后果由被代理人承担

代理是代理人以被代理人的名义实施的法律行为，所以在代理关系中所设定的权利义务，应当直接归属被代理人享受和承担。被代理人对代理人的代理行为应承担的责任，既包括对代理人执行代理事务的合法行为承担民事责任，也包括对代理人的不当代理行为承担民事责任。

想一想

代理人在执行代理事务时应以谁的名义进行？

二、代理的种类

从不同的角度可以将代理分成不同的类型，其中最重要的分类方法是根据代理权产生原因的不同，将代理分为委托代理和法定代理。

1. 委托代理

委托代理是指基于被代理人的授权而产生的代理。由于它是依据被代理人的意思而产生代理权的代理，因此又称为意定代理。委托授权行为是被代理人以委托的意思表示将代理权授予代理人的行为，它是委托代理产生的根据。《中华人民共和国民法典》（以下简称《民法典》）有关委托代理的规定，明确使用了“授权委托书”术语，《民法典》规定，委托代理授权采用书面形式的，授权委托书应当载明代理人的姓名或者名称、代理事项、权限和期限，并由被代理人签名或者盖章。

2. 法定代理

法定代理是指依照法律的规定发生代理权的代理。法定代理的一个显著特征是取得法定代理人的资格既不需要当事人的意思表示，也不需要人民法院的指定。

法定代理通常适用于被代理人是无民事行为能力人、限制民事行为能力人的情况。《民法典》规定，限制民事行为能力人实施的纯获利益的民事法律行为或者与其年龄、智力、精神健康状况相适应的民事法律行为有效；实施的其他民事法律行为经法定代理人同意或者追认后有效。无民事行为能力人实施的民事法律行为无效。

《民法典》规定：无民事行为能力人、限制民事行为能力人的监护人是他的法定代理人。因此，具有监护人资格的人，依法享有法定代理权。

想一想

当今国内外商务活动中，代理是一种常见的方式，优秀的代理商凭着骄人的销售业绩而受到社会各界的广泛关注，你知道代理商和生产厂家是什么关系吗？

三、表见代理

表见代理是指行为人虽无代理权，但其行为足以使相对人有理由相信其有代理权，并基于这种信赖而与其进行民事行为，向被代理人主张权利的代理活动。

案例分析

甲公司委托其采购部经理李某代公司购买10台冰箱，并出具授权委托书，授权委托书上内容：委托李某代公司采购物资、产品，对外联系业务，签订合同。李某到外地后随即联系冰箱生产厂家乙公司，洽谈后双方签订了合同。李某返回途中发现丙公司的职员在路边宣传其公司的电冰柜，李某未经请示，便拿出甲公司的授权委托书以甲公司名义又与丙公司签订了购买电冰柜的合同。

请问：两份合同的效力如何？

四、委托代理权的终止

委托代理方式在民事和商事活动中较为常见，代理人进行代理行为时必须在授权范围内进行。如果代理人的代理权限终止，则代理人便无权继续代理事务。

有下列情形之一的，委托代理权终止。

（1）代理期间届满或者代理事务完成。

（2）被代理人取消委托或者代理人辞去委托。

（3）代理人或被代理人死亡。

（4）代理人丧失民事行为能力。

（5）作为被代理人或者代理人的法人或非法人组织终止。

实训项目

假设你现在担任某一品牌商品在某一地区的代理商，请完善下面的代理协议并分析在和生产厂家签订代理协议时应注意哪些问题。

产品销售代理协议

甲方：

乙方：

为拓展市场，促进商品在市场的流通，提高产品知名度，甲、乙双方本着互惠互利、真诚合作的原则，同意严格执行下列条款。

一、甲方委托乙方作为甲方授权之＿＿＿＿＿＿产品，在＿＿＿＿＿＿的独家总代理商，由乙方负责该产品在此区域范围内的推广与销售，有效时间为＿＿＿年＿＿＿月＿＿＿日至＿＿＿年＿＿＿月＿＿＿日。

二、甲方保证供货产品质量达到国家相关规定之标准，乙方须具备成熟的产品销售经验和销售网络，配有专业销售人员，并承诺在经营过程中严格遵守国家法律。

三、乙方在本协议签订之日起一个月内，将甲方产品铺货进乙方代理区域内，但不得以任何形式跨出规定区域经销甲方产品，损害甲方及其他代理商利益，否则按出厂价两倍处以罚款。

四、乙方在本协议有效期内的每年度，计划完成 ______ 万元的进货额。如果完成，可获进货额 ______ %的现金奖励，每超额1万元增加1%的现金奖励，完成 10万元以上（含10万元整）的进货额，现金奖励按进货额的10%计，所得现金奖励可于再次进货时抵销等价货款。

五、乙方在协议有效期内的每年度进货额若低于 ______ 万元，则本协议自动失效。

六、乙方在本协议签订之日起，十五日内首次进货，货款不低于 ______ 万元；三个月内，进货总额不低于 ______ 万元。若自本协议签订之日起十五日内乙方无进货，或者首次进货后三个月内再无进货，则本协议自动失效。

七、甲方在收到乙方货款五日内发货，运输费由乙方承担。如因一方责任造成发货失误，相关损失由责任方承担。有关货物破损等事宜，乙方必须在收货之日起十日内以书面形式提出异议，过期甲方不予受理。

八、乙方享受甲方优惠供货价格，产品价格按出厂价的 ______ %为结算价。如产品调整价格，甲方必须提前十日通知乙方。

九、协议签订之日起五日内，乙方向甲方支付 ______ 万元作为代理经营保证金，此款项于协议终结或协议失效时返还。

十、协议正常执行期间，在乙方履行本协议以上各条款的前提下，甲方不得在协议所定区域内发展其他代理商。如该区域内有新客户要求从甲方直接进货，由此产生的利润，甲乙双方各得一半。

十一、乙方代理的甲方产品在销售过程中产生滞销，甲方给予调换，期限自发货日起三个月内，超过此期限，不予受理。本协议执行之日起一年以上，乙方与甲方协商可提前终止本协议，甲方现金回购乙方库存产品，并返还乙方代理经营保证金。

十二、本协议一式两份，具有同等的法律效力，甲乙双方各执一份，签字盖章后即生效。

甲方：　　　　　　　　　　　　乙方：

年　　月　　日

第四节　诉讼时效

一、诉讼时效的概念和效力

（一）诉讼时效的概念

诉讼时效是指民事权利受到侵害的权利人在法定的时效期间内不行使权利，当时效期间届满时，人民法院对权利人的权利不再进行保护的制度。

诉讼时效属于强制性的法律规定，当事人不得以其意思表示排除其诉讼时效的适用，不得由当事人协议变更其期间，不得预先抛弃时效利益。如果有相关约定的，则属于无效约定。

（二）诉讼时效的效力

在法律规定的诉讼时效期间内，权利人提出请求的，人民法院就强制义务人履行所承担的义务。而在法定的诉讼时效期间届满之后，权利人行使请求权的，人民法院就不再予以保护。

值得注意的是，诉讼时效届满后，义务人虽可拒绝履行其义务，权利人请求权的行使会发生障碍，但权利本身及请求权并不消灭。当事人超过诉讼时效后起诉的，人民法院应当受理，受理后查明无中止、中断、延长事由的，驳回其诉讼请求。

案例分析

2010年10月8日张三向李四借款10万元，并写了借条，约定一年内还清借款，张三借款后一直没有偿还，2023年11月10日李四才向张三索要上述欠款，张三不还。

请问：如果李四向法院起诉，张三提出超过时效，你认为法院会如何处理？

二、诉讼时效的计算

（一）诉讼时效期间

普通诉讼时效期间。向人民法院请求保护民事权利的诉讼时效期间为三年。法律另有规定的，依照其规定。

最长诉讼时效期间。诉讼时效期间自权利人知道或者应当知道权利受到损害以及义务人之日起计算。法律另有规定的，依照其规定。但是，自权利受到损害之日起超过二十年的，人民法院不予保护；有特殊情况的，人民法院可以根据权利人的申请决定延长。

（二）诉讼时效的中止

诉讼时效中止是指在诉讼时效期间的最后六个月内，因法定事由而使权利人不能行使请求权的，诉讼时效期间的计算暂时停止。

《民法典》第一百九十四条规定：在诉讼时效期间的最后六个月内，因下列障碍，不能行使请求权的，诉讼时效中止。

- 不可抗力。
- 无民事行为能力人或者限制民事行为能力人没有法定代理人，或者法定代理人死亡、丧失民事行为能力、丧失代理权。
- 继承开始后未确定继承人或者遗产管理人。
- 权利人被义务人或者其他人控制。
- 其他导致权利人不能行使请求权的障碍。

自中止时效的原因消除之日起满六个月，诉讼时效期间届满。

例如2023年10月8日诉讼时效届满，而在2023年8月8日发生中止原因，此原因直到2023年12月8日才消除，则诉讼时效从2023年12月8日往后延长2个月，即2024年2月8日才届满。

（三）诉讼时效的中断

诉讼时效的中断是指在诉讼时效期间进行中，因发生一定的法定事由，致使已经经过的时效期间统归无效，待时效中断的事由消除后，诉讼时效期间重新起算。

《民法典》第一百九十五条规定：有下列情形之一的，诉讼时效中断，从中断、有关程序终结时起，诉讼时效期间重新计算。

- 权利人向义务人提出履行请求。
- 义务人同意履行义务。
- 权利人提起诉讼或者申请仲裁。
- 与提起诉讼或者申请仲裁具有同等效力的其他情形。

练一练

2021年10月8日，张三向李四借款10万元，并写了借条，约定一年内还清借款，张三借款后一直没有偿还，2023年11月10日李四通过微信向张三索要上述欠款，张三承诺在2023年11月30日前偿还完毕，请计算诉讼时效期间。

看一看

下列请求权不适用诉讼时效的规定：

（1）请求停止侵害、排除妨碍、消除危险；

（2）不动产物权和登记的动产物权的权利人请求返还财产；

（3）请求支付抚养费、赡养费或者扶养费；

（4）依法不适用诉讼时效的其他请求权。

总结与回顾

本模块在介绍经济法概念和经济法律关系的基础上，先后阐述了民事法律行为、代理和诉讼时效的相关内容。任何一个民事主体参加民事或者商事活动都可能会产生民事法律行为，而民事主体授权他人进行民事或商事活动就会产生代理问题，一旦民事权利受到侵害就要在法定的期限内主张自己的权利，否则就会因超过诉讼时效而丧失胜诉权。同学们在学习本模块时应对民事法律行为的形式、代理的种类、诉讼时效的计算内容重点掌握。

拓展知识

经济法的渊源是经济法律规范的表现形式，经济法的主要渊源包括以下规范性文件。

❶ 宪法。宪法规定了国家的根本制度和根本任务，是其他法律制定的原则性文件，具有最高法律效力。宪法中对我国基本经济制度的规定以及其他原则性规定是制定经济法所要依据的原则，因此，宪法是经济法的重要渊源。

❷ 法律和有关规范性文件。法律包括全国人民代表大会制定的法律，即基本法律和全国人民代表大会常务委员会制定的其他法律，它是经济法的主要渊源。此外，全国人民代表大会及其常务委员会作出的规范性的决议、决定，同全国人民代表大会及其常务委员会制定的法律有同等效力，也是经济法的主要渊源。

❸ 行政法规和有关规范性文件。国务院制定的各类法规、国务院发布的规范性的决定和命令，也是经济法的主要渊源之一。

❹ 部、委规章和有关规范性文件。国务院所属的各部、各委员会根据法律和国务院的行政法规、命令、决定，在本部门的权限范围内发布的规章和规范性的命令、指示，也属于经济法的渊源。

❺ 地方性法规和有关规范性文件。省、自治区、直辖市以及省人民政府所在地的市和经国务院批准的较大的市的人民代表大会及其常务委员会可以制定地方性法规。地方性法规以及地方各级人民代表大会和县级以上的地方各级人民代表大会常务委员会作出的规范性的决议、决定也属于经济法的渊源。

❻ 地方政府规章和有关规范性文件。省、自治区、直辖市以及省人民政府所在地的市和经国务院批准的较大的市的人民政府可以制定规章。这些规章以及地方各级人民政府发布的规范性的决议、命令也属于经济法的渊源。

❼ 自治条例和单行条例。民族自治地方的人民代表大会有权根据当地的特点，制定自治条例和单行条例，它们也属于经济法的渊源。

❽ 特别行政区基本法和有关规范性文件。我国宪法赋予特别行政区以立法权，特别行政区可以根据基本法的规定并依照法定程序制定、修改和废除法律。这也是经济法的渊源之一。

❾司法解释、国际条约和国际惯例等。

法治素养

《最高人民法院关于审理民事案件适用诉讼时效制度若干问题的规定》第三条第一款规定："当事人在一审期间未提出诉讼时效抗辩，在二审期间提出的，人民法院不予支持，但其基于新的证据能够证明对方当事人的请求权已过诉讼时效期间的情形除外。"第二款规定："当事人未按照前款规定提出诉讼时效抗辩，以诉讼时效期间届满为由申请再审或者提出再审抗辩的，人民法院不予支持。"据此，当事人提出时效利益的抗辩，原则上限于一审程序。如果当事人在一审没有提出，在二审和再审期间就不得提出时效的抗辩。当然，在二审期间基于新的证据能够证明对方当事人的请求权已过诉讼时效期间的情形除外。这就是说，除非债务人在二审期间发现了新的证据，且该证据足以证明诉讼时效届满，否则，其不得在二审期间提出时效的抗辩。

复习思考题

❶ 经济法律关系主体包括哪些？

❷ 民事法律行为有哪些形式？

❸ 代理的种类有哪些？

❹ 我国诉讼时效期间的法律规定是什么？

技能训练

❶ 假设你现在是甲公司的业务员，公司准备派你洽谈对外业务、采购材料、签订合同、代替公司收款。请根据上述内容制作一份授权委托书。

❷ 制定一份代理协议。

模块二

公司法

学习目标

一、知识目标

- 了解并理解公司的一般规定。
- 掌握有限责任公司的设立条件、设立程序和组织机构。
- 掌握股份有限公司的设立条件、设立程序和组织机构。
- 掌握股票和债券二者的概念、特征、发行和转让。
- 掌握公司的利润分配、合并、分立、解散与清算。

二、能力目标

- 掌握公司的设立条件和设立程序，填写公司成立的相关资料，具备完成公司设立的能力。
- 公司成立后，具备对公司进行经营管理和日常相关事务处理的能力。

三、素质目标

- 公司是我国重要的市场主体之一，通过公司的特征和设立的内容帮助学生树立人生目标和正确的择业观，培养创业的勇气和能力，鼓励学生自主创业，培养学生的奋斗意识和自立自强的精神，投入实现中华民族伟大复兴的实践，实现人生价值。
- 在公司从事经营管理业务中，倡导遵守法律、法规，遵守社会公德、商业道德，奉行公正、法治、平等、敬业、诚实守信，自觉践行社会主义核心价值观，引领社会风尚。
- 培养学生在未来职业生涯中“干一行、爱一行、专一行”的工匠精神和“爱岗敬业、争创一流，艰苦奋斗、勇于创新，淡泊名利、甘于奉献”的劳模精神。

导入案例

甲、乙、丙、丁、戊欲成立一家机械制造有限责任公司，其具体方案如下：注册资本为100万元，其中甲、乙各以货币30万元出资，丙以实物出资，经评估机构评估为10万元，丁以其专利技术出资作价20万元，戊以劳务出资，经全体出资人同意作价10万元。公司组织机构设置股东会、董事会和监事会，其中甲担任董事长并兼任总经理，由丙担任公司的监事。请问：

❶ 公司的注册资本是否符合法律规定？

❷ 公司的出资方式是否合法？

❸ 丙以实物方式出资，评估机构应是什么机构？

❹ 甲担任董事长兼任总经理的做法合法吗？

❺ 有限责任公司的组织机构包括哪些？

第一节 公司法概述

一、公司的概念和特征

想一想

公司成立后内部一般都设置什么部门？根据所学习的专业指出毕业后可能去什么部门工作。

（一）公司的概念

公司是指依照法定的条件和程序设立的以盈利为目的的企业法人。

《中华人民共和国公司法》（以下简称《公司法》）所称公司是指依照《公司法》在中华人民共和国境内设立的有限责任公司和股份有限公司。

（二）公司的特征

（1）公司具有法人资格。法人具有独立的主体资格，具有法律主体所要求的权利能力与行为能力，能够以自己的名义从事民商事活动，并以自己的财产独立承担民事责任。

（2）公司以盈利为目的，具有营利性。公司设立的宗旨是通过各种生产经营活动以满足社会需求并获得盈利，公司的营利性是公司区别于非营利性法人组织的重要特征。

（3）公司必须依照法律规定的条件和程序设立，依法经营，诚实守信，自觉接受监督，承担社会责任。

二、公司的种类

根据不同的标准，可以将公司划分为不同的种类。

1. 根据股东对公司所负责任的不同分类

根据股东对公司所负责任的不同，可以把公司划分为五类。

● 无限公司，即所有股东无论出资数额多少，均需对公司债务承担无限连带责任的公司。

● 有限责任公司，即所有股东均以其出资额为限对公司债务承担责任的公司。

● 两合公司，即由一人以上无限责任股东和一人以上有限责任股东共同组成的公司。

● 股份有限公司，即全部资本分为金额相等的股份，所有股东均以其所持股份为限对公司的债务承担责任的公司。

● 股份两合公司，即全部资本分为金额相等的股份，由一人以上无限责任股东和若干有限责任股东共同组成的公司。

我国《公司法》只规定了两种形式的公司，即有限责任公司和股份有限公司。

议一议

有限责任、无限责任和无限连带责任有什么区别？

2. 根据公司国籍的不同分类

根据公司国籍的不同，可以把公司划分为本国公司、外国公司和跨国公司。

● 外国公司，是相对本国公司而言的。外国公司是未依东道国法律也未在东道国登记而成立，但经东道国政府许可在所在国进行业务活动的机构。

● 跨国公司，是指以本国为基地，在其他国家或地区设立分公司、子公司或其他参股性投资企业，从事国际性生产、经营及服务活动的大型经济组织。

3. 根据公司在控制与被控制关系中所处地位的不同分类

根据公司在控制与被控制关系中所处地位的不同，可以把公司划分为母公司和子公司。

● 母公司，是指拥有其他公司一定数额的股份或根据协议，能够控制、支配其他公司的人事、财务、业务等事项的公司。

● 子公司，是指一定数额的股份被另一公司控制或依照协议被另一公司实际控制、支配的公司。子公司具有独立法人资格，拥有自己所有的财产，自己的公司名称、章程和机构，对外独立开展业务和承担责任。但涉及公司利益的重大决策或重大人事安排，仍要由母公司决定。我国《公司法》第十三条规定：公司可以设立子公司，子公司具有企业法人资格，依法独立承担民事责任。

评一评

子公司和分公司在法律地位上有什么不同？

4. 依据公司在管辖与被管辖关系中所处地位的不同分类

根据公司在管辖与被管辖关系中所处地位的不同，可以把公司划分为总公司和分公司。

●总公司又称本公司，是指依法设立并管辖公司全部组织的具有企业法人资格的总机构。总公司通常先于分公司而设立，在公司内部管辖系统中处于领导、支配地位。

●分公司是指在业务、资金、人事等方面受本公司管辖而不具有法人资格的分支机构。分公司不具有法律上和经济上的独立地位。我国《公司法》第十三条规定：公司可以设立分公司，分公司不具有企业法人资格，其民事责任由本公司承担。

5. 根据公司的信用基础的不同分类

根据公司的信用基础的不同，可把公司划分为人合公司、资合公司、人合兼资合公司。

公司的经营活动以股东个人的信用为基础的公司称为人合公司，如无限公司；公司的经营活动以公司的资本规模为基础的称为资合公司，如股份有限公司就是典型的资合公司；公司的设立和经营同时依赖于股东个人信用和公司资本规模的称为人合兼资合公司，如两合公司。

案例分析

甲公司因业务发展迅速规模不断扩大，设立了甲$_1$子公司，甲$_1$子公司和乙公司签订了买卖合同，约定甲$_1$向乙购买货物一批，货款人民币100万元，如果甲$_1$子公司在收到货物后不支付上述货款。

请问：乙公司可否向甲公司主张权利？为什么？

看一看

公司法是调整公司设立、经营、变更和终止过程中所发生的经济关系的法律规范的总称。

《中华人民共和国公司法》于1993年12月29日第八届全国人民代表大会常务委员会第五次会议通过，1999年12月25日第九届全国人民代表大会常务委员会第十三次会议第一次修正，2004年8月28日第十届全国人民代表大会常务委员会第十一次会议第二次修正，2005年10月27日第十届全国人民代表大会常务委员会第十八次会议第一次修订，2013年12月28日第十二届全国人民代表大会常务委员会第六次会议第三次修正，2018年10月26日第四次修正。2023年12月29日第十四届全国人民代表大会常务委员会第七次会议第二次修订，最新《公司法》自2024年7月1日起实施。

三、公司的名称

《公司法》对公司名称的要求是：依法设立的有限责任公司，必须在公司名称中标明

“有限责任公司”的字样，依法设立的股份有限公司，必须在公司名称中标明“股份有限公司”的字样。

《公司法》第六条规定：公司应当有自己的名称。公司名称应当符合国家有关规定。公司只能使用一个名称。公司的名称权受法律保护。

国务院发布的《企业名称登记管理规定》对公司名称的要求体现在以下几个方面（因公司属于企业的一种类型，对企业名称的要求同样适用于公司）。

（1）一个公司只能有一个名称，特殊情况下经省级以上公司登记机关核准，则可另有一个在规定范围内使用的从属名称，但股东是自然人的有限责任公司和外商投资公司不准使用从属名称。

（2）公司名称的组成部分依次为：公司所在行政区划的名称、字号或商号、行号，反映行业或经营特点的字样，公司的组织形式。字号应当由两个以上的字组成。

（3）全国性的公司、国务院或其授权的机关批准的大型进出口或企业集团等，经核准可以在名称中使用“中国”“中华”或冠以“国际”“全国”“国家”等字样。其他公司，除历史悠久的驰名字号（如王府井商场股份有限公司）和外商投资的公司外，都必须在名称中冠以公司所在地省、市、县的行政区划名称。

（4）公司名称应当使用汉字，不得使用汉语拼音和数字，民族自治地方可以同时使用民族语言，公司使用外文名称的，其外文名称应与中文名称一致，并依法登记注册。

（5）公司名称中不得含有有损国家和社会公共利益，可能对公众造成欺骗或误解的内容或文字，不得含有政党名称、党政军机关名称、群众组织名称、社会团体名称和部队番号等。公司名称不得与同一登记机关所辖区域内已登记的同行业公司的名称相同或者近似。

（6）使用“总公司”名称的，该公司必须下设三个以上称为“公司”或“分公司”的分支机构。分公司和其他分支机构的名称前须冠以其所从属的公司的名称。

（7）公司名称可以有简称或外文名称的缩写，并在公司章程中载明。公司名称牌匾简化时，应保留其字号，并报登记机关备案。

议一议

如果你要成立公司自主创业，请试着给公司起个名称。

四、公司的住所

公司的住所就是公司主要办事机构所在地。主要办事机构所在地，通常是指公司发出指令的业务中枢机构所在地。

公司可以建立多处生产、营业场所，但是经公司登记机关登记的公司住所只能有一个，并且这个公司住所应当是在为其登记的公司登记机关的辖区内。

规定公司住所，从法律上来看，具有以下几个方面的意义。

● 作为法律文书的送达处所。

● 作为诉讼管辖的根据。

● 在一定意义上是公司享有权利和履行义务的法定场所。

评一评

公司住所的法律规定有哪些意义？

看一看

公司的人格否认制度是指当公司股东滥用公司法人独立地位和股东有限责任来逃避债务，严重损害公司债权人利益时，债权人可以直接请求滥用公司人格的股东对公司债务承担连带责任的法律制度。

《公司法》第二十三条规定：公司股东滥用公司法人独立地位和股东有限责任，逃避债务，严重损害公司债权人利益的，应当对公司债务承担连带责任。

股东利用其控制的两个以上公司实施前款规定行为的，各公司应当对任一公司的债务承担连带责任。

第二节　有限责任公司

一、有限责任公司的概念和特征

（一）有限责任公司的概念

有限责任公司是依照《公司法》设立的，股东以其出资额为限对公司债务承担责任，公司以其全部资产对公司债务承担责任的公司。

（二）有限责任公司的特征

有限责任公司的特征体现在以下几个方面。

（1）有限责任公司是企业法人，公司的股东以其出资额对公司承担责任，公司以其全部资产对公司的债务承担责任。股东只对公司负责而不是对公司的债权人负责。

（2）有限责任公司的股东人数是有严格限制的。我国《公司法》第四十二条规定：有限责任公司由一个以上五十个以下股东出资设立，可见股东人数有最高限制。

（3）有限责任公司是资合公司，但同时具有较强的人合因素。公司股东人数有限，一般相互认识，具有一定程度的信任感，其股份转让受到一定限制，例如有限公司的股东对外转让股权的，应当将股权转让的价格、数量、支付方式等书面通知其他股东，其他股东在同等条件下有优先购买权。

（4）有限责任公司不能向社会公开募集公司资本，不能发行股票。股东出资后获得的只是一种权利证明即出资证明书，不能在股票市场上自由买卖。

二、有限责任公司的设立条件和程序

（一）设立条件

《公司法》规定，设立有限责任公司，应当具备下列条件。

1. 股东符合法定人数

有限责任公司的股东人数是有严格限制的。

我国《公司法》规定股东人数为一人以上五十人以下。股东可以是自然人也可以是法人，也可以是国家授权投资的机构或部门。

想一想

在我国，任何自然人都可以成为有限责任公司的原始股东吗？

2. 有符合公司章程规定的全体股东认缴的出资额

有限责任公司的注册资本为在公司登记机关登记的全体股东认缴的出资额。全体股东认缴的出资额由股东按照公司章程的规定自公司成立之日起五年内缴足。

议一议

目前成立有限责任公司注册资本的资金最低是多少？

法律、行政法规以及国务院决定对有限责任公司注册资本实缴、注册资本最低限额另有规定的，从其规定。

股东可以用货币出资，也可以用实物、知识产权、土地使用权、股权、债权等可以用货币估价并可以依法转让的非货币财产作价出资；但是，法律、行政法规规定不得作为出资的财产除外。

对作为出资的非货币财产应当评估作价，核实财产，不得高估或者低估作价。法律、行政法规对评估作价有规定的，从其规定。

议一议

成立有限责任公司时，对作为出资的非货币财产应当评估作价，核实财产，不得高估或者低估作价。你知道什么机构能进行评估作价吗？

3. 股东共同制定公司章程

公司章程是关于公司组织和行为的基本准则，是设立有限责任公司的必要条件。公司章程应当由股东共同制定，对全体股东具有约束力。公司章程应当载明的事项包括以下几种。

- 公司名称和住所。
- 公司经营范围。
- 公司注册资本。
- 股东的姓名或者名称。
- 股东的出资方式、出资额和出资日期。
- 公司的机构及其产生办法、职权、议事规则。
- 公司法定代表人的产生、变更办法。
- 股东会会议认为需要规定的其他事项。

想一想

有人说：公司的章程和规章制度是一回事，你同意这种观点吗？

股东应当在公司章程上签名或者盖章。

4. 有公司名称，建立符合有限责任公司要求的组织机构

设立公司，必须有确定的公司名称。按照《中华人民共和国市场主体登记管理条例》的规定，设立公司应当申请名称预先核准，法律、行政法规规定设立公司必须报经审批或者公司经营范围中有法律、行政法规规定必须报经审批的项目的，应当在报送审批前办理公司名称预先核准，并以公司登记机关核准的公司名称报送审批。

公司的运行是由公司的内部组织机构来进行的，没有相应的组织机构，公司就无法开展正常的生产经营活动。有限责任公司的组织机构主要包括股东会、董事会和监事会。

5. 有公司住所

（二）设立程序

（1）签订投资协议或发起人协议。根据新修订后的《公司法》规定，此协议非必经环节。该协议由投资人即将来有限责任公司的股东签订，该协议中应明确协议各方的权利义务、利润分配方式以及投资人担任职务责任等。该协议是为明确公司设立的目的、明确股东权利义务的书面性文件，在法律上视为一项合伙协议。

（2）拟定公司章程。公司章程是设立有限责任公司必须具备的文件，也可以说是公司的"小宪法"。公司章程中的约定，不能违背法律、法规的规定。

（3）设立筹备机构。设立筹备机构不是法律的强制性要求，如有专门的筹备机构则有利于设立公司的顺利进行。

（4）进行公司名称预先核准。根据《企业名称登记管理规定》《中华人民共和国市场主体登记管理条例》相关规定，设立公司应当进行公司名称预先核准。名称由申请人自主申报，申请人可以通过企业名称申报系统或者在企业登记机关服务窗口提交有关信息和材料，申请人需承诺因其企业名称与他人企业名称近似侵犯他人合法权益的，依法承担法律责任。

设立有限责任公司，应当由全体股东指定的代表或者共同委托的代理人向公司登记机关申请公司名称预先核准。

（5）法律、行政法规规定需经有关部门审批的要进行报批，获得批准文件，如烟草专卖等。有些经营项目必须经过有关部门审批并出具相关批文，这也是合法性的必备要件。

（6）投资人必须有真实出资，非货币出资的，应当由评估机构进行评估并出具评估报告。

（7）申请设立登记。股东认足公司章程规定的出资后，由全体股东指定的代表或者共同委托的代理人向公司登记机关报送公司登记申请书、公司章程等文件，申请设立登记。

申请设立有限责任公司的，应当向公司登记机关提交下列文件。

- 公司法定代表人签署的设立登记申请书。
- 全体股东指定代表或者共同委托代理人的证明。
- 公司章程。
- 股东已办理其财产权转移手续的相关证明文件。
- 股东的主体资格证明或者自然人身份证明。
- 载明公司董事、监事、经理的姓名、住所的文件以及有关委派、选举或者聘用的证明。
- 公司法定代表人任职文件和身份证明。
- 企业名称预先核准通知书。
- 公司住所证明。
- 市场监督管理部门要求提交的其他文件。

> **议一议**
>
> 根据有限责任公司的成立程序的内容，请分析成立有限责任公司要经历哪些部门和单位？

如成立公司必须报经有关主管机关批准的，还应当提交有关批准文件。

（8）办理登记。申请设立有限责任公司符合《公司法》规定条件的，登记机关依法核准登记，颁发营业执照。营业执照的签发日期为有限责任公司的成立日期。

（9）设立的有限责任公司凭营业执照申请开立银行账户。

> **查一查**
>
> 通过互联网或其他途径查询有限责任公司的营业执照、税务登记证、资产评估报告。

（10）凭营业执照刻制公司印章。

（11）进行纳税登记。向税务机关进行登记取得税务登记证。

以上为设立有限责任公司的主要步骤。

三、有限责任公司的股权转让

1. 股东自由转让

有限责任公司的股东之间可以相互转让其全部或者部分股权。

股东向股东以外的人转让股权的，应当将股权转让的数量、价格、支付方式和期限等事项书面通知其他股东，其他股东在同等条件下有优先购买权。股东自接到书面通知之日起三十日内未答复的，视为放弃优先购买权。两个以上股东行使优先购买权的，协商确定各自的购买比例；协商不成的，按照转让时各自的出资比例行使优先购买权。

公司章程对股权转让另有规定的，从其规定。

2. 法院强制执行

人民法院依照法律规定的强制执行程序转让股东的股权时，应当通知公司及全体股东，其他股东在同等条件下有优先购买权。其他股东自人民法院通知之日起满二十日不行使优先购买权的，视为放弃优先购买权。

由于以上原因转让股权后，公司应当及时注销原股东的出资证明书，向新股东签发出资证明书，并相应修改公司章程和股东名册中有关股东及其出资额的记载。对公司章程的该项修改不需再由股东会表决。

3. 公司回购股权

有下列情形之一的，对股东会该项决议投反对票的股东可以请求公司按照合理的价格收购其股权。

- 公司连续五年不向股东分配利润，而公司该五年连续盈利，并且符合《公司法》规定的分配利润条件的。
- 公司转让主要财产的。
- 公司章程规定的营业期限届满或者章程规定的其他解散事由出现，股东会会议通过决议修改章程使公司存续的。

自股东会会议决议通过之日起六十日内，股东与公司不能达成股权收购协议的，股东可以自股东会会议决议通过之日起九十日内向人民法院提起诉讼。

4. 继承转让

自然人股东死亡后，其合法继承人可以继承股东资格；但是公司章程另有规定的除外。

案例分析

2024年5月，张某、李某和王某出资设立一家有限责任公司，三人分别出资20万元、20万元、10万元。为保持股东利益平衡，三人在公司章程中约定：任何一名股东转让出资时，转让的结果不能使一名股东获得控股权，即任一股东不能因接受股份换让而拥有公司50%以上的股权。公司成立两个月后，李某向张某、王某提出股权转让的要求。经协商，最后二人分别受让了10万元的股权。在二人交付股权转让款，准备去市场监管局办理变更登记手续之前，李某反悔，找到张某、王某要求取消股权转让协议，张某表示反对，认为股权转让协议已经履行，李某已经丧失了股东资格，于是发生纠纷。请问：

❶ 三个股东在章程中约定的内容是否合法？

❷ 李某如转让股权应具备什么条件？

四、有限责任公司的组织机构

有限责任公司的组织机构包括三部分：股东会、董事会和监事会，即权力机构、执行机构和监督机构。

（一）股东会

1. 股东会性质

有限责任公司股东会由全体股东组成。股东会是公司的权力机构。股东会不是常设的公司机构，仅以会议形式存在。

2. 股东会的职权

- 选举和更换董事、监事，决定有关董事、监事的报酬事项。
- 审议批准董事会的报告。
- 审议批准监事会的报告。
- 审议批准公司的利润分配方案和弥补亏损方案。
- 对公司增加或者减少注册资本作出决议。
- 对发行公司债券作出决议。
- 对公司合并、分立、解散、清算或者变更公司形式作出决议。
- 修改公司章程。
- 公司章程规定的其他职权。

股东会可以授权董事会对发行公司债券作出决议。

对前所列事项股东以书面形式一致表示同意的，可以不召开股东会会议，直接作出决定，并由全体股东在决定文件上签名或者盖章。

3. 股东会的召开

首次股东会会议由出资最多的股东召集和主持，依法行使职权。以后的股东会会议，有限责任公司设立董事会的，股东会会议由董事会召集，董事长主持；有限责任公司不设董事会的，股东会会议由执行董事召集和主持。董事长不能履行职务或者不履行职务的，由副董事长主持；副董事长不能履行职务或者不履行职务的，由过半数以上董事共同推举一名董事主持。

练一练

指出有限责任公司股东会召集和主持的主体顺序。

董事会不能履行或者不履行召集股东会会议职责的，由监事会召集和主持；监事会或者监事不召集和主持的，代表十分之一以上表决权的股东可以自行召集和主持。

股东会的会议方式分为定期会议和临时会议两类。

（1）定期会议。我国《公司法》规定每年召开一次股东会，定期会议具体召开时间由公司章程进行规定。在我国，一般有限责任公司股东会年会于每个会计年度结束之后即行召开。

（2）临时会议。也称特别会议，是指定期会议以外必要的时候，由于发生法定事由或者根据法定人员、机构的提议而召开的股东会议。

代表十分之一以上表决权的股东，三分之一以上的董事或监事会提议召开临时会议的，应当召开临时会议。

召开股东会会议，应当于会议召开十五日前通知全体股东；但是，公司章程另有规定或者全体股东另有约定的除外。

4. 股东会决议

股东会应当对所议事项的决定作成会议记录，出席会议的股东应当在会议记录上签名。股东会会议由股东按照出资比例行使表决权，但是，公司章程另有规定的除外。

股东会的议事方式和表决程序，除另有规定的外，由公司章程规定。

股东会作出决议，应当经代表过半数表决权的股东通过。

股东会对于普通事项的表决只需代表过半数表决权的股东通过，但对于下列事项须经代表三分之二以上表决权的股东通过。

- 修改公司章程。
- 增加或者减少注册资本的决议。
- 公司合并、分立、解散。
- 变更公司形式的决议。

股东权利与义务

股东的权利包括出席股东会按出资比例行使表决权；选举权和被选举权；依法转让出资的权利；知情权；建议权和质询权；股利分配请求权；提议召开临时股东会的权利；特殊情形下申请法院解散公司的权利；公司终止后对公司剩余财产的分配请求权等。

股东的义务主要包括缴纳出资义务，公司设立后不得抽回出资的义务，公司章程规定的其他义务等。

（二）董事会

1. 董事会的性质和组成

董事会是有限责任公司的业务执行机关，代表公司并行使经营决策权的公司常设机关。

有限责任公司设董事会，其成员为三人以上，公司规模较小或股东人数较少的有限责任公司，可以设一名董事，不设董事会，该董事可以兼任公司经理。

有限责任公司董事会成员为三人以上，其成员中可以有公司职工代表。职工人数三百人以上的有限责任公司，除依法设监事会并有公司职工代表的外，其董事会成员中应当有公司职工代表。董事会中的公司职工代表由公司职工通过职工代表大会、职工大会或者其他形式民主选举产生。

董事会设董事长一人，可以设副董事长。董事长、副董事长的产生办法由公司章程规定，董事任期由公司章程规定，但每届任期不得超过三年。董事任期届满，连选可以连任。

想一想

有人说：有限责任公司的董事每届任期就是三年，你同意这种观点吗？

有限责任公司可以按照公司章程的规定在董事会中设置由董事组成的审计委员会，行使《公司法》规定的监事会的职权，不设监事会或者监事。公司董事会成员中的职工代表可以成为审计委员会成员。

2. 董事会的职权

董事会对股东会负责，并行使下列职权。

- 召集股东会会议，并向股东会报告工作。
- 执行股东会的决议。
- 决定公司的经营计划和投资方案。
- 制定公司的利润分配方案和弥补亏损方案。
- 制定公司增加或者减少注册资本以及发行公司债券的方案。
- 制定公司合并、分立、解散或者变更公司形式的方案。
- 决定公司内部管理机构的设置。
- 决定聘任或者解聘公司经理及其报酬事项，并根据经理的提名决定聘任或者解聘公司副经理、财务负责人及其报酬事项。
- 制定公司的基本管理制度。
- 公司章程规定或股东会授予的其他职权。

公司章程对董事会职权的限制不得对抗善意相对人。

3. 董事会会议的召开

董事会会议由董事长召集并主持。董事长因特殊原因不能履行职务时，由副董事长召集和主持；副董事长不能履行职务或者不履行职务的，由过半数以上董事共同推举一名董事召集和主持。

4. 董事会的决议

董事会的议事方式和表决程序，除《公司法》有规定的外，由公司章程规定。董事会应当对所议事项的决定作成会议记录，出席会议的董事应当在会议记录上签名。董事会决议的表决，应当一人一票。

5. 经理

董事会作为公司的管理决策机构，是需要执行者来实施其决策的，经理正是发挥这种作用的人员。这里所指的经理即通常所说的总经理。

经理是有限责任公司董事会聘任的主持公司的日常管理工作的高级管理人员，对董事会负责。有限责任公司可以设经理，由董事会决定聘任或者解聘。

经理列席董事会会议。

股东人数较少或者规模较小的有限责任公司，可以设一名董事，不设董事会。该董事可以兼任公司经理。

（三）监事会

1. 监事会的性质和组成

监事会是依法产生，对董事和经理的经营管理行为及公司财务进行监督的常设机构。它代表全体股东对公司经营管理进行监督，行使监督职能，是公司的监督机构。

有限责任公司设监事会，其成员为三人以上。股东人数较少或者规模较小的有限责任公司，可以设一名监事，不设监事会。经全体股东一致同意，也可以不设监事。

监事会应当包括股东代表和适当比例的公司职工代表，其中职工代表的比例不得低于三分之一，具体比例由公司章程规定。

想一想

下列哪些人员不得担任监事?

❶ 董事长
❷ 总经理
❸ 财务总监
❹ 办公室主任
❺ 销售部职员

监事会设主席一人，由全体监事过半数选举产生。

董事、高级管理人员不得兼任监事。

监事的任期每届为三年。监事任期届满，连选可以连任。监事任期届满未及时改选，或者监事在任期内辞职导致监事会成员低于法定人数的，在改选出的监事就任前，原监事仍应当依照法律、行政法规和公司章程的规定，履行监事职务。

2. 监事会的职权

监事会行使下列职权。

- 检查公司财务。
- 对董事、高级管理人员执行职务的行为进行监督，对违反法律、行政法规、公司章程或者股东会决议的董事、高级管理人员提出解任的建议。
- 当董事、高级管理人员的行为损害公司的利益时，要求董事、高级管理人员予以纠正；提议召开临时股东会会议，在董事会不履行《公司法》规定的召集和主持股东会会议职责时召集和主持股东会会议。
- 向股东会会议提出提案。
- 依照《公司法》第一百八十八条的规定（主要内容为董事、监事、高级管理人员执行职务违反法律、行政法规或者公司章程的规定，给公司造成损失的，应当承担赔偿责任），对董事、监事、高级管理人员提起诉讼。
- 公司章程规定的其他职权。

监事可以列席董事会会议，并对董事会决议事项提出质询或者建议。

监事会可以要求董事、高级管理人员提交执行职务的报告。

3. 监事会会议的召开

监事会每年度至少召开一次会议，监事可以提议召开临时监事会会议。

监事会主席召集和主持监事会会议，监事会主席不能履行职务或者不履行职务的，由过半数以上监事共同推举一名监事召集和主持监事会会议。

监事会决议应当经全体监事过半数以上监事通过。监事会的表决，应当一人一票。监事会应当对所议事项的决定作成会议记录，出席会议的监事应当在会议记录上签名。

监事会行使职权所必需的费用，由公司承担。

第三节　股份有限公司

一、股份有限公司的概念和特征

（一）股份有限公司的概念

股份有限公司是其全部资本分为等额股份，股东以认购的股份为限对公司承担责任，公司以全部资产对公司债务承担责任的公司。

（二）股份有限公司的特征

1. 股东人数具有广泛性

股份有限公司可以通过向社会公众广泛地发行股票来筹集资本，任何投资者只要认购股票和支付股款，都可成为股份公司的股东，这使得股份有限公司的股东人数具有广泛性的特点。

2. 股东的出资具有股份性

股份有限公司的全部资本划分为金额相等的股份，股份是构成公司资本的最小单位。这种资本股份化的采用，便于股东股权的确定和行使。

3. 股东责任具有有限性

股份有限公司的股东对公司债务仅以其认购的股份为限承担责任。

4. 股份发行和转让的公开性、自由性

股份发行和转让的公开性、自由性是股份有限公司区别于其他各种公司的最主要特征。

5. 公司经营状况的公开性

由于公司的股份发行和转让的公开性、自由性，使得股份有限公司的经营状况不仅要向股东公开，还要向社会公开。

二、股份有限公司的设立

（一）设立条件

我国《公司法》规定，设立股份有限公司，应当具备下列条件。

（1）发起人符合法定人数。设立股份有限公司，应当有一人以上二百人以下为发起人，其中应当有半数以上的发起人在中华人民共和国境内有住所。

（2）有符合章程规定的注册资本。股份有限公司的注册资本为在公司登记机关登记的已发行股份的股本总额。

> **想一想**
>
> 股份有限公司的发起人和股东有什么关系？

在发起人认购的股份缴足前，不得向他人募集股份。

法律、行政法规以及国务院决定对股份有限公司注册资本最低限额另有规定的，从其规定。

（3）股份发行、筹办事项符合法律规定。发起人应当签订发起人协议。

（4）发起人共同制定公司章程，采用募集方式设立的经成立大会通过。

股份有限公司章程应当载明下列事项。

- 公司名称和住所。
- 公司经营范围。
- 公司设立方式。
- 公司注册资本、已发行的股份数和设立时发行的股份数、面额股的每股金额。
- 发行类别股的，每一类别股的股份数及其权利和义务。
- 发起人的姓名或者名称、认购的股份数、出资方式和出资时间。
- 董事会的组成、职权和议事规则。
- 公司法定代表人的产生、变更办法。
- 监事会的组成、职权和议事规则。
- 公司利润分配办法。
- 公司的解散事由与清算办法。
- 公司的通知和公告办法。
- 股东会议认为需要规定的其他事项。

（5）有公司名称，建立符合股份有限公司要求的组织机构。

（6）有公司住所。

> **议一议**
>
> 如果你想和其他投资者共同组建一家股份有限公司，请给公司拟定一个名称。

（二）设立方式

股份有限公司设立方式主要有两种。

（1）发起设立，是指由发起人认购设立公司时公司应发行的全部股份而设立公司的方式。股份有限公司采取发起设立方式设立的，注册资本为在公司登记机关登记的已发行股份的股本总额。

以发起设立方式设立股份有限公司的，发起人应当认足公司章程规定的公司设立时应发行的股份。发起人应当在公司成立前按照其认购的股份全额缴纳股款，发起人不按照其认购的股份缴纳股款，或者作为出资的非货币财产的实际价额显著低于所认购的股份的，其他发起人与该发起人在出资不足的范围内承担连带责任。

（2）募集设立，是指由发起人认购设立公司时应发行股份的一部分，其余股份向社会公开募集或者向特定对象募集而设立公司的方式。

我国《公司法》规定，以募集设立方式设立股份有限公司的，发起人认购的股份不得少于公司章程规定的公司设立时应发行股份总数的百分之三十五；但是，法律、行政法规另有规定的，从其规定。

与发起设立的发起人一样，募集设立中的发起人既可以用货币出资，也可以用其他非货币形式的财产出资。在募集设立中，只有发起人才可以用法定的非货币财产出资，其余属于社会公众的认股只能用货币缴纳股款。

（三）设立程序（图2-1）

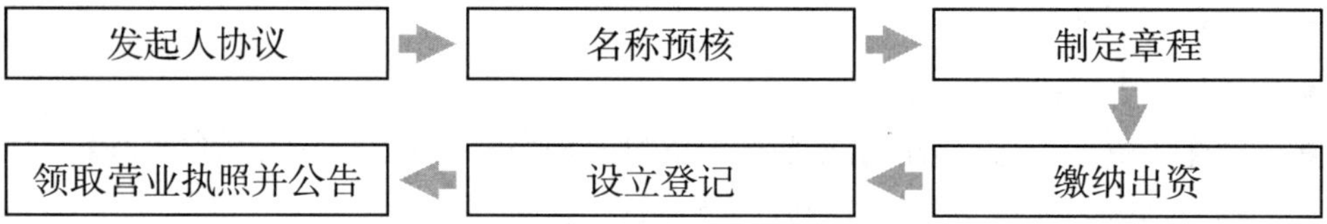

图2-1　发起设立程序图

1. 发起设立程序

（1）发起人认购公司应发行的全部股份，签订发起人协议。

（2）公司名称预先核准。

（3）制定公司章程。

（4）发起人缴纳出资。发起人在认购股份之后，就应当缴纳所认购股份的全部金额。发起人以货币出资时，应当缴付现金。发起人以货币以外的其他财产或者权利出资时，必须对这些财产或者权利进行评估作价，以抵作股款，并且应当依法办理转移财产权的法定手续，将财产权由发起人转归公司所有。

（5）申请设立登记。发起人在交付全部出资后，应当依法向市场监督管理部门提出登记申请，并报送有关文件以登记注册。

议一议

在我国，成立股份有限公司要经过哪些部门和单位审核？

（6）公告。自领取《企业法人营业执照》时起，公司即告成立。公司应当依法进行公告。

2. 募集设立程序（图2-2）

（1）发起人认购公司应发行的部分股份，签订发起人协议。

（2）公司名称预先核准。

（3）制定公司章程。

（4）发起人缴纳出资。所有发起人承诺购买的股份数额必须至少达到设立公司时应发行股份总数的百分之三十五。

想一想

国务院证券监督管理机构和证券经营机构是指什么单位？

（5）公开募集股份。在发起人认购一定数额的股份后，其余股份应向社会公开募集。发起人在向社会公开募集股份时，必须依法报经国务院证券监督管理机构或国务院授权部门注册，公告招股说明书并制作认股书，由依法批准设立的证券经营机构承销、代销，由社会公众认股。

（6）缴纳股款。发起人及社会公众认购股份后，应当依法缴纳自己所认购股份的全部股款。发起人以实物、工业产权、非专利技术、土地使用权作价出资时，必须对这些财产或者权利进行评估作价，以抵作股款，并且应当依法办理转移财产权的法定手续，发起人以货币出资时，应当向代收股款的银行缴纳股款。其他认股人，在缴纳自己所认购股份的股款时，应当向代收股款的银行缴纳股款。向社会公开募集股份的股款缴足后，应当经依法设立的验资机构验资并出具证明。

（7）举行成立大会。股份有限公司采取募集设立时，当发行的股份的股款全部缴足，经依法设立的验资机构验资并出具证明后，发起人应在三十日内主持召开公司成立大会。成立大会由发起人、认股人组成。若发行的股份超过招股说明书规定的截止日期尚未募足的，或发行股份的股款缴足后，发起人在三十日内未召开成立大会的，认股人可以按照所缴股款并加算银行同期存款利息，要求发起人返还。发起人应在成立大会召开十五日前将会议日期通知各认股人或予以公告。成立大会应选举产生公司董事和监事，组成公司董事会和监事会；当成立大会选举出董事会后，董事会应于成立大会结束后三十日内，向公司登记机关报送文件，申请设立登记。

（8）申请设立登记。董事会应当依法向公司登记机关申请设立登记。公司登记机关对符合法定条件的，予以登记，颁发《企业法人营业执照》。

（9）公告。自领取《企业法人营业执照》时起，公司即告成立。公司应当依法进行公告。

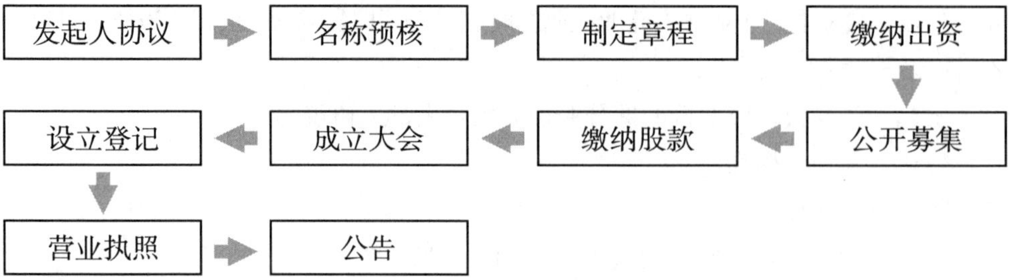

图2-2 募集设立程序图

三、股份有限公司的组织机构

根据《公司法》的规定，股份有限公司的组织机构包括股东会、董事会和监事会。

（一）股东会

1. 股东会的性质

股份有限公司股东会由全体股东组成。股东会是公司的权力机构，行使公司的最高决策权。

2. 股东会的职权

股东会的职权与有限责任公司的职权相同。

3. 股东会的召开

股东会的会议方式分为定期会议和临时会议两类。

定期会议：股东会每年召开一次年会。

股份有限公司在出现以下情形时应在两个月内召开临时股东会会议。

- 董事人数不足《公司法》规定人数或者公司章程所定人数的三分之二时。
- 公司未弥补的亏损达实收股本总额的三分之一时。
- 单独或者合计持有公司百分之十以上股份的股东请求时。
- 董事会认为必要时。
- 监事会提议召开时。
- 公司章程规定的其他情形。

股东会会议由董事会召集，董事长主持；董事长不能履行职务或者不履行职务的，由副董事长主持；副董事长不能履行职务或者不履行职务的，由过半数以上董事共同推举一名董事主持。

董事会不能履行或者不履行召集股东会会议职责的，监事会应当及时召集和主持；监事会不召集和主持的，连续九十日以上单独或者合计持有公司百分之十以上股份的股东可以自行召集和主持。

召开股东会会议，应当将会议召开的时间、地点和审议的事项于会议召开二十日前通知各股东；临时股东会会议应当于会议召开十五日前通知各股东；单独或者合计持有公司百分之一以上股份的股东，可以在股东会召开十日前提出临时提案并书面提交董事会；董事会应当在收到提案后二日内通知其他股东，并将该临时提案提交股东会审议。临时提案的内容应当属于股东会职权范围，并有明确议题和具体决议事项。

公开发行股份的公司，应当以公告方式作出前两款规定的通知。

股东会不得对通知中未列明的事项作出决议。

4．股东会的决议

股东出席股东会会议，所持每一股份有一表决权，类别股股东除外。但是，公司持有的本公司股份没有表决权。

想一想

股份有限公司股东会中哪些事项需要经过出席会议的股东所持表决权的三分之二以上通过？

股东会作出决议，应当经出席会议的股东所持表决权过半数通过。但是，股东会作出修改公司章程、增加或者减少注册资本的决议，以及公司合并、分立、解散或者变更公司形式的决议，必须经出席会议的股东所持表决权的三分之二以上通过。

股东可以委托代理人出席股东会会议，代理人应当向公司提交股东授权委托书，应当明确代理人的代理事项、权限和期限，并在授权范围内行使表决权。

股东会应当对所议事项的决定作成会议记录，主持人、出席会议的董事应当在会议记录上签名。会议记录应当与出席股东的签名册及代理出席的委托书一并保存。

（二）董事会

1．董事会的性质与组成

董事会是股份有限公司必设的业务执行机构，董事会对股东会负责。规模较小或者股东人数较少的股份有限公司，可以不设董事会，设一名董事，行使《公司法》规定的董事会的职权。该董事可以兼任公司经理。

股份有限公司董事会，成员为三人以上，其成员中可以有公司职工代表。职工人数三百人以上的股份有限公司，除依法设监事会并有公司职工代表的外，其董事会成员中应当有公司职工代表。

董事任期由公司章程规定，但每届任期不得超过三年。董事任期届满，连选可以连任。

董事会设董事长一人，并可以设副董事长。董事长和副董事长以全体董事的过半数选举产生。董事长召集和主持董事会会议，检查董事会决议的实施情况。副董事长协助董事长工作，董事长不能履行职务或者不履行职务的，由副董事长履行职务；副董事长不能履行职务或者不履行职务的，由过半数以上董事共同推举一名董事履行职务。

股份有限公司可以按照公司章程的规定在董事会中设置由董事组成的审计委员会，行使《公司法》规定的监事会的职权，不设监事会或者监事。

审计委员会成员为三名以上，过半数成员不得在公司担任除董事以外的其他职务，且不得与公司存在任何可能影响其独立客观判断的关系。公司董事会成员中的职工代表可以成为审计委员会成员。

审计委员会作出决议，应当经审计委员会成员的过半数通过。

2. 董事会职权

股份有限公司的董事会职权同有限责任公司董事会职权相同。

3. 董事会会议召开

董事会会议分为定期会议和临时会议两类。

（1）定期会议是指公司在规定的固定时间召开的例会。我国《公司法》规定，股份有限公司每年度至少召开两次董事会会议。

（2）临时会议是指公司经营中遇到需要及时决策的必要事项时，代表十分之一以上表决权的股东、三分之一以上董事或者监事会，可以提议召开临时董事会会议。董事会会议，应由董事本人出席；董事因故不能出席，可以书面委托其他董事代为出席，委托书中应载明授权范围。董事会会议应有过半数的董事出席方可举行。

4. 董事会的表决

董事会决议的表决，应当一人一票。董事会作出决议，应当经全体董事的过半数通过。

董事会应当对会议所议事项的决定作成会议记录，出席会议的董事应当在会议记录上签名。董事应当对董事会的决议承担责任。董事会的决议违反法律、行政法规或者公司章程、股东会决议，给公司造成严重损失的，参与决议的董事对公司负赔偿责任。但经证明在表决时曾表明异议并记载于会议记录的，该董事可以免除责任。

5. 经理

股份有限公司设经理，由董事会决定聘任或者解聘。

经理对董事会负责，根据公司章程的规定或者董事会的授权行使职权。经理列席董事会会议。

案例分析

某股份有限公司董事会成员中有9名董事，2024年3月1日，公司董事长召集并主持董事会会议，出席会议的董事共计6名，有3名董事因事请假，董事会经过讨论共有5名董事同意而通过了如下事项。

❶ 鉴于总经理工作繁重，决定给其涨工资20%。

❷ 决定将公司的技术部分立设为技术研发部和售后服务部。

请问：

❶ 董事会的召开程序是否合法？为什么？

❷ 董事会通过的事项是否合法？如有不合法之处，说明理由。

（三）监事会

1. 监事会的组成

股份有限公司设监事会，其成员为三人以上。监事会成员应当包括股东代表和适当比例的公司职工代表，其中职工代表的比例不得低于三分之一，具体比例由公司章程规定。

规模较小或者股东人数较少的股份有限公司，可以不设监事会，设一名监事，行使《公司法》规定的监事会的职权。

监事会设主席一人，可以设副主席。监事会主席和副主席由全体监事过半数选举产生。董事、高级管理人员不得兼任监事。

有限责任公司监事任期和职权的规定，适用于股份有限公司监事。

2. 监事会的召开

监事会主席召集和主持监事会会议；监事会主席不能履行职务或者不履行职务的，由监事会副主席召集和主持监事会会议；监事会副主席不能履行职务或者不履行职务的，由过半数以上监事共同推举一名监事召集和主持监事会会议。

议一议

有限责任公司的组织机构和股份有限公司的组织机构有什么不同？

监事会行使职权所必需的费用，由公司承担。

监事会每六个月至少召开一次会议。监事可以提议召开临时监事会会议。

监事会的议事方式和表决程序，除《公司法》有规定的外，由公司章程规定。监事会决议应当经全体监事的过半数以上监事通过。

四、上市公司组织机构的特别规定

想一想

我国有几个证券交易所？分别是什么？

上市公司是指其股票在证券交易所上市交易的股份有限公司。

《公司法》对上市公司的组织机构方面进行了若干特别的规定，内容如下。

（1）上市公司在一年内购买、出售重大资产或者向他人提供担保的金额超过公司资产总额百分之三十的，应当由股东会作出决议，并经出席会议的股东所持表决权的三分之二以上通过。

（2）上市公司设立独立董事制度。独立董事是指独立于公司股东且不在公司中内部任职，并与公司或公司经营管理者没有重要的业务联系或专业联系，并对公司事务做出独立判断的董事。

（3）上市公司设董事会秘书，负责公司股东会和董事会会议的筹备、文件保管以及公司股东资料的管理，办理信息披露事务等事宜。

（4）上市公司董事与董事会会议决议事项所涉及的企业或个人有关联关系的，该董事应当及时向董事会书面报告，有关联关系的董事不得对该项决议行使表决权，也不得代理其他董事行使表决权。该董事会会议由过半数的无关联关系董事出席即可举行，董事会会议所作决议须经无关联关系董事过半数通过。出席董事会会议的无关联关系董事人数不足三人的，应将该事项提交上市公司股东会审议。

（5）上市公司控股子公司不得取得该上市公司的股份。上市公司控股子公司因公司合并、质权行使等原因持有上市公司股份的，不得行使所持股份对应的表决权，并应当及时处分相关上市公司股份。

第四节　股份有限公司的股份发行和转让

一、股份有限公司的股份发行

股份有限公司股份主要以股票为表现形式，体现股东权利义务的公司资本的组成部分。

股票是股份有限公司签发的证明股东所持股份的凭证。

（一）股票的形式

股份有限公司的资本划分为股份。公司的全部股份，根据公司章程的规定择一采用面额股或者无面额股。采用面额股的，每一股的金额相等。

公司可以根据公司章程的规定将已发行的面额股全部转换为无面额股或者将无面额股全部转换为面额股。

采用无面额股的，应当将发行股份所得股款的二分之一以上计入注册资本。

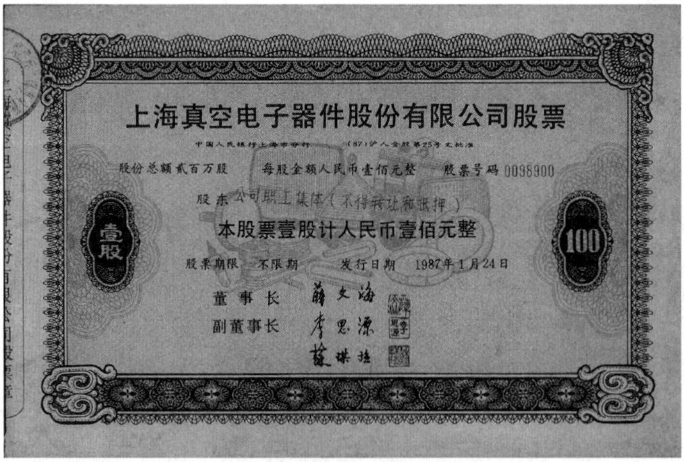

图2-3　股票的图样

股票应当载明下列主要事项。

- 公司名称。
- 公司成立日期。
- 股票种类、票面金额及代表的股份数。
- 股票的编号。

股票由法定代表人签名，公司盖章。发起人的股票，应当标明发起人股票字样。

公司发行的股票，应当为记名股票。

公司向发起人、法人发行的股票，均应当为记名股票，并应当记载该发起人、法人的名称或者姓名，不得另立户名或者以代表人姓名记名。

只有股份有限公司登记成立以后，才能正式向股东交付股票。

（二）股票的发行价

股票采用纸面形式或者国务院证券监督管理机构规定的其他形式。

面额股股票发行价格可以按票面金额，也可以超过票面金额，但不得低于票面金额。

超过票面金额发行所得的溢价款列入公司的资本公积金。

> **想一想**
>
> 我国股份有限公司股票的面值一般都是多少？发行价是如何确定的？

（三）股票发行原则

同次发行的同种类股份，每股的发行条件和价格应当相同；认购人所认购的股份，每股应当支付相同价额。

公司章程或者股东会可以授权董事会在三年内决定发行不超过已发行股份百分之五十的股份，但以非货币财产作价出资的应当经股东会决议。

二、股份有限公司的股份转让

（一）股份转让的场所和方式

股份有限公司的股东持有的股份可以向其他股东转让，也可以向股东以外的人转让；公司章程对股份转让有限制的，其转让按照公司章程的规定进行。

股东持有的股份可以依法转让。股东转让其股份，应当在依法设立的证券交易场所进行或者按照国务院规定的其他方式进行。

> **想一想**
>
> 甲将记名股票通过背书的方式转让给乙，请指出背书人和被背书人。

股票的转让，由股东以背书方式或者法律、行政法规规定的其他方式进行；转让后由公司将受让人的姓名或者名称及住所记载于股东名册。

（二）股份转让的限制性规定

（1）公司公开发行股份前已发行的股份，自公司股票在证券交易所上市交易之日起一年内不得转让。

（2）公司董事、监事、高级管理人员应当向公司申报所持有的本公司的股份及其变动情况，在就任时确定的任职期间每年转让的股份不得超过其所持有本公司股份总数的百分之二十五；所持本公司股份自公司股票上市交易之日起一年内不得转让。上述人员离职后半年内不得转让其所持有的本公司股份。

（3）公司章程可以对公司董事、监事、高级管理人员转让其所持有的本公司股份作出其他限制性规定。

评一评

某股份有限公司成立于2020年1月5日，李某是该公司的发起人之一，出资1000万元，持有公司股份1000 万股，一直担任总经理，公司于2023年10月10日上市，2023年11月10日股票股价为15元，李某想将自己的股票全部抛售套现。

请分析李某的想法能否实现，为什么？

（三）公司股份的回购

公司不得收购本公司股份。但是，有下列情形之一的除外。

（1）减少公司注册资本。

（2）与持有本公司股份的其他公司合并。

（3）将股份奖励给本公司职工。

（4）股东因对股东会作出的公司合并、分立决议持异议，要求公司收购其股份的。

（5）将股份用于转换公司发行的可转换为股票的公司债券。

（6）上市公司为维护公司价值及股东权益所必需。

（四）禁止财务资助

公司不得为他人取得本公司或者其母公司的股份提供赠与、借款、担保以及其他财务资助，公司实施员工持股计划的除外。

为公司利益，经股东会决议，或者董事会按照公司章程或者股东会的授权作出决议，公司可以为他人取得本公司或者其母公司的股份提供财务资助，但财务资助的累计总额不得超过已发行股本总额的百分之十。董事会作出决议应当经全体董事的三分之二以上通过。

违反前两款规定，给公司造成损失的，负有责任的董事、监事、高级管理人员应当承担赔偿责任。

看一看

王某持有某股份有限公司股票1万股，目前市值15万元，王某因急事向该股份有限公司借款，该公司董事长要求王某提供担保，王某可以将所持有的该公司股票进行担保借款吗?

解析：不可以。质押同抵押都属于担保的方式。《公司法》规定：股份有限公司不得接受本公司的股票为质押权的标的。

三、国家出资公司组织机构的特别规定

企业融资需合法

（一）国家出资公司的概念

国家出资公司，是指国家出资的国有独资公司、国有资本控股公司，包括国家出资的有限责任公司、股份有限公司。

国家出资公司，由国务院或者地方人民政府分别代表国家依法履行出资人职责，享有出资人权益。国务院或者地方人民政府可以授权国有资产监督管理机构或者其他部门、机构代表本级人民政府对国家出资公司履行出资人职责。

想一想

你知道国有资产监督管理机构在我国具体的名称是什么吗?

（二）国家出资公司的组织机构

国有独资公司的董事会依照《公司法》规定行使职权。

国有独资公司的董事会成员中，应当过半数为外部董事，并应当有公司职工代表。董事会成员由履行出资人职责的机构委派；但是，董事会成员中的职工代表由公司职工代表大会选举产生。

董事会设董事长一人，可以设副董事长。董事长、副董事长由履行出资人职责的机构从董事会成员中指定。

国有独资公司的经理由董事会聘任或者解聘。经履行出资人职责的机构同意，董事会成员可以兼任经理。

国有独资公司的董事、高级管理人员，未经履行出资人职责的机构同意，不得在其他有限责任公司、股份有限公司或者其他经济组织兼职。

国有独资公司在董事会中设置由董事组成的审计委员会行使《公司法》规定的监事会职权的，不设监事会或者监事。

国家出资公司应当依法建立健全内部监督管理和风险控制制度，加强内部合规管理。

看一看

我国法律规定，国家公务员不得兼任公司的董事、监事和高级管理人员。

有下列情形之一的人员，也不得担任公司的董事、监事、高级管理人员。

❶ 无民事行为能力或者限制民事行为能力。

❷ 因贪污、贿赂、侵占财产、挪用财产或者破坏社会主义市场经济秩序，被判处刑罚，或者因犯罪被剥夺政治权利，执行期满未逾五年，被宣告缓刑的，自缓刑考验期满之日起未逾二年。

❸ 担任破产清算的公司、企业的董事或者厂长、经理，对该公司、企业的破产负有个人责任的，自该公司、企业破产清算完结之日起未逾三年。

❹ 担任因违法被吊销营业执照、责令关闭的公司、企业的法定代表人，并负有个人责任的，自该公司、企业被吊销营业执照、责令关闭之日起未逾三年。

❺ 个人因所负数额较大债务到期未清偿被人民法院列为失信被执行人。

第五节　公司债券

一、公司债券的概念和特征

（一）公司债券的概念

公司债券是指公司依照法定程序发行、约定的按期还本付息的有价证券。债券的图样如图2–4所示。

图2–4　债券的图样

（二）公司债券的特征

（1）公司债券是一种有价证券。债券持有人可以依法将债券转让并获得相应的对价。

（2）公司债券是债权证券，持有公司债券的人为公司的债权人。

（3）公司债券是到期由公司还本付息的证券。

（4）公司债券利率固定，风险较小。

二、公司债券的发行和转让

（一）公司债券的发行条件

发行公司债券，应当符合下列条件。

（1）具备健全且运行良好的组织机构。

（2）最近三年平均可分配利润足以支付公司债券一年的利息。

（3）具有合理的资产负债结构和正常的现金流量。

（4）国务院规定的其他条件。

议一议

公司股票与公司债券有什么不同？

公开发行公司债券筹集的资金，必须用于核准的用途，不得用于弥补亏损和非生产性支出。改变资金用途必须经债券持有人会议作出决议。

（二）公司债券的发行

公司债券可以公开发行，也可以非公开发行。

公开发行公司债券，应当经国务院证券监督管理机构注册，公告公司债券募集办法。公司以纸面形式发行公司债券的，应当在债券上载明公司名称、债券票面金额、利率、偿还期限等事项，并由法定代表人签名，公司盖章。

公司债券应当为记名债券。

公司发行公司债券应当置备公司债券持有人名册。

（三）公司债券的转让

公司债券可以转让，转让价格由转让人与受让人约定。

公司债券在证券交易所上市交易的，按照证券交易所的交易规则转让。

公司债券由债券持有人以背书方式或者法律、行政法规规定的其他方式转让；转让后由公司将受让人的姓名或者名称及住所记载于公司债券持有人名册。

议一议

公司发行债券要经过哪些部门和单位？

三、可转换公司债券

股份有限公司经股东会决议，或者经公司章程、股东会授权由董事会决议，可以发行可转换为股票的公司债券，并规定具体的转换办法。

发行可转换为股票的公司债券，应当在债券上标明可转换公司债券字样，并在公司债券持有人名册上载明可转换公司债券的数额。

发行可转换为股票的公司债券的，公司应当按照其转换办法向债券持有人换发股票，但债券持有人对转换股票或者不转换股票有选择权。法律、行政法规另有规定的除外。

上市公司发行可转换为股票的公司债券，应当报国务院证券监督管理机构注册。

想一想

任何公司都可以发行可转换债券吗？

第六节　公司的利润分配

案例导入

假设你和前后桌共4名同学成立一家有限责任公司，本年度收入10万元，成本6万元，则利润为4万元。

请问：这部分利润应如何分配和处理？

一、公司利润分配制度

（1）弥补以前年度的亏损，但不得超过税法规定的弥补期限（一般最多为五年弥补期）。

（2）缴纳所得税。

（3）提取法定公积金。公司分配当年税后利润时，应当提取利润的百分之十列入公司法定公积金，公司法定公积金累计额为公司注册资本的百分之五十以上的，可不再提取。

想一想

目前，我国企业所得税的税率一般是多少？

（4）提取任意公积金。公司从税后利润中提取法定公积金后，经股东会决议或者股东大会决议，还可以从税后利润中提取任意公积金。

（5）向股东分配利润。公司弥补亏损和提取公积金后所余税后利润，有限责任公司按照股东实缴的出资比例分配，但全体股东约定不按照出资比例分配的除外；股份有限公司按照股东所持有的股份比例分配利润，公司章程另有规定的除外。公司持有的本公司股份不得分配利润。

公司违反《公司法》规定向股东分配利润的，股东应当将违反规定分配的利润退还公司；给公司造成损失的，股东及负有责任的董事、监事、高级管理人员应当承担赔偿责任。

股东会作出分配利润的决议的，董事会应当在股东会决议作出之日起六个月内进行分配。

看一看

法定公积金是指利润分配时，依照法律规定必须提取的，由法定盈余公积金和资本公积金构成。

法定公积金的用途：①用于弥补亏损；②增加公司注册资本，在公司没有亏损的情况下如果公积金的数额较大，公司股东会可以决议用公积金来充实公司的资本，并将相应的股权按比例或其他方式分配到股东名下；③扩大生产经营规模，公司可以用公积金扩大其生产经营规模。

法定公积金转为资本时，所留存的该项公积金不得少于转增前公司注册资本的百分之二十五。

二、公司的财务会计制度

公司应当依照法律、行政法规和国务院财政部门的规定建立本公司的财务、会计制度。有限责任公司应当按照公司章程规定的期限将财务会计报告送交各股东。股份有限公司的财务会计报告应当在召开股东会年会的二十日前置备于本公司，供股东查阅，公开发行股票的股份有限公司应当公告其财务会计报告。

公司聘用、解聘承办公司审计业务的会计师事务所，按照公司章程的规定，由股东会、董事会或者监事会决定。公司股东会、董事会或者监事会就解聘会计师事务所进行表决时，应当允许会计师事务所陈述意见。

公司应当向聘用的会计师事务所提供真实、完整的会计凭证、会计账簿、财务会计报告及其他会计资料，不得拒绝、隐匿、谎报。

对公司资金，不得以任何个人名义开立账户存储。

第七节　公司合并、分立、解散和清算

一、公司的合并

公司的合并，是指两个以上的公司，通过订立合同，依法定程序合并为一个公司。

（一）公司合并的方式

公司合并可以采取吸收合并或新设合并。

（1）吸收合并。吸收合并是指两个或两个以上的公司合并后，其中一个公司吸收其他公司而继续存在，而剩余公司主体资格同时消灭的公司合并。

（2）新设合并。新设合并是指两个或两个以上的公司合并后，成立一个新的公司，参与合并的原有各公司均归于消灭的公司合并。

公司与其持股百分之九十以上的公司合并，被合并的公司不需经股东会决议，但应当通知其他股东，其他股东有权请求公司按照合理的价格收购其股权或者股份。

公司合并支付的价款不超过本公司净资产百分之十的，可以不经股东会决议；但是，公司章程另有规定的除外。

公司依照前两款规定合并不经股东会决议的，应当经董事会决议。

（二）公司合并的程序

（1）作出合并决议。首先由董事会提出合并决议，当各方同意后董事会正式起草合并方案，提交股东会表决。经所持表决权三分之二以上的股东通过，则合并行为方能成立。

（2）合并各方签订合并协议。

（3）编制资产负债表及财产清单。

（4）通知并公告债权人。公司应当自作出合并决议之日起十日内通知债权人，并于三十日内在报纸上或者国家企业信用信息公示系统公告。债权人自接到通知书之日起三十日内，未接到通知书的自公告之日起四十五日内，可以要求公司清偿债务或者提供相应的担保。

（5）办理合并登记。公司合并时，合并各方的债权、债务，应当由合并后存续的公司或者新设的公司承继。

二、公司的分立

公司的分立，是指一个公司依法定程序分开设立为两个以上的公司。

公司分立有两种形式：一是公司将其部分财产或业务分离出去另设一个或数个新的公司，原公司继续存在，即派生分立。二是公司将其全部财产分别归于两个以上的新设公司中，原公司解散，即新设分立。

公司分立的程序与公司合并程序基本相同。

公司分立前的债务由分立后的公司承担连带责任。但是，公司在分立前与债权人就债务清偿达成的书面协议另有约定的除外。

公司合并或者分立，登记事项发生变更的，应当依法向公司登记机关办理变更登记；公司解散的，应当依法办理公司注销登记；设立新公司的，应当依法办理公司设立登记。

三、公司解散和清算

（一）公司的解散

公司的解散是指已成立的公司发生法律规定或者章程规定的事由而停止业务活动，使公司丧失法人人格的行为。

按照《公司法》规定，公司因下列原因解散。

（1）公司章程规定的营业期限届满或者公司章程规定的其他解散事由出现。

（2）股东会决议解散。

（3）因公司合并或者分立需要解散。

（4）依法被吊销营业执照、责令关闭或者被撤销。

（5）人民法院依法予以解散。

想一想

如果你是一家股份有限公司的股东，现在公司因某种事由要解散，你希望公司的解散是左侧哪几项原因而解散的？为什么？

公司经营管理发生严重困难，继续存续会使股东利益受到重大损失，通过其他途径不能解决的，持有公司全部股东表决权百分之十以上的股东，可以请求人民法院解散公司。

（二）公司的清算

公司清算是指在公司的解散过程中，依法对公司的财产、债权债务进行清理终结公司现有法律关系的行为。公司清算程序如下。

1. 成立清算组

董事为公司清算义务人，应当在解散事由出现之日起十五日内组成清算组进行清算。

清算组由董事组成，但是公司章程另有规定或者股东会决议另选他人的除外。

清算义务人未及时履行清算义务，给公司或者债权人造成损失的，应当承担赔偿责任。

公司依照规定应当清算，逾期不成立清算组进行清算或者成立清算组后不清算的，利害关系人可以申请人民法院指定有关人员组成清算组进行清算。人民法院应当受理该申请，并及时组织清算组进行清算。

清算组在清算期间行使下列职权。

议一议

假设你是一家股份有限公司的股东，现在全体股东决定解散该公司，你认为应该做哪些事情？

- 清理公司财产，分别编制资产负债表和财产清单。
- 通知、公告债权人。
- 处理与清算有关的公司未了结的业务。
- 清缴所欠税款以及清算过程中产生的税款。
- 清理债权、债务。
- 分配公司清偿债务后的剩余财产。
- 代表公司参与民事诉讼活动。

2. 通知或公告清算的有关事宜

清算组应当自成立之日起十日内通知债权人，并于六十日内在报纸上或者国家企业信用信息公示系统公告。债权人应当自接到通知书之日起三十日内，未接到通知书的自公告之日起四十五日内，向清算组申报其债权。

债权人申报债权，应当说明债权的有关事项，并提供证明材料。清算组应当对债权进行登记。

在申报债权期间，清算组不得对债权人进行清偿。

3. 清算组清理公司财产和债权债务

清算组在清理公司财产、编制资产负债表和财产清单后，应当制定清算方案，并报股东会或者人民法院确认。

4. 清算人处分公司财产

公司财产首先应支付清算费用，当公司的财产能支付公司的债务时按下列顺序分配。

（1）职工的工资、社会保险费用和法定补偿金。

（2）缴纳所欠税款。

（3）清偿公司债务。

（4）按比例分配给股东。

对于清偿完公司债务后的剩余财产，有限责任公司按照股东的出资比例分配，股份有限公司按照股东持有的股份比例分配。

清算期间，公司存续，但不得开展与清算无关的经营活动。公司财产在未依照前款规定清偿前，不得分配给股东。清算组在清理公司财产、编制资产负债表和财产清单后，发现公司财产不足清偿债务的，应当依法向人民法院申请破产清算。

公司经人民法院裁定破产申请后，清算组应当将清算事务移交给人民法院指定的破产管理人。

5. 清算程序结束

公司清算结束后，清算组应当制作清算报告，报股东会或者人民法院确认，并报送公司登记机关，申请注销公司登记。

看一看

外国公司是指依照外国法律在中华人民共和国境外设立的公司。

外国公司在中华人民共和国境内设立分支机构，应当向中华人民共和国主管机关提出申请，并提交其公司章程、所属国的公司登记证书等有关文件，经批准后，向公司登记机关依法办理登记，领取营业执照。

外国公司在中华人民共和国境内设立分支机构，必须在中华人民共和国境内指定负责该分支机构的代表人或者代理人，并向该分支机构拨付与其所从事的经营活动相适应的资金。对外国公司分支机构的经营资金需要规定最低限额的，由国务院另行规定。

外国公司的分支机构应当在其名称中标明该外国公司的国籍及责任形式。

外国公司的分支机构应当在本机构中置备该外国公司章程。

总结与回顾

本模块在介绍公司的概念和特征等内容的基础上，重点阐述了有限责任公司、股份有限责任公司的设立条件、设立程序、组织机构，公司股票与债券、公司利润分配、公司合并分立解散等内容。同学们在学习此模块内容时应意识到《公司法》在本教材中占有特别重要的地位，因此对本模块的内容应参照《公司法》的法条深入学习。

拓展知识

自然人A、B和C有限责任公司（以下简称C公司），拟设立甲有限责任公司，其制定的公司章程包括但不限于以下内容。

（1）公司注册资本为10万元，其中自然人A以专利技术出资作价5万元，自然人B以实物出资作价2.5万元，C公司以货币出资2.5万元。

（2）公司全体股东的出资额在公司成立后的10年内缴足。

（3）股东有权查阅、复制公司章程、股东会会议记录、董事会会议记录、监事会会议决议和财务会计报告。

（4）公司不设监事会，只设立1名监事。

（5）代表1/4以上表决权的股东，1/3以上的董事，或者监事可以提议召开临时股东会。

（6）如果公司连续3年不向股东分配利润，而公司又连续3年盈利且符合分配利润的条件，对股东会该项决议投反对票的股东可以请求公司按照合理的价格收购其股权。

公司成立后，2024年7月10日董事A在与乙公司的交易洽谈中得知，丙公司欲购买甲公司的产品，而其朋友E开设的F公司也出售该产品，A将丙公司介绍给F公司，双方达成合作协议。股东B（出资额为2.5万元）知道后，未采取任何措施，便直接以自己的名义向人民法院提起了诉讼。董事A认为，在将丙公司的业务介绍给F公司时自己并未从中获利，因此自己的行为并没有违反法律规定。

请根据以上事实，回答以下问题（按最新《公司法》修改版回答）：

❶ 甲公司制定的公司章程中关于注册资本的规定是否合法？

❷ 甲公司制定的公司章程关于出资的约定是否合法？

❸ 甲公司制定的公司章程中关于监事的规定是否合法？

❹ 甲公司制定的公司章程中关于股东股权回购的规定是否合法？

❺ 董事A的观点是否正确？

❻ 股东B的做法是否符合法律规定？

解析如下：

❶ 甲公司制定的公司章程中注册资本为10万元的规定合法，因为《公司法》规定，有限责任公司注册资本无最低限额。

❷ 甲公司章程关于出资的约定不合法。按照最新的《公司法》规定，出资需在公司成立后的5年内缴足。

❸ 甲公司制定的公司章程中关于监事的规定合法。因为《公司法》规定，股东人数较少或者规模较小的有限责任公司，可以设1名监事，不设立监事会，甲公司股东人数只有3人，而且注册资本只有10万元，可以据此认为甲公司股东人数较少，而且规模也比较小，可以不设立监事会。

❹ 甲公司制定的公司章程中关于股东股权回购的规定不符合法律规定，根据《公司法》的规定，公司连续5年不向股东分配利润，而该公司5年连续盈利且符合分配利润条件的，对股东会该项决议投反对票的股东可以请求公司按照合理的价格收购其股权（而不是3年）。

❺ 董事A的观点不正确。因为《公司法》规定的公司董事、高级管理人员不得从事的行为之一就是，违反公司章程的规定或者未经股东会同意，利用职务便利为自己或者他人谋取属于公司的商业机会，因此，虽然A并未从中获利，但是其已经将本属于公司的商业机会让渡给他人，其行为已经违反了法律制度的规定。

❻ 股东B的做法不符合法律规定。根据《公司法》规定，公司董事、高级管理人员执行公司职务时违反法律、行政法规或者公司章程的规定，给造成公司损失的，有限责任公司的股东可以书面请求监事会或者不设监事会的有限责任公司的监事向人民法院提起诉讼；监事会、不设监事会的有限责任公司的监事收到股东书面请求后拒绝提起诉讼，或者自收到请求之日起30日内未提起诉讼，或者情况紧急、不立即提起诉讼将会使公司利益受到难以弥补的损害的，股东有权为了公司的利益以自己的名义直接向人民法院提起诉讼。除非有证据表明如果不立即起诉将会使公司受到难以弥补的损失，但是在本案中，并未明示存在此类证据，因此股东B不能直接向人民法院提起诉讼。

法治素养

中国证券投资基金业协会，2022年4月15日通报中止办理案例如下。

为引导私募基金管理人规范登记，协会梳理部分不符合管理人登记要求的案例，现向各私募基金管理人通报。

申请机构A公司的股东B公司存在循环出资结构，B公司控股C公司，C公司又持有B公司全部股份。实际控制人甲某不在申请机构任职，且投资经验不足。

中止理由如下。

1．申请机构股权代持或股权结构不清晰

根据《关于加强私募投资基金监管的若干规定》第五条，私募基金管理人的出资人不得有代持、循环出资、交叉出资、层级过多、结构复杂等情形。申请机构存在循环出资、交叉持股，股权结构不清晰，属于《私募基金管理人登记须知》第八章中止办理第（六）条情形。

2．实际控制人不任职且投资经验不足

实际控制人甲某投资经验不足，也未作为高级管理人员参与申请机构日常经营管理决策，却承担A公司实际控制人角色，对申请机构缺乏实际控制力，公司治理结构不稳定，属于《私募基金管理人登记须知》第八章中止办理情形第（七）条情形，申请机构实际控制关系不稳定。

复习思考题

❶ 有限责任公司的设立条件是什么？

❷ 有限责任公司的设立程序是什么？

❸ 股份有限公司设立条件是什么？

❹ 股份有限公司与有限责任公司有什么不同？

❺ 公司股票与公司债券有什么不同？

技能训练

❶ 制定一份有限责任公司的出资证明书。

❷ 制定一份股份有限公司发起人协议或者投资协议。

❸ 制定一份有限责任公司章程。

❹ 撰写一份股份有限公司股东会会议记录。

❺ 撰写一份有限责任公司董事会会议记录。

❻ 模拟股份有限公司设立登记程序。

模块三
合伙企业法

学习目标

一、知识目标

- 了解并理解合伙企业的概念、种类。
- 掌握合伙企业的设立条件、设立登记程序、财产。
- 掌握合伙企业事务执行、合伙企业与第三人的关系。
- 掌握合伙企业的入伙、退伙，合伙企业的解散与清算。

二、能力目标

- 掌握合伙企业设立条件、设立登记程序，具备填写合伙企业成立的相关资料和设立合伙企业的能力。
- 合伙企业成立后，具备用法律的思维对企业进行经营管理和处理相关事务的能力。

三、素质目标

- 树立正确的择业观和创业观，鼓励大学生合伙创业，弘扬中国精神之伟大的奋斗精神和团结精神，奉献社会，做中华民族伟大复兴的筑梦者。
- 通过介绍订立合伙协议、设立合伙企业，引导学生遵循自愿、平等、公平、诚实信用的原则。对学生进行诚信教育，引导学生自觉践行社会主义核心价值观。
- 强调合伙企业及其合伙人必须遵守法律、行政法规。引导遵守社会公德、商业道德，承担社会责任的法律规定。

导入案例

近些年来，国务院办公厅及有关部门，制定一系列相关政策，鼓励毕业生各种渠道、各种形式就业，支持毕业生自主创业。2021年9月22日，《国务院办公厅关于进一步支持大学生创新创业的指导意见》发布，其中对优化大学生创新创业环境，便利化服务大学生创新创业，完善科技创新资源开放共享平台，强化对大学生的技术创新服务等多方面均做出了指示。在落实落细减税降费政策方面，例如高校毕业生在毕业年度内从事个体经营，符合规定条件的，在3年内按一定限额依次扣减其当年实际应缴纳的增值税、城市维护建设税、教育费附加、地方教育附加和个人所得税；对月销售额15万元以下的小规模纳税人免征增值税，对小微企业和个体工商户按规定减免所得税。对创业投资企业、天使投资人投资于未上市的中小高新技术企业以及种子期、初创期科技型企业的投资额，按规定抵扣所得税应纳税所得额等。

据人力资源和社会保障部统计资料显示，全国普通高校最近几年应届毕业生人数每年均在1000万以上，大学生就业压力很大。而全国多个省市也都公布或已实施了针对大学生自主创业的政策措施，照亮了很多大学生的就业之路。毕业后如果你想和他人合伙成立企业进行创业，请谈谈你的设想。

第一节　合伙企业法概述

一、合伙企业的概念

合伙企业是指两个以上的自然人、法人或者其他组织，订立合伙协议，相互约定共同出资、合伙经营、共享收益、共担风险的营利性组织。

根据《中华人民共和国合伙企业法》（以下简称《合伙企业法》）第二条规定，合伙企业是指自然人、法人和其他组织依法在中国境内设立的普通合伙企业和有限合伙企业。

普通合伙企业由普通合伙人组成，合伙人对合伙企业债务承担无限连带责任。

议一议

假设班长、学习委员、体育委员三个人共同组建如下两个合伙企业，欠你20万元，你如何主张权利？

有限合伙企业由普通合伙人和有限合伙人组成，普通合伙人对合伙企业债务承担无限连带责任，有限合伙人以其认缴的出资额为限对合伙企业债务承担责任。

普通合伙企业甲

班长：普通合伙人	出资1万
学习委员：普通合伙人	出资3万
体育委员：普通合伙人	出资2万

企业资产目前有10万。

有限合伙企业乙

班长：普通合伙人	出资1万
学习委员：普通合伙人	出资3万
体育委员：有限合伙人	出资2万

企业资产目前有10万。

二、合伙企业法

合伙企业法是调整合伙企业在设立、经营、变更、终止过程中形成的各种社会关系的法律规范的总和。

看一看

《中华人民共和国合伙企业法》由中华人民共和国第八届全国人民代表大会常务委员会第二十四次会议于1997年2月23日通过，自1997年8月1日起实施。2006年8月27日经第十届全国人民代表大会第二十三次会议修订，自2007年6月1日起实施。

合伙企业的内涵

第二节　普通合伙企业

一、普通合伙企业的设立

想一想

任何自然人都可以成为合伙企业的创始合伙人吗？

（一）设立条件

1. 有两个以上合伙人

合伙人为自然人的，应当具有完全民事行为能力。

国有独资公司、国有企业、上市公司以及公益性的事业单位、社会团体不得成为普通合伙人。

2. 有书面合伙协议

合伙协议是依法由各合伙人通过协商，共同约定相互间的权利义务，达成的具有法律约束力的书面协议。

● 合伙协议依法由全体合伙人协商一致，以书面形式订立。

● 合伙协议经全体合伙人签名、盖章后生效，合伙人按照合伙协议享有权利、履行义务。

● 修改或补充合伙协议，应当经全体合伙人一致同意，但合伙协议有约定的除外。合伙协议未约定或者约定不明确的事项，由合伙人协商决定；协商不成的，依照《合伙企业法》或者其他有关法律、行政法规的规定处理。

3. 有合伙人认缴或者实际缴付的出资

合伙人可以用货币、实物、知识产权、土地使用权或者其他财产权利出资，也可以用劳务出资。合伙人用货币、实物、知识产权、土地使用权或者其他财产权利出资的，需要评估作价的可以由全体合伙人协商确定，也可以委托专业的评估机构评估。合伙人以劳务出资的，其评估办法由全体合伙人协商确定，并在合伙协议中载明。

合伙人应当按照合伙协议的规定缴纳出资。以非货币财产出资的，应当依法办理财产的转移手续。

议一议

成立合伙企业最低需要多少资金？有限责任公司和股份有限公司注册资本金最低是多少？

4. 有合伙企业的名称和生产经营场所

普通合伙企业名称中应当注明“普通合伙”字样，有限合伙企业在企业名称中应当注明“有限合伙”字样，特殊的普通合伙企业在企业名称中应当注明“特殊普通合伙企业”字样。

5. 法律、行政法规规定的其他条件

想一想

假设你要和其他投资者成立一家普通合伙企业，请给合伙企业起个名称。

案例分析

张三是某市场监管局的工作人员，在工作之余想与朋友一起合伙创办一家合伙企业。张三的朋友李四系一学校校长，为给学校创收，欲以学校的名义入伙。二者想共同成立普通合伙企业。

请问：上述主体能否成为合伙人？为什么？

（二）设立登记程序

（1）申请设立合伙企业，应当向企业登记机关提交以下文件。

● 全体合伙人签署的设立登记申请书。

- 全体合伙人的身份证明。
- 全体合伙人指定代表或者共同委托代理人的委托书。
- 书面合伙协议。
- 出资权属证明。
- 经营场所证明。
- 市场监督管理部门规定提交的其他文件。

法律、行政法规规定设立合伙企业须经批准的，在申请时还应当提交批准文件。

（2）申请人提交的登记申请材料齐全，符合法定形式，企业登记机关能够当场登记的，应予当场登记，发给营业执照。如果申请人提交的资料不齐全或者需要补充相关的材料，登记机关应当自受理申请之日的二十日内，作出是否登记的决定。

营业执照签发日期，为合伙企业的成立日期。

合伙企业领取营业执照前，合伙人不应以合伙企业名义从事合伙业务。

（3）合伙企业设立分支机构，应当向分支机构所在地的企业登记机关申请登记，领取营业执照。

（4）合伙企业登记事项发生变更的，执行合伙事务的合伙人应当自作出变更决定或者发生变更事由之日起十五日内，向企业登记机关申请办理变更登记。

二、合伙企业的财产

（一）合伙企业财产的组成

（1）合伙人的出资。

（2）以合伙企业名义取得的收益。

（3）以合伙企业名义取得的其他财产。

（二）合伙企业财产的性质

（1）合伙企业的财产由全体合伙人共同管理和使用。

（2）在合伙企业清算前，不得请求分割合伙企业的财产，但法律另有规定的除外。

看一看

甲乙丙三人组建一合伙企业，合伙协议约定：处理企业超过1000元财产应经三人协商一致。丙私自将企业的一台价值3000元的笔记本电脑卖给了丁，丁并不知道企业内部协议的规定，丁是善意第三人，则丙丁之间的买卖行为有效。

法条解释：合伙人在合伙企业清算前私自转移或者处分合伙企业财产的，合伙企业不应以此对抗善意第三人。

（三）合伙企业财产的转让

（1）除合伙协议另有约定外，合伙人向合伙人以外的人转让其在合伙企业中的全部或者部分财产份额时，须经其他合伙人一致同意。

（2）合伙人向合伙人之外的人转让其在合伙企业中的财产份额时，应当通知其他合伙人。在同等条件下，其他合伙人有优先购买权，但是合伙协议另有约定的除外。

（3）合伙人以外的人依法受让合伙人在合伙企业中的财产份额的，经修改合伙协议即成为合伙企业的合伙人，依照《合伙企业法》和修改后的合伙协议享有权利，履行义务。

（4）合伙人以其在合伙企业中的财产份额出质的，须经其他合伙人一致同意，未经其他合伙人一致同意，其行为无效，由此给善意第三人造成损失的，由行为人依法承担赔偿责任。

想一想

普通合伙企业甲

班长：普通合伙人，出资1万。

学习委员：普通合伙人，出资3万。

体育委员：普通合伙人，出资2万。

现在班长想退出企业，将自己的出资转让。需要具备什么条件？

❶ 转让给学委。

❷ 转让给生活委员。

三、合伙企业事务执行

（一）合伙企业事务的执行方式

（1）合伙人对执行合伙事务享有同等的权利。合伙企业事务可以由全体合伙人共同执行，也可以委托一个或者数个合伙人对外代表合伙企业执行合伙事务。作为合伙人的法人、其他组织执行合伙事务的，由其委托的代表执行。

（2）委托一个或者数个合伙人执行合伙事务的，其他合伙人不再执行合伙事务。执行事务合伙人应当定期向其他合伙人报告事务执行情况以及合伙企业的经营和财务状况，其执行合伙事务所产生的收益归合伙企业，所产生的费用和亏损由合伙企业承担。

不执行合伙事务的合伙人有权监督执行事务合伙人执行合伙事务的情况。合伙人为了解合伙企业的经营状况和财务状况，有权查阅合伙企业会计账簿等财务资料。

（3）合伙人分别执行合伙事务的，执行事务合伙人可以对其他合伙人执行的事务提出异议。受委托执行合伙事务的合伙人不按照合伙协议或者全体合伙人的决定执行事务的，其他合伙人可以决定撤销该委托。

（二）合伙人的事务决议

合伙人对合伙企业有关事项作出决议，按照合伙协议约定的表决办法办理。合伙协议未约定或者约定不明确的，实行合伙人一人一票，一般事项应经全体合伙人过半数同意通过。

除合伙协议另有约定外，合伙企业对下列事项时，应当经全体合伙人的一致同意。

- 改变合伙企业的名称。
- 改变合伙企业的经营范围，主要经营场所的地点。
- 处分合伙企业的不动产。
- 转让或者处分合伙企业的知识产权和其他财产。
- 以合伙企业名义为他人提供担保。
- 聘任合伙人以外的人担任合伙企业的经营管理人员。

议一议

知识产权包括哪些权利？

（三）合伙人对合伙企业的义务

（1）合伙人不得自营或者同他人合作经营与本合伙企业相竞争的业务。

除合伙协议另有约定或者经全体合伙人一致同意外，合伙人不得同本合伙企业进行交易。合伙人不得从事损害本合伙企业利益的活动。

（2）被聘任的合伙企业的经营管理人员应当在合伙企业授权范围内履行职务，如其超越授权范围履行职务，或者在履行职务过程中因为故意或者重大过失给合伙企业造成损失的，依法承担赔偿责任。

练一练

举例说明合伙人不得自营或者同他人合作经营与本合伙企业相竞争的业务。

合伙人的义务

（四）合伙企业的利润分配与亏损分担

- 合伙企业的利润分配、亏损分担，按照合伙协议的约定办理。
- 合伙协议未约定或者约定不明确的，由合伙人协商决定。
- 协商不成的，由合伙人按照实缴出资的比例分配、分担。
- 无法确定出资比例的，由合伙人平均分配、分担。

四、合伙企业与第三人的关系

（一）合伙企业与善意第三人的关系

合伙企业对合伙人执行合伙企业事务以及对外代表合伙企业权利的限制，不得对抗不知情的善意第三人。合伙企业约定共同执行合伙企业事务或约定委托一名或数名合伙人执行企业事务，该约定在合伙企业内部会对合伙人执行事务实施某些限制，但这些限制只是在合伙企业内部形成约束力，不得对抗不知情的善意第三人。

（二）合伙企业与企业债权人的关系

合伙企业对其债务，应先以其全部财产进行清偿。合伙企业财产不足清偿到期债务的，各合伙人应当承担无限连带清偿责任。当合伙企业财产不足清偿企业债务时，其不足部分由各合伙人按照合伙协议约定的比例，用其在合伙企业出资以外的财产承担清偿责任，未约定分担比例的，由各合伙人用其在合伙企业出资以外的财产平均分担债务。

合伙人由于承担连带责任，其清偿数额超过协议约定部分或协议未约定而平均分担数额时，有权向其他合伙人追偿。

案例分析

甲乙丙三人组建合伙企业，合伙协议约定由丙对外代表企业签订合同并执行相关事务，同时约定对外签订如超过10万元以上的合同应经三人协商一致同意。丙未经甲乙同意以企业的名义与丁签订了15万元的合同。丁并不知道合伙协议的内部规定，丁是善意第三人，则双方所签订的合同有效。

请问：假如丁明知道合伙协议内部的权利限制规定仍与丙签订合同，如何评价所签订合同的效力？

（三）合伙企业与合伙人个人的债权人的关系

合伙企业中某一合伙人的债权人，不得以该债权抵销其对合伙企业的债务。合伙人个人负有债务，其债权人不得代位行使该合伙人在合伙企业中的权利。

合伙人个人财产不足清偿其个人所负债务的，该合伙人只能以其从合伙企业中分取的收益用于清偿。债权人也可以依法请求人民法院强制执行该合伙人在合伙企业中的财产份额用于清偿。

想一想

法院强制执行手段有哪些？

人民法院强制执行合伙人的财产份额时，应当通知全体合伙人，其他合伙人有优先购买权，其他合伙人未购买，又不同意将该项财产份额转让给他人的，依照法律规定为该合伙人办理退伙清算或者办理削减该合伙人相应财产份额的清算。

案例分析

甲乙丙三人共同成立一普通合伙企业，合伙协议约定由甲负责执行合伙企业事务，规定乙丙不得过问企业事务，三人按照出资比例分担亏损和分配企业利润。在执行合伙企业事务过程中，甲聘请了丁担任合伙企业财务负责人，甲以自己在合伙企业中的财产份额为朋友戊提供抵押。

请问：该合伙企业在设立和经营过程中有哪些违法行为？

五、入伙、退伙

（一）入伙

（1）新合伙人入伙，除合伙协议另有约定外，应当经全体合伙人一致同意，并依法订立书面入伙协议。

（2）订立书面入伙协议时，原合伙人应当向新合伙人如实告知原合伙企业的经营状况和财务状况。

（3）入伙的新合伙人与原合伙人享有同等权利，承担同等责任，入伙协议另有约定的，从其约定。

（4）新合伙人对入伙前合伙企业的债务承担无限连带责任。

想一想

如果你想加入一普通合伙企业并成为合伙人，应当注意什么？

（二）退伙

由于退伙的原因不同，退伙分为以下几种。

1. 协议退伙

合伙协议约定合伙期限的，在合伙企业存续期间，有下列情况之一的，合伙人可以退伙。

- 合伙协议约定的退伙事由出现。
- 经全体合伙人一致同意。
- 发生合伙人难以继续参加合伙的事由。
- 其他合伙人严重违反合伙协议约定的义务。

2. 通知退伙

合伙协议未约定合伙期限的，合伙人在不给合伙企业事务执行造成不利影响的情况下，可以退伙，但应当提前三十日通知其他合伙人。合伙人违反自愿退伙的规定退伙的，应当赔偿由此给合伙企业造成的损失。

3. 当然退伙

合伙人有下列情形之一的，当然退伙。

- 作为合伙人的自然死亡或者被依法宣告死亡。
- 个人丧失清偿能力。
- 作为合伙人的法人或其他组织依法被吊销营业执照，责令关闭、撤销或者宣告破产。
- 法律规定或者合伙协议约定合伙人必须具有相关资格而丧失该资格。
- 合伙人在合伙企业中的全部财产份额被人民法院强制执行。

议一议

什么是宣告死亡？宣告死亡的条件包括哪些？

合伙人被依法认定为无民事行为能力人或者限制民事行为能力人的，经其他合伙人一致同意，可以依法转为有限合伙人，普通合伙企业依法转为有限合伙企业，其他合伙人未能一致同意的，该无民事行为能力或者限制民事行为能力的合伙人退伙。

4. 除名

合伙人有以下情形之一的，经其他合伙人一致同意，可以决议将其除名。

● 未履行出资义务。

● 因故意或者重大过失给合伙企业造成损失。

● 执行合伙企业事务时有不正当行为。

● 合伙协议约定的其他事由。

对合伙人的除名决议应当书面通知被除名人，被除名人自接到除名通知之日起签名生效，被除名人退伙。被除名人对除名决议有异议的，可以在接到除名通知之日起三十日内，向人民法院起诉。

退伙人对基于其退伙前原因发生的合伙企业债务，承担无限连带责任。

合伙人死亡或者被依法宣告死亡的，对该合伙人在合伙企业中的财产份额享有合法继承权的继承人，按照合伙协议的约定或者经全体合伙人一致同意，从继承开始之日起，取得该合伙企业的合伙人资格。

有下列情形之一的，合伙企业应当向合伙人的继承人退还被继承合伙人的财产份额。

● 继承人不愿成为合伙人。

● 法律规定或者合同约定合伙人必须具有相关资格，而该继承人未取得该资格。

● 合伙协议约定不能成为合伙人的其他情形。

想一想

你知道我国法定继承的继承顺序吗？

合伙人的继承人为无民事行为能力人或者限制民事行为能力人的，经全体合伙人一致同意，可以依法成为有限合伙人，普通合伙企业依法转为有限合伙企业。全体合伙人未能一致同意的，合伙企业应当将被继承合伙人的财产份额退还该继承人。

看一看

普通合伙企业还有一种类型的企业即特殊的普通合伙企业。

该种类型的企业在责任承担上和普通合伙企业有所不同。一个或数个合伙人在执业活动中因故意或者重大过失造成合伙企业债务的，应当承担无限责任或者无限连带责任，其他合伙人以其在合伙企业中的财产份额为限承担责任。

合伙人在执业活动中非因故意或者重大过失造成的合伙企业债务以及合伙企业的其他债务，由全体合伙人承担无限连带责任。

案例分析

2022年1月，甲乙丙三人共同成立普通合伙企业。合伙协议约定：甲以现金6万元出资，乙以房屋作价人民币10万元出资，丙以劳务作价人民币4万元出资；各合伙人按出资比例分配盈利、分担亏损。合伙企业成立后，于2023年1月向银行贷款人民币10万元，期限为1年。2023年8月，甲提出退伙，乙丙表示同意。随即办理了退伙结算手续。2024年3月，丁入伙。丁入伙后，企业严重亏损。2024年5月，乙丙丁决定解散合伙企业，并将合伙企业现有财产予以分配，但对未到期的银行贷款未予清偿。2024年1月，银行贷款到期后，发现该企业已经解散，遂向甲要求偿还全部贷款，甲称自己早已退伙，不负责清偿债务。银行向乙要求偿还全部贷款，乙表示只按照合伙协议约定的比例清偿相应数额。银行向丙要求偿还全部贷款，丙表示自己只是劳务出资没有义务偿还。银行向丁要求偿还全部贷款，丁称该笔贷款是在自己入伙前发生的，不负责清偿。

请问：甲乙丙丁的理由能否成立？为什么？

第三节　有限合伙企业

一、有限合伙企业的设立

（一）设立条件

（1）有限合伙企业由二个以上五十个以下合伙人设立，但是，法律另有规定的除外。有限合伙企业至少应当有一个普通合伙人。

（2）书面的合伙协议。设立有限合伙企业的合伙协议除了具备设立普通合伙企业的合伙协议应当载明的事项外，还应当载明下列事项。

- 普通合伙人和有限合伙人的姓名或者名称、住所。
- 执行事务合伙人应具备的条件和选择程序。
- 执行事务合伙人权限与违约处理办法。
- 执行事务合伙人的除名条件和更换程序。
- 有限合伙人入伙、退伙的条件、程序以及相关责任。

评一评

普通合伙企业和有限合伙企业在合伙人以及出资方面有什么不同？

● 有限合伙人和普通合伙人相互转变程序。

（3）有合伙企业的名称和生产经营场所。有限合伙企业名称中必须注明“有限合伙”字样。

（4）有合伙人认缴或者实际缴付的出资。有限合伙人可以用货币、实物、知识产权、土地使用权或者其他财产权利作价出资，但有限合伙人不得以劳务出资。

（5）有限合伙企业登记事项中应当载明有限合伙人的姓名或者名称及认缴的出资数额。

（二）设立程序

有限合伙企业的设立程序和普通合伙企业设立的程序基本相同。

二、有限合伙企业的事务执行

（1）有限合伙企业由普通合伙人执行合伙事务，执行事务合伙人可以要求在合伙协议中确定执行事务的报酬及报酬提取方式。

（2）有限合伙人不执行合伙事务，不得对外代表有限合伙企业。有限合伙人的下列行为，不视为执行合伙事务。

● 参与决定普通合伙人入伙、退伙。

● 对企业的经营管理提出建议。

● 参与选择承办有限合伙企业审计业务的会计师事务所。

● 获取经审计的有限合伙企业财务会计报告。

● 对涉及自身利益的情况，查阅有限合伙企业财务会计账簿等财务资料。

● 在有限合伙企业中的利益受到侵害时，向有责任的合伙人主张权利或者提起诉讼。

● 执行事务合伙人怠于行使权利时，督促其行使权利或者为了本企业的利益以自己的名义提起诉讼。

● 依法为本企业提供担保。

（3）有限合伙企业不得将全部利润分配给部分合伙人，但合伙协议另有规定的除外。

（4）第三人有理由相信有限合伙人为普通合伙人并与其交易的，该有限合伙人对该笔交易承担与普通合伙人同样责任。有限合伙人未经授权以有限合伙企业名义与他人进行交易的，给有限合伙企业或者其他合伙人造成损失的，该有限合伙人应当承担赔偿责任。

三、有限合伙人的权利

（1）有限合伙人可以同本企业进行交易，也可以自营或者同他人合作经营与本有限合伙企业相竞争的业务，但合伙协议另有规定的除外。

（2）有限合伙人可以将其在有限合伙企业中的财产份额出质，但合伙协议另有规定的除外。

（3）有限合伙人可以按照合伙协议的约定向合伙人以外的人转让其在合伙企业中的财

产份额，但应当提前三十日通知其他合伙人。

四、有限合伙人的责任

有限合伙人对企业的债务以其出资额为限承担有限责任。有限合伙人的自有财产不足清偿其与合伙企业无关的债务的，该合伙人可以以其从有限合伙企业中分取的收益用于清偿，债权人也可以依法请求人民法院强制执行该合伙人在有限合伙企业中的财产份额用于清偿，人民法院强制执行有限合伙人的财产份额时，应当通知全体合伙人。在同等条件下，其他合伙人有优先购买权。

想一想

从承担责任的角度看，你愿意成为普通合伙人还是有限合伙人？为什么？

五、合伙人身份的改变

（1）除合伙协议另有约定外，普通合伙人转变为有限合伙人，或者有限合伙人转变为普通合伙人应当经全体合伙人一致同意。

（2）有限合伙人转变为普通合伙人的，对其作为有限合伙人期间有限合伙企业发生的债务承担无限连带责任。

（3）普通合伙人转变为有限合伙人的，对其作为普通合伙人期间有限合伙企业发生的债务承担无限连带责任。

第四节　合伙企业解散与清算

一、合伙企业的解散

合伙企业有下列情形之一的，应当解散。

（1）合伙期限届满，合伙人决定不再经营。

（2）合伙协议约定的解散事由出现。

（3）全体合伙人决定解散。

（4）合伙人已不具备法定人数满三十天。

（5）合伙协议约定的合伙目的已经实现或者无法实现。

想一想

合伙人已不具备法定人数的具体含义是什么？

（6）依法被吊销营业执照，责令关闭或者被撤销。

（7）法律、行政法规规定的其他原因。

> **议一议**
>
> 合伙企业如果解散，合伙人应当做哪些事情？

二、合伙企业的清算

（一）清算人确定

合伙企业解散，应当由清算人进行清算。

清算人由全体合伙人担任，经全体合伙人过半数同意，可以自合伙企业解散事由出现后十五日内指定一个或者数个合伙人，或者委托第三人，担任清算人。

自合伙企业解散事由出现之日起十五日内未确定清算人的，合伙人或者其他利害关系人可以申请人民法院指定清算人。

> **看一看**
>
> 清算人的职责主要有清理合伙企业财产，编制资产负债表和财产清单；处理与清算有关的企业未了结事务；清缴所欠税款；清理债权、债务；处理合伙企业清偿债务后的剩余财产；代表合伙企业参加诉讼或者仲裁活动等。

（二）通知或公告债权人

清算人自被确定之日起十日内将合伙企业解散事项通知债权人，并于六十日内在报纸上公告。债权人应当自接到通知书之日起三十日内，未接到通知书的自公告之日起四十五日内，向清算人申报债权。

（三）财产清偿顺序

合伙企业财产在支付清算费用和职工工资、社会保险费用、法定补偿金以及缴纳所欠税款、清偿债务后的剩余财产，按照法律规定进行分配。

> **议一议**
>
> 企业被吊销或注销后，都不能再继续进行经营活动，吊销和注销有什么区别？

（四）注销登记

合伙企业清算结束，清算人应当编制清算报告，经全体合伙人签名、盖章后，在十五日内向企业登记机关报送清算报告，申请办理合伙企业注销登记。

合伙企业注销后，原普通合伙人对合伙企业存续期间的债务仍应承担无限连带责任。

合伙企业不能清偿到期债务的，债权人可以依法向人民法院提出破产清算申请，也可以要求普通合伙人清偿。

合伙企业依法被宣告破产的，普通合伙人对合伙企业债务仍应承担无限连带责任。

总结与回顾

本模块在介绍合伙企业的概念和种类的基础上，阐述了合伙企业的设立条件、设立登记程序、财产、事务执行、入伙与退伙、解散与清算等内容，其中应重点掌握合伙企业的设立条件、设立登记程序和事务执行等内容，也希望同学们结合相关知识和案例对上述内容加以深入理解并掌握。

拓展知识

2023年7月，甲乙丙组建普通合伙企业，生产家具。其中甲出资12万元，乙出资6万元，丙出资12万元。合伙协议约定出资与盈余分配、债务承担比例为2：1：2，并委托甲执行合伙事务，其他合伙人不再执行合伙事务，但约定凡是支出超过4万元的款项，应集体讨论决定。此后依次发生以下法律事实：①2023年8月，甲经集体同意，从天河木材公司购进8万元木材。②2023年9月，经甲乙丙协商同意，接纳丁入伙，出资6万元，合伙协议约定出资与盈余分配、债务承担比例为2：1：2：1。③2023年12月企业经营不善，产品积压没有销路，甲乙丙丁商量解散合伙企业。④在商量解散合伙企业期间，丙外出串亲戚，不幸车祸死亡，其法定继承人表示不参加合伙企业，要求退还入伙的资金。

此时尚欠天河木材公司2万元货款，工人工资3万元，工人社会保险2万元。丙继承人在追讨入伙资金12万元。合伙企业账面资金2万元，积压产品折价处理，获4万元。

请问：该合伙企业应当如何清算？

解析：该企业清算，合伙公司账面2万元，积压产品折价处理获4万元，共6万元。应先支付工人工资3万元，工人社会保险2万元，余下的1万元，偿还天河木材公司货款，所欠1万元，由甲乙丙丁按照合伙协议约定的债务承担比例，因丙死亡，应以丙的遗产做清偿。根据《合伙企业法》规定，作为合伙人的自然人死亡或者被依法宣告死亡的属于当然退伙。丙死亡属于当然退伙。合伙人继承人不愿意成为合伙人，合伙企业应当向合伙人的继承人退还被继承合伙人的财产份额。但由于丙在死亡之前，企业已经负债，根据《合伙企业法》规定，退伙人对基于其退伙前的原因发生的合伙企业债务，承担无限连带责任，所以丙的继承人不能拿到丙入伙时的资金。

法治素养

（1）2015年3月，曹某与智慧谷投资基金签署了《合伙协议》，约定如下。

双方合伙成立有限合伙企业，即诸葛大智慧投资中心（有限合伙），智慧谷投资基金为普通合伙人，承担无限责任，实际出资额950万元；曹某为有限合伙人，承担有限责任，实际出资额50万元。合伙期限三年。合伙期间，曹某每年获得的预期总收益率不低于20%；从2015年4月1日开始计算投资收益。

如曹某在约定期限内希望转让出资额退出，则智慧谷投资基金同意按照曹某投资金额及协议约定预期收益之和，回购曹某的出资额以实现其退出。

（2）诸葛大智慧投资中心（有限合伙）成立于2015年4月21日，普通合伙人即执行事务合伙人为智慧谷投资基金（笔者注：是一家有限合伙企业），但曹某出资50万元后，未被登记为有限合伙人。

（3）2019年11月，曹某向智慧谷投资基金提交退款通知书，要求智慧谷投资基金退还投资本金并支付投资收益。

（4）因智慧谷投资基金未依约履行付款义务，曹某以智慧谷投资基金为被告，提起诉讼，主张双方名为投资，实为借贷，请求智慧谷投资基金返还投资本金并支付利息收益和违约金，同时请求智慧谷投资基金的普通合伙人即智慧谷投资顾问公司承担连带责任。

（5）一审法院判决认定双方是投资关系，智慧谷投资基金返还曹某投资本金50万元，智慧谷投资顾问公司承担连带责任，驳回了曹某的其他诉讼请求。

（6）曹某不服一审判决，提起上诉，二审法院认定双方是民间借贷关系，改判部分支持了曹某的上诉请求，其中包括改判智慧谷投资顾问公司对智慧谷投资基金应支付曹某的利息和违约金经强制执行仍不能履行的部分承担连带清偿责任。

具体内容见曹某与雷某等合同纠纷二审民事判决书

本院认为：智慧谷投资顾问公司应当对智慧谷投资基金的财产依法强制执行后仍不能履行的部分承担清偿责任。

《中华人民共和国合伙企业法》第三十八条规定："合伙企业对其债务，应先以其全部财产进行清偿。"该法第三十九条规定："合伙企业不能清偿到期债务的，合伙人承担无限连带责任。"综合分析上述两条款的含义，对于第三十九条中的"不能清偿"应当理解为不具备清偿能力，而非"未清偿"，即履行期届满虽具备清偿能力但未清偿。因此，作为普通合伙人的智慧谷投资顾问公司对作为合伙企业的智慧谷投资基金的债务承担方式，应当比照一般保证人的保证责任承担方式，即智慧谷投资顾问公司享有先诉抗辩权。因此，智慧谷投资顾问公司仅对智慧谷投资基金（有限合伙）的财产经依法强制执行后仍不能履行的部分承担清偿责任。

复习思考题

❶ 普通合伙企业的设立条件是什么？

❷ 普通合伙企业的设立程序是什么？

❸ 有限合伙企业的设立条件是什么？

❹ 退伙的种类有哪些？

技能训练

❶ 制定一份合伙协议。

❷ 模拟普通合伙企业的设立登记。

❸ 模拟普通合伙企业的变更登记。

模块四

个人独资企业法

学习目标

一、知识目标

- 了解个人独资企业的概念和特征。
- 掌握个人独资企业的设立条件、设立程序与变更。
- 掌握个人独资企业的事务执行。
- 掌握个人独资企业的解散与清算。

二、能力目标

- 填写个人独资企业成立的相关资料，具备设立个人独资企业的能力。
- 企业成立后，具备用法律的思维对企业进行经营管理和处理相关事务的能力。

三、素质目标

- 通过介绍个人独资企业的设立，鼓励大学生自主创业，培养积极进取的人生态度，将自我实现和社会贡献相统一。
- 通过介绍个人独资企业经营管理中的“诚实信用”原则，培养学生爱国、敬业、诚信、友善的社会主义核心价值观。

导入案例

投资人甲于2023年8月1日投资设立一个人独资企业，2023年10月1日企业与银行签订10万元的借款合同。银行贷款到期后，企业无力偿还本金和利息，而且该企业现在的全部财产只有8万元。

请问：如果你是银行方代表，如何主张权利？

第一节 个人独资企业法概述

一、个人独资企业的概念和特征

> **想一想**
>
> 在我国，任何自然人都可以成立个人独资企业吗？

个人独资企业，是指由一个自然人投资，财产为投资人个人所有，投资人以其个人财产对企业债务承担无限责任的经营实体。

个人独资企业具有以下特征。

- 个人独资企业是由一个自然人投资的企业。法律规定了投资主体为一个自然人，法人不能成立个人独资企业的投资主体。
- 企业的财产为投资人个人所有。
- 个人独资企业的投资人以其个人财产对企业债务承担无限责任。

二、个人独资企业与个体工商户的区别

个人独资企业和个体工商户的区别体现在以下几方面。

1. 适用的法律不同

个人独资企业依照《中华人民共和国个人独资企业法》（以下简称《个人独资企业法》）设立，个体工商户依照《民法典》《促进个体工商户发展条例》的规定设立。

> **议一议**
>
> 对于一对夫妻而言，如何区分个人财产和夫妻共有财产？

2. 出资人不同

个人独资企业的出资人只能是一个自然人；个体工商户则可以是一个自然人设立，也可以是家庭共同出资设立。

3. 承担的责任形式不同

> **查一查**
>
> 通过互联网或其他途径查询我国个体工商户的发展情况。

个人独资企业的投资人以其个人财产对企业债务承担无限责任，仅在企业设立登记时明确以其家庭共有财产作为出资的，则以家庭共有财产对企业债务承担无限责任。个体工商户的债务如属个人经营的，以个人财产承担，家庭经营的，以家庭财产承担。

4. 法律地位不同

个人独资企业是经营实体，是一种企业组织形态，个体工商户则不采用企业形式。个人独资企业登记后取得的是《个人独资企业营业执照》，个体工商户登记后取得的是《个体工商户营业执照》。

看一看

《中华人民共和国个人独资企业法》由中华人民共和国第九届全国人民代表大会常务委员会第十一次会议于1999年8月30日通过，自2000年1月1日起施行。

第二节　个人独资企业的设立与变更

一、个人独资企业的设立

（一）设立条件

1. 投资人为一个自然人

自然人只能是具有中国国籍并且具有完全民事行为能力的自然人，不包括外国的自然人，也不包括港、澳、台同胞。另外，法律、行政法规禁止从事营利性活动的人，不得作为投资人申请设立个人独资企业。

2. 有合法的企业名称

企业的名称应当符合《企业名称登记管理条例》的规定，而且企业的名称中不得出现“有限”“有限责任”或者“公司”的字样。

3. 有投资人申报的出资

《个人独资企业法》没有对投资者注册资金最低限额作出明确规定。投资人可以用货币出资也可以用实物、土地使用权、知识产权或者其他财产权利出资，但投资人不得用劳务出资。投资人在企业设立登记时明确以其家庭共有财产作为个人出资的，应当依法以家庭共有财产对企业债务承担无限责任。

4. 有固定的生产经营场所和必要的生产经营条件

5. 有必要的从业人员

企业根据自身发展的需要招聘一定数量的员工。

想一想

港、澳、台同胞个人在我国内地（大陆）独资设立企业是个人独资企业吗？

练一练

如果你想成立一家个人独资企业，请给该企业拟定一个名称。

想一想

个人独资企业设立时最低需要多少资金？

（二）个人独资企业设立的程序

1. 申请

设立个人独资企业，应当由投资人或者其委托的代理人向个人独资企业所在地的登记机关提交设立下列文件资料。

- 申请书。
- 投资人身份证明。
- 企业住所证明和生产经营场所使用证明等文件。
- 委托申请设立的，应当出具投资人的委托书和代理人的合法证明。

2. 申请登记

登记机关在收到设立申请文件之日起十五日内，对符合法定条件的予以登记，并发给营业执照。对不符合法定条件的，不予登记，并给予书面答复，说明理由。营业执照签发日期为个人独资企业成立日期。

3. 分支机构登记

个人独资企业设立分支机构的，应当由投资人或其代理人向分支机构所在地的登记机关申请登记，领取营业执照。

分支机构的民事责任由设立该分支机构的个人独资企业承担。

评一评

分支机构的责任由设立该分支机构的个人独资企业承担，是不是意味着分支机构不能以自己的名义对外签订合同？

二、个人独资企业的变更

个人独资企业存续期间登记事项发生变更的，应当在作出变更决定之日起十五日内，依法向登记机关办理变更登记。

个人独资企业的组织形式可变更

个人独资企业可依法变更为合伙企业或有限责任公司、股份有限公司，但需符合《合伙企业法》《公司法》规定的相关条件。

第三节 个人独资企业的事务执行

一、个人独资企业的事务管理

个人独资企业成立后，投资人对企业事务的管理有两种方式。

（1）投资人自行管理。

（2）投资人委托或者聘用其具有完全民事行为能力的人负责企业的事务管理。在这种方式下，投资人应与受委托人或者被聘用的人签订书面合同，明确委托的具体内容和授予的权利范围。

但投资人对受托人或者被聘用的人员职权的限制，不得对抗善意第三人。

案例分析

自然人甲成立一个人独资企业，聘请乙对外代表企业签订合同并执行相关事务，同时约定对外签订超过5万元以上的合同应经甲本人同意。一天，乙未经甲同意以企业的名义与丙签订了10万元的合同。丙并不知道企业内部对乙有权力的限制。

请问：双方所签订的合同效力如何？

根据《个人独资企业法》规定，投资人委托或者聘用的管理个人独资企业事务的人员不得从事以下行为。

- 利用职务上的便利，索取或收受贿赂。
- 利用职务或者工作上的便利侵占企业财产。
- 挪用企业的资金归个人使用或借贷给他人。
- 擅自将企业的资金以个人名义或者以他人名义开立账户储存。
- 擅自以企业财产提供担保。
- 未经投资人同意，从事与本企业相竞争的业务。
- 未经投资人同意，同本企业订立合同或进行交易。
- 未经投资人同意，擅自将本企业商标或者其他知识产权转让给他人使用。
- 泄露本企业的商业秘密。
- 法律、行政法规禁止的其他行为。

想一想

对于一个企业而言，哪些内容属于商业秘密？

二、个人独资企业的权利和义务

个人独资企业享有以下权利。

● 取得土地使用权。

● 申请贷款权。企业如果资金紧张可依法申请贷款。

● 财产所有权。投资人对本企业财产依法享有所有权，相关权利可依法转让或者继承。

● 拒绝摊派权。任何单位和个人违反法律，行政法规的规定，以任何方式强制个人独资企业提供财力、物力、人力的行为，企业有权拒绝。

● 享有法律，行政法规规定的其他权利。

个人独资企业应履行以下义务。

● 依法履行纳税义务。

● 依法设置会计账簿，进行会计核算。

● 依法与招用的职工签订劳动合同，保障职工的劳动安全，按时足额发放职工工资。

● 按照国家规定参加社会保险，为职工缴纳社会保险费。

议一议

社会保险包括哪些具体的险种？

第四节 个人独资企业的解散和清算

一、个人独资企业的解散

根据《个人独资企业法》规定，有下列情形之一时，企业应当解散。

（1）投资人决定解散。

（2）投资人死亡或者被宣告死亡，无继承人或者继承人放弃继承。

（3）被依法吊销营业执照。

（4）法律、行政法规规定的其他情形。

二、个人独资企业的清算

1. 清算人

企业解散后需要进行清算，清算的方式有以下两种。

● 投资人自行清算。

● 债权人申请人民法院指定清算人清算。

案例分析

李某以个人财产设立一个人独资企业，聘请赵某管理该企业，李某一天因交通肇事意外身亡，因为企业欠债较多，其继承人李某的妻子明确表示不愿意继承该企业，该企业只得解散。企业解散时，赵某为企业的事务管理者要求进行清算，李某的妻子也要求清算该企业，同时企业的债权人也要求进行清算。

请问：该企业应当由谁来进行清算？为什么？

2. 债权申报

投资人自行清算的，应当在清算前十五日内书面通知债权人，无法通知的，应当予以公告。债权人应当在接到通知之日起三十日内，未接到通知的应在公告之日起六十日内向投资人申报债权。

3. 财产清偿

个人独资企业解散的，财产应当按照以下顺序清偿。

（1）所欠职工工资和社会保险费用。

（2）所欠税款。

（3）其他债务。

当企业财产不足以清偿债务的，投资人应当以其个人的其他财产予以清偿。

个人独资企业解散后，原投资人对个人独资企业存续期间的债务仍应承担偿还责任，但债权人在五年内未向债务人提出偿债请求的，该责任消灭。

4. 注销登记

企业清算结束后，投资人或人民法院指定的清算人应当编制清算报告，应于十五日内到登记机关办理注销登记。

总结与回顾

个人独资企业不具备法人资格，投资人对企业的债务承担无限责任。本模块在介绍个人独资企业的概念和特征的基础上，重点阐述了个人独资企业的设立条件、设立程序、变更、事务执行、解散与清算等内容。希望同学们结合相关知识和案例对上述内容进一步深入理解。

拓展知识

个人独资企业和一人有限公司的区别

个人独资企业和一人有限公司都是一人出资建立的企业，两者的区别表现在以下几个方面。

❶ 个人独资企业依照《个人独资企业法》设立，一人有限公司则依照《公司法》设立。

❷ 个人独资企业的出资人只能是自然人，一人有限公司可以是自然人，也可以是法人。

❸ 个人独资企业的投资人对企业的债务承担无限责任，一人有限公司的投资人以出资额为限对公司承担有限责任。

❹ 个人独资企业不是企业法人，一人有限公司是企业法人，在公司成立时取得法人资格。

法治素养

个人独资企业在负债期间投资人变更，债务应由谁来偿还?

近日，山东省临沂市临沭县人民法院审结一起运输合同纠纷案，依法判决某锻造厂向杜某支付6.5万元运输费，并判决原投资人卢某、现投资人刘某对上述债务承担补充清偿责任。

基本案情

2008年至2019年，杜某一直为某锻造厂运输锻件、钢铁、煤炭等材料。因资金问题，锻造厂未向杜某结清运输费，经计算，锻造厂仍欠杜某6.5万元运输费。后杜某多次催要，但锻造厂拒不付款。

因该锻造厂为个人独资企业，其投资人原系卢某，2020年11月变更为刘某，2022年8月，杜某将锻造厂、卢某、刘某一并诉至法院，要求三被告给付6.5万元运输费及利息。

法院审理

《中华人民共和国个人独资企业法》第三十一条规定：个人独资企业财产不足以清偿债务的，投资人应当以其个人的其他财产予以清偿。依据上述规定，锻造厂所欠杜某的运费，在锻造厂不足以清偿该笔债务时，刘某作为锻造厂的投资人应当以个人的其他财产予以清偿，即对上述债务承担补充清偿责任。关于原投资人卢某是否承担责任，考虑到本案债务系卢某任投资人期间产生的债务，虽然投资人现已变更，仍不能免除其相应的补充清偿责任，否则可能存在损害债权人利益的情形。故临沭县人民法院最终判决锻造厂向杜某支付相应运输费，并判决卢某、刘某对上述债务承担补充清偿责任。现判决已生效。

法官说法

个人独资企业，是由一个自然人投资，财产为投资人个人所有，投资人以其个人财产对企业债务承担无限责任的经营实体。也就是说，对于个人独资企业来说，其财产即等同于投资人的个人财产，那对于个人独资企业的债务是否也等同于投资人的个人债务呢?

根据《中华人民共和国个人独资企业法》第三十一条“个人独资企业财产不足以清偿债务的，投资人应当以其个人的其他财产予以清偿”的规定，可以看出，当个人独资企业对外负债时，首先仍是由个人独资企业以其自身的名义及名义下的企业财产对外清偿债务，只有在确实无法清偿债务时，才需要投资人用其个人名下的其他财产进行清偿，也就是说，投资人实际对其所有的个人独资企业的债务承担的是一种补充清偿责任。但个人独资企业仍然属于企业的一种，可能面临企业转让等情形，那对于个人独资企业这样一种特殊企业来说，当企业投资人发生变更后，对于变更前企业就已经负担的债务又该如何处理呢？新旧投资人是否需要对企业债务承担付款责任呢？

对于新投资人来说，根据相关规定：个人独资企业因转让或者继承致使投资人变化的，个人独资企业可向原登记机关提交转让协议书或者法定继承文件，申请变更登记。因此，投资人发生变更并不会导致原企业的消灭及新企业的产生，仅是原企业持续经营过程中的变更情形，故不影响企业对外的权利享有和义务负担的。故本案中的铸造厂需要对其应付的运输费承担付款责任，那对于现投资人刘某来说，因其财产与企业财产密不可分，故在企业财产无法清偿完毕时，应当对不能清偿部分的债务负有清偿义务。

而对于原投资人来说，如以投资人变更为由即排除原投资人的责任，可能会存在原投资人与第三人恶意串通故意将企业转让给无能力负担债务的现投资人以达到恶意逃避债务的情况，有损债权人的利益，故承办法官认为原投资人也应当对未清偿债务承担补充清偿责任，更有利于对债权人利益的保护。

至于新旧投资人在企业变更时是否对财产及债务等有所约定，不能以此损害第三人的利益，可以在双方承担付款义务后内部再行协商或处理。

案例来源：临沭县人民法院2023-10-19

复习思考题

❶ 个人独资企业的设立条件是什么？

❷ 个人独资企业的设立程序是什么？

❸ 个人独资企业与个体工商户有什么不同？

❹ 个人独资企业的解散原因有哪些？

技能训练

❶ 模拟个人独资企业的设立登记程序。

❷ 模拟个人独资企业的变更登记程序。

模块五
外商投资法

学习目标

一、知识目标

- 了解外商投资和外商投资企业的概念等。
- 了解外商投资企业的投资促进、投资保护、投资管理的相关法律规定。

二、能力目标

- 具备识别和深入了解外商投资企业的能力。
- 知晓外商投资企业运行相关法律规定的能力。

三、素质目标

- 树立平等合作、守法经营、规范管理的企业经营理念。
- 培育并践行社会主义核心价值观。
- 培养社会主义法治理念与职业道德观。

导入案例

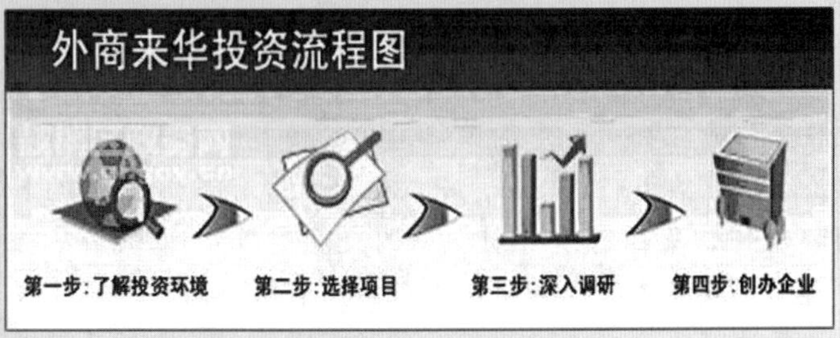

上图是一张外商来华投资流程简图，现在假设你已毕业，在国内一家企业工作，一外商找到你所在的企业想合作，共同成立一家中外合资公司。请分析成立中外合资公司应注意什么。

第一节　外商投资法概述

一、外商投资和外商投资企业的概念

外商投资，是指外国的自然人、企业或者其他组织（以下称外国投资者）直接或者间接在中国境内进行的投资活动，包括下列情形。

（1）外国投资者单独或者与其他投资者共同在中国境内设立外商投资企业。

（2）外国投资者取得中国境内企业的股份、股权、财产份额或者其他类似权益。

（3）外国投资者单独或者与其他投资者共同在中国境内投资新建项目。

（4）法律、行政法规或者国务院规定的其他方式的投资。

外商投资企业，是指全部或者部分由外国投资者投资，依照中国法律在中国境内经登记注册设立的企业。

随着外国改革开放的逐步深入，外商投资企业在我国的数量逐步增多，外商投资企业的直接投资数额也日益增长，目前世界500强的跨国公司中，已经有400多家已经登陆中国。

议一议

你知道哪些企业属于中国500强企业吗？

看一看

2023年中国500强企业部分名单（来源中国企业联合会）

国家电网有限公司、中国石油天然气集团有限公司、中国石油化工集团有限公司、中国建筑集团有限公司、中国工商银行股份有限公司、中国建设银行股份有限公司、中国农业银行股份有限公司、中国平安保险（集团）股份有限公司、中国中化控股有限责任公司、中国铁路工程集团有限公司、中国海洋石油集团有限公司、中国铁道建筑集团有限公司、中国银行股份有限公司、中国人寿保险（集团）公司、中国移动通信集团有限公司、中国交通建设集团有限公司、中国五矿集团有限公司、中国邮政集团有限公司、中粮集团有限公司、中国中信集团有限公司、中国电力建设集团有限公司、华为投资控股有限公司、中国医药集团有限公司、中国远洋海运集团有限公司。

二、国家对外商投资的相关管理

国家依法保护外国投资者在中国境内的投资、收益和其他合法权益。

在中国境内进行投资活动的外国投资者、外商投资企业，应当遵守中国法律法规，不得危害中国国家安全、损害社会公共利益。

国务院商务主管部门、投资主管部门按照职责分工，开展外商投资促进、保护和管理工作；国务院其他有关部门在各自职责范围内，负责外商投资促进、保护和管理的相关工作。县级以上地方人民政府有关部门依照法律法规和本级人民政府确定的职责分工，开展外商投资促进、保护和管理工作。

外商投资企业职工依法建立工会组织，开展工会活动，维护职工的合法权益。外商投资企业应当为本企业工会提供必要的活动条件。

看一看

2019年3月15日，第十三届全国人民代表大会第二次会议表决通过了《中华人民共和国外商投资法》(以下简称《外商投资法》)，自2020年1月1日起施行。外商投资法颁布实施后，原有的《中华人民共和国中外合资经营企业法》《中华人民共和国中外合作经营企业法》《中华人民共和国外资企业法》废止。

第二节 投资促进和投资保护

一、投资促进

(一) 法律与政策

国家在外商投资企业的投资促进方面的法律规定主要包括：外商投资企业依法平等适用国家支持企业发展的各项政策。制定与外商投资有关的法律、法规、规章，应当采取适当方式征求外商投资企业的意见和建议。与外商投资有关的规范性文件、裁判文书等，应当依法及时公布。

国家建立健全外商投资服务体系，为外国投资者和外商投资企业提供法律法规、政策措施、投资项目信息等方面的咨询和服务。

国家与其他国家和地区、国际组织建立多边、双边投资促进合作机制，加强投资领域的国际交流与合作。

（二）实验性政策措施

国家根据需要，设立特殊经济区域，或者在部分地区实行外商投资试验性政策措施，促进外商投资，扩大对外开放。

（三）投资范围

国家根据国民经济和社会发展需要，鼓励和引导外国投资者在特定行业、领域、地区投资。外国投资者、外商投资企业可以依照法律、行政法规或者国务院的规定享受优惠待遇。国家保障外商投资企业依法平等参与标准制定工作，强化标准制定的信息公开和社会监督。

（四）标准化制定

国家制定的强制性标准平等适用于外商投资企业。这些标准包括国家标准、行业标准、地方标准、企业标准等。

（五）政府采购

国家保障外商投资企业依法通过公平竞争参与政府采购活动。政府采购依法对外商投资企业在中国境内生产的产品、提供的服务平等对待。

（六）融资

外商投资企业可以依法通过公开发行股票、公司债券等证券和其他方式进行融资。县级以上地方人民政府可以根据法律、行政法规、地方性法规的规定，在法定权限内制定外商投资促进和便利化政策措施。

（七）营商服务环境

各级人民政府及其有关部门应当按照便利、高效、透明的原则，简化办事程序，提高办事效率，优化政务服务，进一步提高外商投资服务水平。

有关主管部门应当编制和公布外商投资指引，为外国投资者和外商投资企业提供服务和便利。

二、投资保护

（一）征收

国家对外国投资者的投资不实行征收。

在特殊情况下，国家为了公共利益的需要，可以依照法律规定对外国投资者的投资实行征收或者征用。征收、征用应当依照法定程序进行，并及时给予公平、合理的补偿。

（二）资本汇兑

外国投资者在中国境内的出资、利润、资本收益、资产处置所得、知识产权许可使用费、依法获得的补偿或者赔偿、清算所得等，可以依法以人民币或者外汇自由汇入、汇出。

（三）知识产权和商业秘密

国家保护外国投资者和外商投资企业的知识产权，保护知识产权权利人和相关权利人的合法权益；对知识产权侵权行为，严格依法追究法律责任。

（四）规范性文件审查

国家鼓励在外商投资过程中基于自愿原则和商业规则开展技术合作。技术合作的条件由投资各方遵循公平原则平等协商确定。行政机关及其工作人员不得利用行政手段强制转让技术。

各级人民政府及其有关部门制定涉及外商投资的规范性文件，应当符合法律法规的规定；没有法律、行政法规依据的，不得减损外商投资企业的合法权益或者增加其义务，不得设置市场准入和退出条件，不得干预外商投资企业的正常生产经营活动。

（五）政策承诺

地方各级人民政府及其有关部门应当履行向外国投资者、外商投资企业依法作出的政策承诺以及依法订立的各类合同。

因国家利益、社会公共利益需要改变政策承诺、合同约定的，应当依照法定权限和程序进行，并依法对外国投资者、外商投资企业因此受到的损失予以补偿。

（六）依法经营和投诉

外商投资企业可以依法成立和自愿参加商会、协会。商会、协会依照法律法规和章程的规定开展相关活动，维护会员的合法权益。国家建立外商投资企业投诉工作机制，及时处理外商投资企业或投资者反映的问题。

想一想

国家对外国投资者的投资可否征收?

外商投资负面清单的法律后果

外资公司股权投资负面清单，股权投资有效吗？

永杏公司和海某1、海某2签订《股权转让协议书》，购买海某1、海某2持有的云峰公司股权，而永杏公司属于外商投资企业，云峰公司的经营范围变更回净制、切制、炒制、炙制、煅制及蒸制，是外商禁入的范围。永杏公司支付了股权转让款，并以委托管理方式由海某1对云峰公司进行实际管理。

之后，双方发生争议，永杏公司起诉要求被告海某1、海某2移交云峰公司全部资产，办理工商变更登记手续。被告海某1、海某2则反诉认为股权转让无效，理由是云峰公司的经营范围属于外商投资的负面清单范围。原审支持了被告的主张，即判决股权转让无效。永杏公司向最高法院申请再审，合议庭审理后有以下几点认识。

（1）《股权转让协议书》签订时，永杏公司属于港澳台法人独资企业，违反《中华人民共和国外商投资法》第二十八条第一款“外商投资准入负面清单规定禁止投资的领域，外国投资者不得投资”，原审法院据此认为涉案《股权转让协议书》应属无效，本院予以认可。

（2）永杏公司2020年1月16日之前属于港、澳、台法人独资企业，其受让云峰公司股权行为属于外商投资企业在我国境内进行二级再投资的行为，云峰公司经营生产范围包括负面清单禁止投资的领域。永杏公司于2020年1月16日将其企业类型由港、澳、台法人独资变更为自然人投资或控股，不属涉案合同效力瑕疵的补正法律事由，《股权转让协议书》自始无效。

结论：外商投资的公司业务落入到了负面清单的范围，即使之后外商企业变更成了内资企业，股权转让也无效。

案例来源：（2021）最高法民申6561号

第三节　投资管理

（一）准入许可和审核

外商投资准入负面清单规定禁止投资的领域，外国投资者不得投资。

外商投资准入负面清单以外的领域，按照内外资一致的原则实施管理。

外国投资者在依法需要取得许可的行业、领域进行投资的，应当依法办理相关许可手续。

（二）组织形式、组织机构及活动准则

外商投资企业的组织形式、组织机构及其活动准则，适用《公司法》《合伙企业法》等

法律的规定。

外商投资企业开展生产经营活动，应当遵守法律、行政法规有关劳动保护、社会保险的规定，依照法律、行政法规和国家有关规定办理税收、会计、外汇等事宜，并接受相关主管部门依法实施的监督检查。

（三）信息报告制度

国家建立外商投资信息报告制度。外国投资者或者外商投资企业应当通过企业登记系统以及企业信用信息公示系统向商务主管部门报送投资信息。

议一议

毕业后你愿意去国企工作还是愿意去外企工作，为什么？

（四）安全审查制度

国家建立外商投资安全审查制度，对影响或者可能影响国家安全的外商投资进行安全审查，依法作出的安全审查决定为最终决定。

总结与回顾

本模块在介绍外商投资和外商投资企业概念的基础上，重点阐述了我国对外商投资企业的投资促进、投资保护以及投资管理的相关法律规定。希望同学们结合实际对上述内容加以深入理解和掌握。

拓展知识

一、2023年外商在华投资情况

商务部2024年1月19日发布数据显示，2023年，全国新设立外商投资企业53766家，同比增长39.7%；实际使用外资金额11339.1亿元，同比下降8.0%，规模仍处历史高位。

从行业看，制造业实际使用外资金额3179.2亿元，同比下降1.8%，其中高技术制造业实际使用外资同比增长6.5%，医疗仪器设备及仪器仪表制造业、电子及通信设备制造业实际使用外资同比分别增长32.1%、12.2%。服务业实际使用外资金额7760.8亿元，同比下降13.4%，建筑业、科技成果转化服务、研发与设计服务领域实际使用外资同比分别增长43.7%、8.9%和4.1%。高技术产业引资4233.4亿元，占实际使用外资金额比重为37.3%，较2022年全年提升1.2个百分点，创历史新高。

从来源地看，法国、英国、荷兰、瑞士、澳大利亚实际对华投资同比分别增长84.1%、81.0%、31.5%、21.4%、17.1%（含通过自由港投资数据）。

二、2023年《财富杂志》世界500强名单（部分）

排名	公司名称	营业收入（百万美元）	净利润（百万美元）
1	沙特阿美公司	603651.4	159069
2	国家电网有限公司	530008.8	8191.9
3	中国石油天然气集团有限公司	483019.2	21079.7
4	中国石油化工集团有限公司	471154.2	9656.9
5	埃克森美孚	413680	55740
6	苹果公司	394328	99803
7	壳牌公司	386201	42309
8	联合健康集团	324162	20120
9	托克集团	318476.4	6994.2
10	中国建筑集团有限公司	305884.5	4234
11	大众汽车公司	293684.7	15223.2
12	麦克森公司	276711	3560
13	丰田汽车公司	274491.4	18110
14	道达尔公司	263310	20526
15	雪佛龙股份有限公司	246252	35465
16	美源伯根公司	238587	1698.8
17	鸿海精密工业股份有限公司	222535.3	4751
18	中国工商银行股份有限公司	214766.3	53589.3
19	中国建设银行股份有限公司	202753.4	48145.1
20	微软公司	198270	72738

》法治素养

跨境货物与服务贸易类纠纷案件

基本案情

2020年4月17日，外国某公司作为买方与上海某纺织公司作为卖方共同签订了一份编号为STE20/08A11020的《售货确认书》，约定购买300万个一次性保护性口罩（非医用），总价364.2美元，FOB上海，目的地德国法兰克福。外国某公司于2020年4月17日向上海某纺织公司付款364.2美元。后因口罩生产厂商山东某药业公司的原因，该批货物未实际交付。

2021年12月27日，上海某纺织公司向第三人杨某、周某某发送《联络函》，表示：2020年4月期间，上海某纺织公司作为杨某、周某某的出口代理，负责外国某公司的口罩出口业务，并由杨某、周某某选定山东某药业公司为口罩生产商。为完成代理出口，上海某纺织公司根据杨某、周某某指示，与外国某公司签订《售货确认书》，并与山东某药业公司签署对应的《采购合同（口罩）》。

2020年4月17日，上海某纺织公司收到外国某公司支付的合同款364.2万美元，同日上海某纺织公司根据第三人指示向山东某药业公司支付口罩款人民币2281.59万元。后因山东某药业公司无法依约交付货物，外国某公司要求返还已经支付的货款。经第三人与山东某药业公司、外国某公司交涉解约及退款事宜，上海某纺织公司于2020年4月至5月期间收到山东某药业公司退款人民币365万元，上海某纺织公司于2020年6月至2021年4月期间陆续向外国某公司归还货款178万美元（折合人民币12571606元），其中上海某纺织公司垫付资金共计人民币6379355.75元。

后因上海某纺织公司未能在期限内归还外国某公司剩余货款1156811.22美元，故外国某公司向人民法院提起诉讼请求判令上海某纺织公司需要返还剩余货款及相应的利息损失。上海某纺织公司辩称，上海某纺织公司仅是本案的出口代理商，代表委托人周某某及杨某与外国某公司签署涉案的《售货确认书》；外国某公司在《售货确认书》签署前就已经知悉上海某纺织公司的出口代理商身份，涉案售货确认书应当约束外国某公司及委托人周某某及杨某，上海某纺织公司不是外国某公司的合同相对方，并非本案的适格主体，不应承担还款责任。第三人杨某、周某某述称，其与上海某纺织公司不存在委托代理关系。

裁判结果

上海市浦东新区人民法院经审理认为，本案系国际货物买卖合同纠纷，因外国某公司、上海某纺织公司的营业地分别位于德意志联邦共和国和中华人民共和国，两国均为《联合国国际货物销售合同公约》(以下简称《公约》) 缔约国，且双方并未合意排除公约的适用，故本案应自动适用《公约》。公约未明确解决的属于公约范围的问题，按照公约所依据的一般原则解决，在没有一般原则的情况下，适用与本合同具有最密切联系的中华人民共和国法律解决。《公约》虽没有明确规定，但合同的相对性原则是该公约的一般法律原则，适用于任何受该公约调整的合同。同时，"谁主张、谁举证"的举证责任亦是该公约体现的一般法律原则，有相应约束力。

本案中，外国某公司已经向上海某纺织公司支付了全部货款，双方之间的买卖合同关系成立并开始实际履行。上海某纺织公司辩称是第三人杨某、周某某的出口代理商，第三人是本案系争合同的相对方。但从合同的磋商和签订看，外国某公司与上海某纺织公司签订有《售货确认书》，上海某纺织公司和供货商山东某药业公司签订有《采购合同（口罩）》，第三人杨某、周某某均未出现在上述合同中。周某某在与外国某公司代表人马某某、工作人员M的微信群聊中，均以上海某纺织公司工作人员口吻参与磋商。周某某与杨某的微信聊天记录中也处处显示系争合同的条款均需要上海某纺织公司员工华某某确认。并且2020年4月13日晚，马某某、华某某、杨某和周某某等在上海某纺织公司处见面磋商。审理中，外国某公司及第三人杨某、周某某当庭表示上海某纺织公司是系争合同相对方。因此，外国某公司有理由相信买卖合同建立在外国某公司与上海某纺织公司之间，上海某纺织公司没有充分证据证明第三人是合同的实际相对方。另一方面，从实际退款情况看，除人民币500万元系供货商山东某药业公司直接退款外国某公司的中国子公司外，其余已退款项均由上海某纺织公司直接向外国某公司归还。同时，负责本案交易的上海某纺织公司员工华某某向外国某公司出具了《还款计划》，明确注明退款时间和金额，落款中注明“上海某纺织公司华某某”。上海某纺织公司虽然否认《还款计划》的真实性，但从上海某纺织公司实际向外国某公司的退款金额和退款时间看，与《还款计划》相符。因此，人民法院认定上海某纺织公司是本案系争合同的相对方。因供货厂商山东某药业公司的原因导致上海某纺织公司无法按时交货，上海某纺织公司已构成违约，应承担相应的违约责任。2020年4月22日山东某药业公司向外国某公司的中国子公司退款人民币500万元，应视为双方以自己的实际行动宣告系争合同无效。审理中，外国某公司、上海某纺织公司对此予以确认，人民法院依法予以认可。根据《公约》规定，宣告合同无效解除了双方在合同中的义务，但应负责的任何损害赔偿仍应负责。已全部或局部履行合同的一方，可以要求另一方归还他按照合同供应的货物或支付的价款。另外，如果卖方有义务归还价款，他必须同时从支付价款之日起支付价款利息。现外国某公司主张上海某纺织公司退还剩余货款，并从合同宣告无效之日起支付相应的利息损失，人民法院依法予以支持。

据此，上海市浦东新区人民法院判决：外国某公司与上海某纺织公司签订的《售货确认书》于2020年4月22日宣告无效；上海某纺织公司返还外国某公司剩余货款以及相应的利息损失。宣判后，双方均未上诉。

资料来源：上海高院2023-10-27。

复习思考题

❶ 简述外商投资企业的含义。

❷ 外商投资企业在投资管理方面有哪些法律规定？

技能训练

分别列出世界500强和中国500强企业各10个名单。

模块六

证券法

学习目标

一、知识目标

- 了解证券的概念和种类。
- 掌握证券市场交易参与者。
- 掌握证券发行与承销的相关规定。
- 掌握证券交易的相关规定。

二、能力目标

- 掌握证券发行和交易的法律规定，并通过证券模拟或实际交易操作，从而具备运用证券法律知识进行金融投资、风险控制的相关能力。
- 具备金融市场投资、规避风险和投资理财的能力。

三、素质目标

- 理解公平、公正、公开以及诚信在证券发行与交易过程中的重要意义，引导学生自觉践行和弘扬社会主义核心价值观。
- 知晓金融市场投资的风险，宏观上具备投资理财规划设计、稳健投资的思维。

导入案例

2023年启明网络有限公司为增加收益，决定将公司的流动资金80万元用于股票投资，并以员工张某的名义开立账户，同时并派员工张某和李某到证券公司进行操作，赚取收益后，董事长将收益归为已有。

请问：启明网络有限公司这样的做法合法吗？为什么？

第一节　证券法概述

一、证券的概念和种类

（一）证券的概念

证券是各类财产所有权或债权凭证的通称，是用来证明证券持有人有权依票面所载内容，取得相关权益的凭证。

议一议

传统的商品证券有股票、粮票、债券、仓单、支票五种，你认为哪些证券能进行投资交易？

（二）证券的种类

证券有广义与狭义两种概念。

广义的证券包括商品证券、货币证券和资本证券。

（1）商品证券是证明持有人有商品所有权或使用权的凭证，取得这种证券就等于取得这种商品的所有权，持有人对这种证券所代表的商品所有权受法律保护。属于商品证券的有海运提单、仓单等。

（2）货币证券是指本身能使持有人或第三者取得货币索取权的有价证券。货币证券主要包括汇票、本票、支票、银行卡等。

（3）资本证券是指证券持有人享有一定收益或债权的书面凭证。持有者可以因证券本身取得一定收益，也可以通过转让而获得一定收益。它主要包括股票、债券、基金等。

狭义的证券是指资本证券，即《中华人民共和国证券法》（以下简称《证券法》）中所指的证券，主要包括股票、债券、存托凭证和国务院规定的其他证券。政府债券、证券投资基金份额的上市交易，也适用《证券法》。对于证券期权、期货等品种暂不列入《证券法》调整范围。

看一看

证券投资基金是我国《证券法》中一个特定的证券品种。证券投资基金指一种利益共享、风险共担的集合证券投资方式，即通过发行基金，集中投资者的基金，由基金托管人托管，由基金管理人管理和运用所集中的资金，专门从事股票、债券等金融工具投资，以获取投资收益和资本增值。

基金管理人是指基金公司，基金托管人是指商业银行或信托机构，我国著名的基金公司包括华夏基金、嘉实基金、易方达基金等。

二、证券法

证券法是调整证券发行、交易、监管过程中发生的权利义务关系的法律规范的总称。

看一看

我国的《证券法》于1998年12月29日第九届全国人民代表大会常务委员会第六次会议通过，2004年8月28日第十届全国人民代表大会常务委员会第十一次会议第一次修正，2005年10月27日第十届全国人民代表大会常务委员会第十八次会议第一次修订，2013年6月29日第十二届全国人民代表大会常务委员会第三次会议第二次修正，2019年12月28日第十三届全国人民代表大会常务委员会第十五次会议第二次修订，最新的《证券法》自2020年3月1日起实施。

第二节　证券市场的主体

一、证券市场的发行人

（一）公司（企业）

现在股份制的公司主要采取股份有限公司和有限责任公司两种形式。只有股份有限公司才能发行股票，公司发行股票属于自有资本，发行债券筹集的资本属于借入资本，发行股票和债券是公司筹集资金的主要途径。目前公司（企业）作为证券发行主体的地位有不断提高的趋势。

（二）政府和政府机构

随着经济的发展，中央人民政府及其直属机构已成为证券发行的重要主体之一，但政府发行的品种仅限于债券。政府发行债券所筹集的资金主要用于调剂财政资金短缺、弥补财政赤字和进行基础性建设项目等。

想一想

金融机构就是指商业银行吗？

（三）金融机构

金融机构作为证券市场的发行主体，既可以发行股票也可以发行债券。金融机构除了代表政府发行债券的中央银行外，还包括政策性银行、商业银行，非银行金融机构主要包括保险公司、城市合作社及农村信用合作社、信托投资公司、证券公司、投资基金管理公司等。

二、证券投资者

证券投资者是证券市场重要的市场主体，证券投资者是进行投资的各类机构法人和自然人，所以证券投资者分为机构投资者和个人投资者。

（一）机构投资者

1. 政府机构

作为政府机构参与证券投资的目的主要是调剂资金短缺和进行宏观调控。政府机构可通过购买政府债券、金融债券投资于证券市场。例如中国人民银行通过买卖政府债券或金融债券影响货币供应量来进行宏观调控。

2. 金融机构

（1）证券经营机构。证券经营机构是证券市场上非常活跃的投资者，主要以其自有资金、营运资金进行证券投资。

想一想

你知道我国五大国有商业银行都是哪些吗？

（2）银行业金融机构。作为银行业金融机构的商业银行、城市信用社、农村信用社和政策性银行等机构也可以进行证券投资，但是我国法律规定，上述机构只能进行政府债券的投资。

（3）保险公司和保险资产管理公司。作为投资主体，保险公司通常自设投资部门进行投资，委托专门机构或购买基金份额进行投资。保险公司除投资国债外，也可以进行股票和基金投资。

想一想

你能举出我国几家非常著名的保险公司吗？

（4）主权财富基金。为了管理好国家大量的外汇储备，2007年9月，经国务院批准的中国投资有限责任公司宣告成立，注册资本2000亿美元，专门投资外汇业务。

（5）其他金融机构。包括信托投资公司、企业集团财务公司、金融租赁公司等。

3. 企业和事业法人

企事业单位可以用自己的闲置资金或者积累的资金进行证券投资。企业可通过股票投资实现对其他企业的参股或者控股，也可将资金通过自营或者委托专业机构的形式来进行证券投资以获取收益。

4. 各类基金

（1）证券投资基金。基金公司可将证券投资基金投资于股票、债券和其他证券品种。

看一看

中国国际信托投资公司创办于1979年。2002年中国国际信托投资公司进行体制改革，更名为中国中信集团公司，成为国家授权投资机构。2011年中国中信集团公司整体改制为国有独资公司，更名为中国中信集团有限公司（简称中信集团），并发起设立了中国中信股份有限公司（简称中信股份）。2014年8月，中信集团将中信股份100%股权注入香港上市公司中信泰富，实现了境外整体上市。中信集团主要由商业银行、证券、保险、信托、租赁等非银行金融机构组成。其中中信银行和中信证券股份有限公司均属于中信公司的下设子公司。

（2）社保基金。社保基金包括社会保险基金，由养老、医疗、工伤、失业、生育五项保险基金构成，另外还包括社会保障基金。

（3）企业年金。企业年金是指企业及职工在依法参加基本养老保险的基础上自愿建立的补充养老保险基金。

（4）社会公益基金。社会公益基金主要包括福利基金、科技发展基金、教育发展基金、文学奖励基金等。

（二）个人投资者

个人投资者是指从事证券投资的自然人，他们是证券市场最广泛的投资者。

三、证券市场中介机构

证券市场中介机构是指为证券的发行、交易而提供服务的各类机构。

（一）证券公司

证券公司是指依法设立的经营证券业务的有限责任公司或者股份有限公司。

想一想

你知道国务院证券监督管理机构的具体名称吗?

设立证券公司，必须经国务院证券监督管理机构审查批准。未经国务院证券监督管理机构批准，任何单位和个人不得经营证券业务。

1. 证券公司的设立条件

● 有符合法律、行政法规规定的公司章程。

● 主要股东具有持续盈利能力，信誉良好，最近三年无重大违法违规记录，净资产不低于人民币二亿元。

- 有符合《证券法》规定的注册资本。
- 董事、监事、高级管理人员具备任职资格，从业人员具有证券从业资格。
- 有完善的风险管理与内部控制制度。
- 有合格的经营场所和业务设施。
- 法律、行政法规规定的和经国务院批准的国务院证券监督管理机构规定的其他条件。

2. 证券公司的经营业务

经国务院证券监督管理机构审查批准，证券公司可经营下列业务。

- 证券经纪。
- 证券投资咨询。
- 与证券交易、证券投资活动有关的财务顾问。
- 证券承销与保荐。
- 证券自营。
- 证券资产管理。
- 其他证券业务。

看一看

目前我国上市的证券公司主要有宏源证券、东北证券、海通证券、中信证券、广发证券、国元证券、国金证券、兴业证券、西南证券、招商证券、华泰证券等证券股份有限公司。

（二）证券登记结算公司

证券登记结算公司是为证券交易提供登记、存管与结算服务，不以营利为目的的法人。

设立证券登记结算公司必须经国务院证券监督管理机构批准。2001年3月30日，中国证券登记结算有限责任公司成立。这标志着中国建立全国集中、统一的证券登记结算体制的组织构架已经基本形成。

查一查

通过互联网或其他途径查询中国证券登记结算有限责任公司主要有哪些职能。

（三）证券服务机构

证券服务机构是指依法设立的从事证券服务业务的法人机构，主要包括证券投资咨询公司、信用评级机构、会计师事务所、资产评估机构、律师事务所、证券信息公司等。

四、自律性组织

（一）证券交易所

证券交易所是为证券集中交易提供场所和设施，组织和监督证券交易，实行自律管理的法人。

证券交易所的设立和解散由国务院决定。

（二）证券业协会

证券业协会是证券业的自律性组织，是社会团体法人。证券公司应当加入证券业协会。

看一看

中国证券业协会成立于1991年8月28日。中国证券业协会的最高权力机构是由全体会员组成的会员大会，理事会为其执行机构。中国证券业协会实行会长负责制。

协会的宗旨是：在国家对证券业实行集中统一监督管理的前提下，进行证券业自律管理；发挥政府与证券行业间的桥梁和纽带作用；为会员服务，维护会员的合法权益；维持证券业的正当竞争秩序，促进证券市场的公开、公平、公正，推动证券市场的健康稳定发展。

五、证券监督管理机构

根据法律规定，国务院证券监督管理机构依法对证券市场实行监督管理，维护证券市场秩序，保障其合法运行。

看一看

1992年以前，我国的证券市场监督管理职责由中国人民银行承担。1992年10月，国务院成立了国务院证券委员会和中国证券监督管理委员会。1998年，国务院决定保留设置中国证券监督管理委员会，将国务院原证券委员会的职能和中国人民银行履行的证券业务监管职能都划入中国证券监督管理委员会，建立起全国统一的证券监督管理机构。

第三节　证券的发行与承销

一、证券发行的概念和方式

（一）证券发行的概念

证券发行是指发行人依照法定的条件和程序向社会公众或特定的人出售证券的行为。

证券发行市场由证券发行人、证券投资者和证券中介机构组成。证券发行市场也称为一级市场。

公开发行证券，必须符合法律、行政法规规定的条件，并依法报经国务院证券监督管理机构或者国务院授权的部门注册。未经依法注册，任何单位和个人不得公开发行证券。

（二）证券发行的方式

证券发行主要包括公开发行和非公开发行两种方式。

有下列情形之一的，为公开发行。

（1）向不特定对象发行证券的。

（2）向特定对象发行证券累计超过二百人的，但依法实施员工持股计划的员工人数不计算在内。

（3）法律、行政法规规定的其他发行行为。

议一议

股份有限公司发行股票采取公开发行或非公开发行要考虑哪些因素？

发行人申请公开发行股票、可转换为股票的公司债券，依法采取承销方式的，或者公开发行法律、行政法规规定实行保荐制度的其他证券的，应当聘请证券公司担任保荐人。

二、证券发行条件

（一）股票发行的条件

1. 设立发行的条件

股份有限公司的设立有发起设立和募集设立两种方式。采取发起设立，只要符合《公司法》规定的股份有限公司成立的条件即可。采取募集设立，发起人所认购的股份不低于公司章程规定的公司设立时应发行公司股份总数的百分之三十五。

想一想

股份有限公司设立的条件是什么？

2. 增资发行的条件

根据《证券法》的规定，公司公开发行新股应当符合下列条件。

- 具备健全且运行良好的组织机构。
- 具有持续经营能力。

● 最近三年财务会计报告被出具无保留意见审计报告。

● 发行人及其控股股东、实际控制人最近三年不存在贪污、贿赂、侵占财产、挪用财产或者破坏社会主义市场经济秩序的刑事犯罪。

● 经国务院批准的国务院证券监督管理机构规定的其他条件。

（二）公司债券的发行条件

1. 首次发行公司债券的条件

● 具备健全且运行良好的组织机构。

● 最近三年平均可分配利润足以支付公司债券一年的利息。

● 具有合理的资产负债结构和正常的现金流量。

● 国务院规定的其他条件。

评一评

如果累计债券余额超过公司的净资产，会有什么影响？

公开发行公司债券筹集的资金，必须按照公司债券募集办法所列资金用途使用；改变资金用途，必须经债券持有人会议作出决议。公开发行公司债券筹集的资金，不得用于弥补亏损和非生产性支出。

2. 再次发行公司债券的条件

已发行公司债券的公司可以再发行债券，但是具备下列情形之一的不得发行债券。

● 对已公开发行的公司债券或者其他债务有违约或者延迟支付本息的事实，仍处于继续状态。

评一评

某投资者先后买入某上市公司的股票和债券，请问：上市公司的股票持有者和债券持有者在法律地位上有什么不同？

● 违反《证券法》规定，改变公开发行公司债券所募资金的用途。

国务院证券监督管理机构或者国务院授权的部门依照法定条件负责证券发行、申请的注册。

三、证券的承销

证券承销是指发行人向社会公开发行证券时，委托证券中介机构销售的制度。

《证券法》规定，发行人向不特定对象发行证券的，应当由证券公司承销。

（一）承销方式

证券承销业务采取代销或者包销方式。

证券代销是指证券公司代发行人发售证券，在承销期结束时，将未售出的证券全部退还给发行人的承销方式。

证券包销是指证券公司将发行人的证券按照协议全部购入或者在承销期结束时将售后剩余证券全部自行购入的承销方式。

公开发行证券的发行人有权依法自主选择承销的证券公司。

（二）承销规则

● 向社会公开发行的证券票面总值超过人民币五千万元的，应当由承销团承销；承销团应当由主承销和参与承销的证券公司组成。

● 证券的代销、包销期最长不得超过九十日。

● 股票采取代销方式发行的，期限届满如果向投资者出售的股票数量未达到拟公开发行数量的百分之七十的，为发行失败。

● 股票发行采取溢价发行的，其发行价格由发行人与承销的证券公司协商确定。

公开发行股票，代销、包销期限届满，发行人应当在规定的期限内将股票发行情况报国务院证券监督管理部门备案。

第四节　证券交易

一、证券交易

证券交易是指证券持有者按照交易规则，将证券转让给其他投资者的行为。

证券交易市场也称为二级市场或者证券流通市场。

公开发行的证券，应当在依法设立的证券交易所上市交易或者在国务院批准的其他全国性证券交易场所交易。

非公开发行的证券，可以在证券交易所、国务院批准的其他全国性证券交易场所、按照国务院规定设立的区域性股权市场转让。

（1）证券在证券交易所挂牌交易，应当采用公开的集中竞价交易方式或者国务院证券监督管理机构批准的其他方式。

证券交易实行价格优先、时间优先的原则。

● 价格优先是指较高价格买入申报优先于较低价格买入申报，较低价格卖出申报优先于较高价格卖出申报。

● 时间优先是指买卖方向、价格相同的，先申报者优先于后申报者。

想一想

投资者要进行证券交易是在一级市场还是二级市场？

案例分析

甲乙丙丁投资者四个人，均申报卖出浦发银行股票（代码600000），申报价格和申报时间为：甲卖出价14.00元，时间9:40；乙卖出价13.80元，时间9:42；丙卖出价14.10元，时间9:35；丁卖出价13.80元，时间9:40。

请问：四位投资者的交易顺序是什么？

（2）A股交易的规则和原则。

A股是以人民币计价，面对中国公民发行且在境内上市的股票。

我国证券交易所以100股为一个交易单位，1手=100股。A股交易规则主要采取下列规则。

- 实行T+1制度，即当天买入的股票不得卖出，只有第二天后才可以卖出。
- 买入以手为单位，买入时必须是一手或其整数倍。
- 实现涨跌幅限制，一般以上一日收盘价计算。

（3）特殊主体交易的限制。

- 证券交易所、证券公司、证券登记结算机构从业人员、证券监督管理机构工作人员和法律、行政法规禁止参与股票交易的其他人员，在任期或者法定限期内，不得直接或者以化名、借他人名义持有、买卖股票或者其他具有股权性质的证券，也不得收受他人赠送的股票或者其他具有股权性质的证券。实施股权激励计划或者员工持股计划的证券公司的从业人员，可以按照国务院证券监督管理机构的规定持有、卖出本公司股票或者其他具有股权性质的证券。
- 证券交易场所、证券公司、证券登记结算机构、证券服务机构及其工作人员应当依法为投资者的信息保密，不得非法买卖、提供或者公开投资者的信息。
- 为证券发行出具审计报告或者法律意见书等文件的证券服务机构和人员，在该证券承销期内和期满后六个月内，不得买卖该证券。

除前款规定外，为发行人及其控股股东、实际控制人，或者收购人、重大资产交易方出具审计报告或者法律意见书等文件的证券服务机构和人员，自接受委托之日起至上述文件公开后五日内，不得买卖该证券。实际开展上述有关工作之日早于接受委托之日的，自实际开展上述有关工作之日起至上述文件公开后五日内，不得买卖该证券。

- 上市公司、股票在国务院批准的其他全国性证券交易场所交易的公司持有百分之五以上股份的股东、董事、监事、高级管理人员，将其持有的该公司的股票或者其他具有股权性质的证券在买入后六个月内卖出，或者在卖出后六个月内又买入，由此所得收益归该公司所有，公司董事会应当收回其所得收益。但是，证券公司因购入包销售后剩余股票而持有百分之五以上股份，以及有国务院证券监督管理机构规定的其他情形的除外。

看一看

发起人持有的本公司股份，自公司成立之日起一年内不得转让。公司公开发行股份前已发行的股份，自公司股票在证券交易所上市交易之日起一年内不得转让。

公司董事、监事、高级管理人员应当向公司申报所持有的本公司的股份及其变动情况，在任职期间每年转让的股份不得超过其所持有本公司股份总数的百分之二十五；所持本公司股份自公司股票上市交易之日起一年内不得转让。上述人员离职后半年内，不得转让其所持有的本公司股份。

二、证券上市

证券上市是指已经公开发行的证券在证券交易所挂牌交易。

申请证券上市交易，应当向证券交易所提出申请，由证券交易所依法审核同意，并由双方签订上市协议。

证券交易所根据国务院授权部门的决定安排政府债券上市交易。

查一查

通过互联网或其他途径查询我国A股的十家上市公司名称和代码。

申请证券上市交易，应当符合证券交易所上市规则规定的上市条件。

证券交易所上市规则规定的上市条件，应当对发行人的经营年限、财务状况、最低公开发行比例和公司治理、诚信记录等提出要求。

上市交易的证券，有证券交易所规定的终止上市情形的，由证券交易所按照业务规则终止其上市交易。

证券交易所决定终止证券上市交易的，应当及时公告，并报国务院证券监督管理机构备案。

对证券交易所作出的不予上市交易、终止上市交易决定不服的，可以向证券交易所设立的复核机构申请复核。

上市公司财报披露

股票或公司债券交易的上市公司，应当在每一会计年度的上半年结束后的二个月内，向证监会和证券交易所提交中期报告，应当在每一会计年度结束之日起的四个月内，向证监会和证券交易所提交年度报告。

三、禁止交易的行为

1. 禁止内幕交易的行为

内幕信息是指在证券交易活动中，涉及公司的经营、财务或者对该公司证券的市场价格有重大影响的尚未公开的信息。

禁止证券交易内幕信息的知情人员利用内幕信息进行证券交易活动。

> **查一查**
>
> 通过互联网或其他途径查询内幕信息和内幕信息的知情人的范围。

2. 禁止操纵市场行为

操纵市场行为是指人为扭曲证券市场交易价格或者制造虚假的交易量，引诱他人参与证券交易并从中谋取不正当利益的行为。

下列行为均属于操纵市场行为。

- 通过单独或者合谋，集中资金优势、持股优势或者利用信息优势联合或者连续买卖。
- 与他人串通，以事先约定的时间、价格和方式相互进行证券交易。
- 在自己实际控制的账户之间进行证券交易。
- 不以成交为目的，频繁或者大量申报并撤销申报。
- 利用虚假或者不确定的重大信息，诱导投资者进行证券交易。
- 对证券、发行人公开作出评价、预测或者投资建议，并进行反向证券交易。
- 利用在其他相关市场的活动操纵证券市场。
- 操纵证券市场的其他手段。

> **议一议**
>
> 在证券交易过程中，操纵证券市场的行为会带来哪些危害？

操纵证券市场行为给投资者造成损失的，应当依法承担赔偿责任。

3. 禁止传播虚假信息

禁止任何单位和个人编造、传播虚假信息或者误导性信息，扰乱证券市场。

禁止证券交易场所、证券公司、证券登记结算机构、证券服务机构及其从业人员，证券业协会、证券监督管理机构及其工作人员，在证券交易活动中作出虚假陈述或者信息误导。

> **想一想**
>
> 为什么有关机构或人员要传播虚假信息？

4. 禁止欺诈客户

在证券交易中，证券公司及其从业人员从事的下列行为属于损害客户利益的欺诈行为。

- 违背客户的委托为其买卖证券。
- 不在规定时间内向客户提供交易的确认文件。
- 未经客户的委托，擅自为客户买卖证券，或者假借客户的名义买卖证券。

● 为谋取佣金收入，诱使客户进行不必要的证券买卖。

● 其他违背客户真实意思表示，损害客户利益的行为。

违反前款规定给客户造成损失的，应当依法承担赔偿责任。

5. 禁止的其他行为

● 任何单位和个人不得违反规定，出借自己的证券账户或者借用他人的证券账户从事证券交易。

● 依法拓宽资金入市渠道，禁止资金违规流入股市。

● 禁止投资者违规利用财政资金、银行信贷资金买卖证券。

● 国有独资企业、国有独资公司、国有资本控股公司买卖上市交易的股票，必须遵守国家有关规定。

议一议

投资者在二级市场买入上市公司的股票，如果想获得差价利润，必须低买高卖才能获利，否则就可能亏损。

请问：影响股价涨跌的因素有哪些？

总结与回顾

本模块在介绍证券的概念和种类的基础上，详细地介绍了证券市场主体以及其主要职能、证券发行和证券交易等内容。证券发行和证券交易在本模块中居于核心地位，其中证券发行方式、发行条件、证券交易规则都应熟练掌握。希望同学们结合证券法的法条对本模块的内容加深理解。

上市公司应依法经营

拓展知识

上市公司收购的相关法律规定

投资者可以采取要约收购、协议收购及其他合法方式收购上市公司。通过证券交易所的证券交易，投资者持有或者通过协议、其他安排与他人共同持有一个上市公司已发行的有表决权股份达到百分之五时，应当在该事实发生之日起三日内，向国务院证券监督管理机构、证券交易所作出书面报告，通知该上市公司，并予公告，在上述期限内不得再行买卖该上市公司的股票，但国务院证券监督管理机构规定的情形除外。

投资者持有或者通过协议、其他安排与他人共同持有一个上市公司已发行的有表决权股份达到百分之五后，其所持该上市公司已发行的有表决权股份比例每增加或者减少百分之五，应当依照前款规定进行报告和公告，在该事实发生之日起至公告后三日内，不得再行买卖该上市公司的股票，但国务院证券监督管理机构规定的情形除外。

投资者持有或者通过协议、其他安排与他人共同持有一个上市公司已发行的有表决权股份达到百分之五后，其所持该上市公司已发行的有表决权股份比例每增加或者减少百分之一，应当在该事实发生的次日通知该上市公司，并予公告。

违反规定买入上市公司有表决权的股份的，在买入后的三十六个月内，对该超过规定比例部分的股份不得行使表决权。收购期限届满，被收购公司股权分布不符合证券交易所规定的上市交易要求的，该上市公司的股票应当由证券交易所依法终止上市交易；其余仍持有被收购公司股票的股东，有权向收购人以收购要约的同等条件出售其股票，收购人应当收购。收购行为完成后，被收购公司不再具备股份有限公司条件的，应当依法变更企业形式。

在上市公司收购中，收购人持有的被收购的上市公司的股票，在收购行为完成后的十八个月内不得转让。收购行为完成后，收购人与被收购公司合并，并将该公司解散的，被解散公司的原有股票由收购人依法更换。

收购行为完成后，收购人应当在十五日内将收购情况报告国务院证券监督管理机构和证券交易所，并予公告。

法治素养

中国证券监督管理委员会宁夏监管局行政处罚决定书［2023］2号

当事人：虞某某，男，现任上海中能企业发展（集团）有限公司法定代表人、董事长，为宁夏中科生物科技股份有限公司（以下简称公司）实际控制人。现住在上海市浦东新区。

依据《证券法》的有关规定，我局对虞某某信息披露违法行为进行了立案调查、审理，并依法向当事人告知了作出行政处罚的事实、理由、依据及当事人依法享有的权利，当事人未提出陈述、申辩意见，也未要求听证。本案现已调查、审理终结。

经查明，虞某某存在以下违法事实：

虞某某因涉嫌犯罪，自2020年8月28日起，上海市公安局决定对其取保候审。自2021年4月1日起，上海市人民检察院第一分院决定对其取保候审。根据《中华人民共和国刑事诉讼法》（以下简称《刑事诉讼法》）第七十九条第一款相关规定，被告人取保候审最长不得超过十二个月，其取保候审期至2022年3月31日结束。

根据《刑事诉讼法》有关规定，取保候审属于刑事强制措施。根据《证券法》第八十条第二款第（十一）项的规定，虞某某因涉嫌犯罪被依法采取取保候审的刑事强制措施属于重大事件。根据《上市公司信息披露管理办法（2021年修订）》第六十二条第一款第二项规定，虞某某作为公司实际控制人，属于法定信息披露义务人。虞某某未及时将上述被采取刑事强制措施的事实书面告知公司，并配合公司履行信息披露义务。

上述违法事实，有公司公告、询问笔录、调取的相关法律文书等证据予以证明，足以认定。

我局认为，虞某某上述行为违反了《证券法》第八十条第三款“公司的控股股东或者实际控制人对重大事件的发生、进展产生较大影响的，应当及时将其知悉的有关情况书面告知公司，并配合公司履行信息披露义务”的规定，构成《证券法》第一百九十七条第一款“信息披露义务人未按照本法规定报送有关报告或者履行信息披露义务”的违法行为。

根据当事人违法行为的事实、性质、情节与社会危害程度，依据《证券法》第一百九十七条第一款的规定，我局决定对虞某某给予警告，并处以50万元罚款。

上述当事人应自收到本处罚决定书之日起15日内，将罚款汇交中国证券监督管理委员会开户银行，由该行直接上缴国库，并将注有当事人名称的付款凭证复印件送中国证券监督管理委员会行政处罚委员会办公室备案。当事人如果对本处罚决定不服，可在收到本处罚决定书之日起60日内向中国证券监督管理委员会申请行政复议，也可在收到本处罚决定书之日起6个月内直接向有管辖权的人民法院提起行政诉讼。复议和诉讼期间，上述决定不停止执行。

资料来源：中国证券监督管理委员会宁夏监管局。

复习思考题

❶ 证券市场主体包括哪些？

❷ 股份有限公司发行新股的条件是什么？

❸ 公司债券发行的条件是什么？

❹ 证券禁止交易的行为包括哪些？

技能训练

利用有关网站的模拟股票操作软件，进行模拟股票投资交易实训。

模块七

民法典——物权法律制度

学习目标

一、知识目标

- 了解并理解物权的概念和种类，所有权的概念、特征和内容。
- 掌握用益物权的概念和种类。
- 掌握担保物权中抵押权、质权和留置权的内容。

二、能力目标

- 具备用所掌握的物权法知识分析处理工作生活中的物权事务的能力。
- 具备用法律的思维维护自身合法权益不受损害的能力。

三、素质目标

- 学生通过学习物权法律制度中的法律规定，坚定社会主义核心价值观立场，遵守社会有序运行、良性发展的价值准则。
- 使学生自觉弘扬社会主义道德，坚持以集体主义为原则，正确处理个人与社会、经济效益与社会效益的关系，引领社会风尚。

导入案例

2022年杨某和李某登记结婚，2023年想要购买一套房屋，正好某开发商正在推介一新楼盘，如有教师资格证书可以获得九折优惠，因为杨某的母亲陈某为小学教师，于是以陈某的名义购买了上述房屋，之后开发商办理了产权证书，后来杨某和李某二人因感情不和而离婚，李某提出要对上述房屋进行财产分割，主张房屋财产的一半，于是二人找到陈某，发现陈某已经将房屋按照正常市价卖给了赵某，并已经办理了房屋过户手续。

请问：上述房屋归谁所有？为什么？

第一节　物权概述

（一）物权的概念

物权是指权利人依法对特定的物享有支配和排他的权利。

（二）物权的种类

物权主要包括所有权、用益物权和担保物权。

看一看

物权法是调整物的归属和利用的法律规范的总称。

2007年3月16日第十届全国人民代表大会第五次会议通过了《中华人民共和国物权法》（以下简称《物权法》），自2007年10月1日起施行。《物权法》共计5编19章，247条。《中华人民共和国民法典》（以下简称《民法典》）2021年1月1日起施行后《物权法》废止。

《民法典》实施介绍

第二节　所有权

一、所有权的概念和特征

所有权人对自己的不动产或者动产，依法享有占有、使用、收益和处分的权利。

所有权人有权在自己的不动产或者动产上设立用益物权和担保物权。用益物权人、担保物权人行使权利，不得损害所有权人的权益。

二、所有权的种类

所有权主要包括国家所有权、集体所有权和私人所有权。

1. 国家所有权

法律规定专属于国家所有的不动产和动产，任何组织或者个人不能取得所有权。

2. 集体所有权

集体所有的不动产和动产包括以下几项。

- 法律规定属于集体所有的土地和森林、山岭、草原、荒地、滩涂。

●集体所有的建筑物、生产设施、农田水利设施。

●集体所有的教育、科学、文化、卫生、体育等设施。

●集体所有的其他不动产和动产。

3. 私人所有权

私人对其合法的收入、房屋、生活用品、生产工具、原材料等不动产和动产享有所有权。私人的合法财产受法律保护，禁止任何组织或者个人侵占、哄抢、破坏。

看一看

根据我国法律的规定，国家所有权的客体包括：国有的土地、矿藏、水流、森林、草原、荒地、渔场等自然资源；由全民所有制企业占有的固定资产和流动资金，以及银行、铁路、公路、港口、邮电通信、广播设施等；军事设施、水库、电站等；国家所有的文化教育、卫生、科学、体育设施和文物古迹、风景游览区、自然保护区等；国家在国外的财产；不能证实属于集体或个人所有的财产等。

拾得遗失物的处理

如果你到银行自动取款机上取钱，发现他人遗失的一张银行卡，应如何处理？

应返还失主，如失主无法联系，可将卡交给银行或公安机关。如失主发现遗失物被拾得人拾得而要求返还，拾得人拒不返还的，按侵权行为处理。

三、业主的建筑物区分所有权

根据《民法典》规定，业主对建筑物内的住宅、经营性用房等专有部分享有所有权，对专有部分以外的共有部分享有共有和共同管理的权利。

1. 业主对专有部分的所有权

业主对其建筑物专有部分享有占有、使用、收益和处分的权利。

业主行使权利不得危及建筑物的安全，不得损害其他业主的合法权益。

2. 业主对建筑物专有部分以外的共有部分的共有权

业主对建筑物专有部分以外的共有部分，享有权利，并承担义务；不得以放弃权利为由不履行义务。业主转让建筑物内的住宅、经营性用房，其对共有部分享有的共有和共同管理的权利一并转让。

建筑区划内的道路，属于业主共有，但是属于城镇公共道路的除外。建筑区划内的绿地，属于业主共有，但是属于城镇公共绿地或者明示属于个人的除外。建筑区划内的其他公共场所、公用设施和物业服务用房，属于业主共有。

建筑区划内，规划用于停放汽车的车位、车库的归属，由当事人通过出售、附赠或者出租等方式约定。占用业主共有的道路或者其他场地用于停放汽车的车位，属于业主共有。

议一议

居民住宅小区内的公共绿地归谁所有？

建筑区划内，规划用于停放汽车的车位、车库应当首先满足业主的需要。

3. 业主大会

业主可以设立业主大会，选举业主委员会。业主大会、业主委员会成立的具体条件和程序，依照法律、法规的规定。地方人民政府有关部门、居民委员会应当对设立业主大会和选举业主委员会给予指导和协助。

《民法典》第二百七十八条规定：下列事项由业主共同决定。

- 制定和修改业主大会议事规则。
- 制定和修改管理规约。
- 选举业主委员会或者更换业主委员会成员。
- 选聘和解聘物业服务企业或者其他管理人。
- 使用建筑物及其附属设施的维修资金。
- 筹集建筑物及其附属设施的维修资金。
- 改建、重建建筑物及其附属设施。
- 改变共有部分的用途或者利用共有部分从事经营活动。
- 有关共有和共同管理权利的其他重大事项。

业主共同决定事项，应当由专有部分面积占比三分之二以上的业主且人数占比三分之二以上的业主参与表决。决定前述第六项至第八项规定的事项，应当经参与表决专有部分面积四分之三以上的业主且参与表决人数四分之三以上的业主同意。决定前述其他事项，应当经参与表决专有部分面积过半数的业主且参与表决人数过半数的业主同意。

4. 共有部分的收入分配

《民法典》第二百八十二条规定：建设单位、物业服务企业或者其他管理人等利用业主的共有部分产生的收入，在扣除合理成本之后，属于业主共有。

四、相邻关系

相邻关系是指两个或两个以上相互毗邻的不动产的所有人或者使用人，在行使不动产的所有权或使用权时，相互之间应当给予便利或者接受限制而发生的权利义务关系，从本质上讲，相邻关系是相邻不动产的所有人或者使用人行使权利的延伸或限制。

（一）处理相邻关系的原则和依据

不动产的相邻权利人应当按照有利生产、方便生活、团结互助、公平合理的原则，正确处理相邻关系。

法律、法规对处理相邻关系有规定的，依照其规定；法律、法规没有规定的，可以按照当地习惯。

（二）关于相邻关系的具体规定

1. 关于用水、排水相邻关系的规定

不动产权利人应当为相邻权利人用水、排水提供必要的便利。对自然流水的利用，应当在不动产的相邻权利人之间合理分配。对自然流水的排放，应当尊重自然流向。

2. 关于通行权的规定

不动产权利人对相邻权利人因通行等必须利用其土地的，应当提供必要的便利。

3. 关于利用相邻土地的规定

不动产权利人因建造、修缮建筑物以及铺设电线、电缆、水管、暖气和燃气管线等必须利用相邻土地、建筑物的，该土地、建筑物的权利人应当提供必要的便利。

4. 关于通风、采光和日照的规定

建造建筑物，不得违反国家有关工程建设标准，不得妨碍相邻建筑物的通风、采光和日照。

5. 其他规定

不动产权利人不得违反国家规定弃置固体废物，排放大气污染物、水污染物、土壤污染物、噪声、光辐射、电磁辐射等有害物质。不动产权利人挖掘土地、建造建筑物、铺设管线以及安装设备等，不得危及相邻不动产的安全。不动产权利人因用水、排水、通行、铺设管线等利用相邻不动产的，应当尽量避免对相邻的不动产权利人造成损害。

五、共有

（一）共有的概念和类型

根据《民法典》规定，不动产或者动产可以由两个以上组织、个人共有。共有包括按份共有和共同共有。

按份共有人对共有的不动产或者动产按照其份额享有所有权。

共同共有人对共有的不动产或者动产共同享有所有权。

共有人按照约定管理共有的不动产或者动产；没有约定或者约定不明确的，各共有人都有管理的权利和义务。

议一议

对于一对夫妻而言，区分夫妻共有财产和个人财产的标准是什么？

共有人对共有的不动产或者动产没有约定为按份共有或者共同共有，或者约定不明确的，除共有人具有家庭关系等外，视为按份共有。按份共有人对共有的不动产或者动产享有的份额，没有约定或者约定不明确的，按照出资额确定；不能确定出资额的，视为等额享有。

想一想

夫妻结婚后一方取得的工资属于个人财产还是共同财产？

（二）共有物的重大修缮、管理费用和分割

1. 共有物的重大修缮

处分共有的不动产或者动产以及对共有的不动产或者动产作重大修缮、变更性质或者用途的，应当经占份额三分之二以上的按份共有人或者全体共同共有人同意，但是共有人之间另有约定的除外。

2. 共有物的管理费用

共有人对共有物的管理费用以及其他负担，有约定的，按照其约定；没有约定或者约定不明确的，按份共有人按照其份额负担，共同共有人共同负担。

3. 共有物的分割

共有人约定不得分割共有的不动产或者动产，以维持共有关系的，应当按照约定，但是共有人有重大理由需要分割的，可以请求分割；没有约定或者约定不明确的，按份共有人可以随时请求分割，共同共有人在共有的基础丧失或者有重大理由需要分割时可以请求分割。因分割造成其他共有人损害的，应当给予赔偿。

共有人可以协商确定分割方式。达不成协议，共有的不动产或者动产可以分割且不会因分割减损价值的，应当对实物予以分割；难以分割或者因分割会减损价值的，应当对折价或者拍卖、变卖取得的价款予以分割。

共有人分割所得的不动产或者动产有瑕疵的，其他共有人应当分担损失。

（三）共有人共有份额的转让及优先购买权

按份共有人可以转让其享有的共有的不动产或者动产份额。其他共有人在同等条件下享有优先购买的权利。

按份共有人转让其享有的共有的不动产或者动产份额的，应当将转让条件及时通知其他共有人。其他共有人应当在合理期限内行使优先购买权。两个以上其他共有人主张行使优先购买权的，协商确定各自的购买比例；协商不成的，按照转让时各自的共有份额比例行使优先购买权。

（四）因共有财产产生的债权债务关系

因共有的不动产或者动产产生的债权债务，在对外关系上，共有人享有连带债权、承担连带债务，但是法律另有规定或者第三人知道共有人不具有连带债权债务关系的除外；

在共有人内部关系上，除共有人另有约定外，按份共有人按照份额享有债权、承担债务，共同共有人共同享有债权、承担债务。偿还债务超过自己应当承担份额的按份共有人，有权向其他共有人追偿。

案例分析

2023年杨某和李某登记结婚，2024年夫妻双方以李某的名义向开发商买了一套新房并办理了产权证书，后来李某将房屋按照正常市价卖给了赵某，李某卖房并没有经杨某的同意。后来杨某得知此事后主张李某和赵某的买卖行为无效。

请问：杨某可否主张房屋买卖协议无效？为什么？

第三节　用益物权

一、用益物权的概念和种类

用益物权是对他人所有的不动产或者动产，依法享有占有、使用、收益和处分的权利。

由于是在他人之物上设立的物权，故称为他物权或者限制物权。

根据《民法典》的规定，用益物权包括土地承包经营权、建设用地使用权、居住权、宅基地使用权和地役权。

用益物权人行使权利，应当遵守法律有关保护和合理开发利用资源、保护生态环境的规定。所有权人不得干涉用益物权人行使权利。

因不动产或者动产被征收、征用致使用益物权消灭或者影响用益物权行使的，用益物权人有权依据《民法典》的规定获得相应补偿。

想一想

土地承包经营权中所指的土地仅仅指耕地吗？

二、土地承包经营权

（一）土地承包经营权的概念

土地承包经营权是指土地承包经营权人依法对其承包经营的耕地、林地、草地等享有占有、使用和收益的权利，有权从事种植业、林业、畜牧业等农业生产。土地承包经营权自土地承包经营权合同生效时设立。

（二）土地承包经营制度

农村集体经济组织实行家庭承包经营为基础、统分结合的双层经营体制。

农民集体所有和国家所有由农民集体使用的耕地、林地、草地以及其他用于农业的土地，依法实行土地承包经营制度。

登记机构应当向土地承包经营权人发放土地承包经营权证、林权证等证书，并登记造册，确认土地承包经营权。

土地承包经营权互换、转让的，当事人可以向登记机构申请登记；未经登记，不得对抗善意第三人。

想一想

农村集体经济组织土地承包合同签订的主体是谁？

实训项目

作为土地承包合同的承包人，在签订土地承包合同时应注意什么（土地承包合同范本如下）？

土地承包合同

发包方（以下简称甲方）：

承包方（以下简称乙方）：

第一章　总则

第一条　根据《中华人民共和国民法典》《中华人民共和国土地承包法》及相关法律规定，为明确发包方与承包方的权利义务关系，双方本着平等、自愿、有偿的原则协商一致，签订本合同。

第二章　承包的土地、期限和承包金

第二条　甲方发包给乙方的地块位于________________，面积__________亩，其位置与四至范围如本合同附图所示，附图需经甲、乙双方签字确认。

第三条　乙方依据本合同承包的土地，其地下资源、埋藏物均不在土地承包范围内。

第四条　本合同项下的土地承包使用年限为________年，从________年________月________日起到________年________月________日止。

第五条　乙方同意按合同规定向甲方支付土地承包金，该土地的承包金为每年每亩________元，每年共计承包金________元人民币。

第六条　本合同经双方签字后，乙方需于________年________月________日前以现金形式向甲方缴付________年全年的承包金________元，自________年开始于当年的________月________日前支付当年的全部土地承包金。

第三章 承包方的权利和义务

第一节 承包方的权利

第七条 乙方依法享有承包土地使用、收益的权利，有权自主组织经营和处置产品。

第八条 乙方有自主的用人权，但在同等条件下甲方的村民享有优先录用权。

第九条 乙方承包的土地被依法征用、占用的，有权依法获得相应的补偿。

第十条 法律、行政法规规定的其他权利。

第二节 承包方的义务

第十一条 乙方必须维持土地的农业用途，不得用于非农业建设，不得修建永久性的建筑物、挖坑、挖塘、采矿等活动。

第十二条 乙方应依法保护和合理利用土地，不得给土地造成永久性损害。

第十三条 乙方必须按期如数缴纳承包金。

第十四条 乙方应按照有关规定缴纳各种税、费，包括国家规定的其他费用。

第十五条 未经甲方同意乙方不得擅自转包该土地。

第十六条 乙方使用土地进行的一切活动都必须符合我国法律的规定，不得利用土地进行违法、犯罪活动，因此而产生的一切责任及后果均由乙方自行承担。

第十七条 法律、行政法规规定的其他义务。

第四章 发包方的权利和义务

第一节 发包方的权利

第十八条 甲方有权监督乙方按照承包合同约定的用途合理利用和保护土地。

第十九条 甲方有权制止乙方损害承包地和农业资源的行为。

第二十条 甲方有权按时如数向乙方收取承包金。

第二十一条 法律、行政法规规定的其他权利。

第二节 发包方的义务

第二十二条 甲方要维护乙方的土地承包经营权，不得非法变更，解除承包合同。

第二十三条 尊重乙方的生产经营自主权，不得干涉乙方依法进行正常的生产经营活动。

第二十四条 甲方有义务协调甲方村民与乙方之间产生的矛盾，如因甲方村民的过错给乙方造成了不应有的损失，甲方负责赔偿造成的直接损失。

第二十五条 法律、行政法规规定的其他义务。

第五章 合同的变更、解除和终止

第二十六条 合同生效后，即具有法律约束力，任何一方不得随意变更或解除，需要变更或解除合同时，双方应协商一致，达成书面协议。

第二十七条　单方要求变更或解除承包合同的需提前三十日通知对方，双方经协商一致后达成书面协议。

第二十八条　合同履行期间，如果国家政策与合同签订时发生较大变化，严重影响到了一方的权益时，受影响的一方可以提出变更或解除合同。

第二十九条　由于乙方违反合同约定，拒缴、逾期缴纳承包金，或擅自改变土地用途等侵犯集体财产的行为时，甲方有权解除合同，并要求乙方承担违约责任。构成犯罪的，移送到司法机关依法处理。

第三十条　因国家政策、法律等不可抗力的原因造成合同无法履行，合同自动解除。

第三十一条　承包期满后，乙方返还的土地不得降低原有的种植能力。

第三十二条　承包期满，合同自行终止。

第六章　违约责任

第三十三条　甲、乙双方应全面、实际履行合同，不履行或不完全履行合同的应负违约责任。

第三十四条　乙方不能按期缴纳承包金的，应承担违约责任，支付当年租金________的违约金。

第三十五条　乙方擅自改变土地用途或返还的土地不符合合同约定，乙方应赔偿损失并支付当年租金________的违约金。

第三十六条　甲方违反合同规定，应承担违约责任，给乙方造成经济损失的，应赔偿直接损失。

第三十七条　甲、乙双方发生纠纷后，应当协商或调解解决，协商或调解不成的，到甲方所在地人民法院提起诉讼。

第七章　附则

第三十八条　本合同未尽事宜，一律按《中华人民共和国民法典》《中华人民共和国土地承包法》《中华人民共和国土地管理法》及相关法律、法规规定执行，经合同双方当事人协商一致，作出补充规定，补充规定与本合同具有同等法律效力。

第三十九条　本合同由甲、乙双方签字、盖章后生效。

第四十条　本合同一式________份，合同双方各执一份，报________人民政府备案一份。

发包方（甲方）：　　　　　　承包方（乙方）：

签订时间：　　　年　　月　　日

看一看

根据我国《民法典》规定，耕地的承包期为三十年，草地的承包期为三十年至五十年，林地的承包期为三十年至七十年。

承包期届满，由土地承包经营权人依照农村土地承包的法律规定继续承包。

三、建设用地使用权

（一）建设用地使用权的概念

建设用地使用权人依法对国家所有的土地享有占有、使用和收益的权利，有权利用该土地建造建筑物、构筑物及其附属设施。

（二）建设用地使用权的取得

设立建设用地使用权，可以采取出让或者划拨等方式。

1. 出让

出让是指国家以土地所有者的身份将土地使用权在一定年限内让与土地使用者，并由土地使用者向国家支付土地使用权出让金的行为。

我国土地出让方式主要有招标、拍卖、协议等出让方式。

工业、商业、旅游、娱乐和商品住宅等经营性用地以及同一土地有两个以上意向用地者的，应当采取招标、拍卖等公开竞价的方式出让。严格限制以划拨方式设立建设用地使用权。

想一想

你知道什么是招标和投标吗？

通过招标、拍卖、协议等出让方式设立建设用地使用权的，当事人应当采用书面形式订立建设用地使用权出让合同。

建设用地使用权出让合同一般包括下列条款。

- 当事人的名称和住所。
- 土地界址、面积等。
- 建筑物、构筑物及其附属设施占用的空间。
- 土地用途、规划条件。
- 建设用地使用权期限。
- 出让金等费用及其支付方式。
- 解决争议的方法。

2. 划拨

划拨是指县级以上人民政府根据法律规定的权限和程序将国有土地无偿地交付给土地使用者的行为。

《中华人民共和国土地管理法》（以下简称《土地管理法》）第五十四条规定：建设单位使用国有土地，应当以出让等有偿使用方式取得；但是，下列建设用地，经县级以上人民政府依法批准，可以以划拨方式取得。

- 国家机关用地和军事用地。
- 城市基础设施用地和公益事业用地。
- 国家重点扶持的能源、交通、水利等基础设施用地。
- 法律、行政法规规定的其他用地。

议一议

学校的土地取得是通过出让方式还是通过划拨方式？

四、居住权

（一）居住权的概念

居住权是指居住权人有权按照合同约定，对他人的住宅享有占有、使用的用益物权，以满足生活居住的需要。

设立居住权，当事人应当采用书面形式订立居住权合同。

（二）居住权的内容

居住权合同一般包括下列条款。

- 当事人的姓名或者名称和住所。
- 住宅的位置。
- 居住的条件和要求。
- 居住权期限。
- 解决争议的方法。

居住权无偿设立，但是当事人另有约定的除外。设立居住权的，应当向登记机构申请居住权登记。居住权自登记时设立。

居住权不得转让、继承。设立居住权的住宅不得出租，但是当事人另有约定的除外。

居住权期限届满或者居住权人死亡的，居住权消灭。居住权消灭的，应当及时办理注销登记。

五、宅基地使用权

（一）宅基地使用权的概念

宅基地使用权是指我国农村居民对自己的住房占有的地基使用的权利。因农村的土地一律归集体所有，所以农民个人只有使用的权利。

根据《民法典》规定，宅基地使用权人依法对集体所有的土地享有占有和使用的权利，有权依法利用该土地建造住宅及其附属设施。

（二）宅基地使用权的取得和转让

根据《土地管理法》规定，农村村民一户只能拥有一处宅基地，农村村民住宅用地，经乡（镇）人民政府审核，由县级人民政府批准；其中，涉及占用农用地的，依法办理审批手续。

农村村民出卖、出租住房后，再申请宅基地的，不予批准。

宅基地因自然灾害等原因灭失的，宅基地使用权消灭。对失去宅基地的村民，应当依法重新分配宅基地。

议一议

农户的宅基地因洪水被冲毁无法继续在原地建房，可以重新获得宅基地吗？

六、地役权

地役权是以他人的土地提供自己土地便利之用的权利。

地役权人有权按照合同约定，利用他人的不动产，以提高自己的不动产的效益。

他人的不动产为供役地，自己的不动产为需役地。例如甲盖房必须经过乙的土地，则甲对该土地有地役权，此为法定的地役权。

地役权自地役权合同生效时设立。当事人要求登记的，可以向登记机构申请地役权登记；未经登记，不得对抗善意第三人。

地役权不得单独抵押。土地经营权、建设用地使用权等抵押的，在实现抵押权时，地役权一并转让。

评一评

随着经济的发展，很多城市居民到乡村购买宅基地建房，享受良好的空气和绿色环境。

请问：这样的行为合法吗？

第四节　担保物权

一、担保物权的概念和分类

担保物权是指债权人在借贷、买卖等民事活动中，为保障实现其债权，需要担保的，可以依照《民法典》和其他法律的规定设立担保物权。担保物权人在债务人不履行到期债务或者发生当事人约定的实现担保物权的情形，依法享有就担保财产优先受偿的权利，但是法律另有规定的除外。

担保物权包括抵押权、质权和留置权。

看一看

被担保的债权既有物的担保又有人的担保的，债务人不履行到期债务或者发生当事人约定的实现担保物权的情形，债权人应当按照约定实现债权；没有约定或者约定不明确，债务人自己提供物的担保的，债权人应当先就该物的担保实现债权；第三人提供物的担保的，债权人可以就物的担保实现债权，也可以请求保证人承担保证责任。提供担保的第三人承担担保责任后，有权向债务人追偿。

二、抵押权

（一）抵押与抵押权

抵押是指债务人或第三人不移转对特定财产的占有而将该财产作为债权担保的行为。提供财产的债务人或第三人称为抵押人，接受担保的债权人称为抵押权人，被提供为担保的财产称为抵押财产。

抵押权为担保债务的履行，债务人或者第三人不转移财产的占有，将该财产抵押给债权人的，债务人不履行到期债务或者发生当事人约定的实现抵押权的情形，债权人有权就该财产优先受偿的权利。

抵押权是在不转移标的物占有的情况下在标的物上设定的权利。这是抵押与质押的重要区别。

（二）抵押的范围

1．抵押物的范围

企业、个体工商户、农业生产经营者可以将现有的以及将有的生产设备、原材料、半成品、产品抵押，债务人不履行到期债务或者发生当事人约定的实现抵押权的情形，债权人有权就抵押财产确定时的动产优先受偿。

想一想

抵押物一定是不动产吗？

以建筑物抵押的，该建筑物占用范围内的建设用地使用权一并抵押。以建设用地使用权抵押的，该土地上的建筑物一并抵押。

抵押人未依据上述规定一并抵押的，未抵押的财产视为一并抵押。

根据《民法典》规定，在我国，抵押权的客体不以不动产为限，其他财产也可以用作抵押权客体，但必须是法律允许转让和执行的财产。债务人或者第三人有权处分的下列财产可以抵押。

- 建筑物和其他土地附着物。
- 建设用地使用权。
- 海域使用权。
- 生产设备、原材料、半成品、产品。
- 正在建造的建筑物、船舶、航空器。
- 交通运输工具。
- 法律、行政法规未禁止抵押的其他财产。

议一议

如果以房屋抵押，应向哪个部门办理抵押登记手续？

抵押人可以将前款所列财产一并抵押。

2. 抵押物的禁止

根据《民法典》第三百九十九条规定，下列财产不得抵押。

- 土地所有权。
- 宅基地、自留地、自留山等集体所有土地的使用权，但是法律规定可以抵押的除外。
- 学校、幼儿园、医疗机构等为公益目的成立的非营利法人的教育设施、医疗卫生设施和其他公益设施。
- 所有权、使用权不明或者有争议的财产。
- 依法被查封、扣押、监管的财产。
- 法律、行政法规规定不得抵押的其他财产。

看一看

《民法典》规定：抵押权人在债务履行期限届满前，与抵押人约定债务人不履行到期债务时抵押财产归债权人所有的，只能依法就抵押财产优先受偿。抵押期间，抵押人可以转让抵押财产。当事人另有约定的，按照其约定。抵押财产转让的，抵押权不受影响。

抵押人转让抵押财产的，应当及时通知抵押权人。抵押权人能够证明抵押财产转让可能损害抵押权的，可以请求抵押人将转让所得的价款向抵押权人提前清偿债务或者提存。转让的价款超过债权数额的部分归抵押人所有，不足部分由债务人清偿。

（三）抵押合同

根据《民法典》第四百条规定，设立抵押权，当事人应当采用书面形式订立抵押合同。

抵押合同一般包括下列条款。

- 被担保债权的种类和数额。
- 债务人履行债务的期限。

● 抵押财产的名称、数量等情况。

（四）抵押权实现

债务人不履行到期债务或者发生当事人约定的实现抵押权的情形，抵押权人可以与抵押人协议以抵押财产折价或者以拍卖、变卖该抵押财产所得的价款优先受偿。协议损害其他债权人利益的，其他债权人可以请求人民法院撤销该协议。

抵押权人与抵押人未就抵押权实现方式达成协议的，抵押权人可以请求人民法院拍卖、变卖抵押财产。

抵押财产折价或者变卖的，应当参照市场价格。

同一财产向两个以上债权人抵押的，拍卖、变卖抵押财产所得的价款依照下列规定清偿。

（1）抵押权已登记的，按照登记的先后顺序清偿；顺序相同的，按照债权比例清偿。

（2）抵押权已登记的先于未登记的受偿。

（3）抵押权未登记的，按照债权比例清偿。

其他可以登记的担保物权，清偿顺序参照适用上述规定。

建设用地使用权抵押后，该土地上新增的建筑物不属于抵押财产。该建设用地使用权实现抵押权时，应当将该土地上新增的建筑物与建设用地使用权一并处分，但新增建筑物所得的价款，抵押权人无权优先受偿。

议一议

抵押权的实现有哪些方式？

案例分析

张三因资金紧张向李四借款50万元，双方签订了借款合同，张三将其一套价值50万元的房屋为上述借款进行了抵押，但没有办理抵押登记。之后，张三将该套房屋卖给了王五，并通过房屋产权部门办理了房屋过户手续。

请问：张三和王五买卖房屋合同有效吗？如果你是李四，如何主张自己的权利？

（五）最高额抵押权

为担保债务的履行，债务人或者第三人对一定期间内将要连续发生的债权提供担保财产的，债务人不履行到期债务或者发生当事人约定的实现抵押权的情形，抵押权人有权在最高债权额限度内就该担保财产优先受偿。

最高额抵押权设立前已经存在的债权，经当事人同意，可以转入最高额抵押担保的债权范围。

最高额抵押担保的债权确定前，部分债权转让的，最高额抵押权不得转让，但是当事人另有约定的除外。

最高额抵押担保的债权确定前，抵押权人与抵押人可以通过协议变更债权确定的期间、债权范围以及最高债权额。但是，变更的内容不得对其他抵押权人产生不利影响。

有下列情形之一的，抵押权人的债权确定。

- 约定的债权确定期间届满。
- 没有约定债权确定期间或者约定不明确，抵押权人或者抵押人自最高额抵押权设立之日起满二年后请求确定债权。
- 新的债权不可能发生。
- 抵押权人知道或者应当知道抵押财产被查封、扣押。
- 债务人、抵押人被宣告破产或者解散。
- 法律规定债权确定的其他情形。

三、质权

（一）质权的概念

为担保债务的履行，债务人或者第三人将其动产或权利出质给债权人占有的，债务人不履行到期债务或者发生当事人约定的实现质权的情形，债权人有权就该动产优先受偿。

债务人或者第三人为出质人，债权人为质权人，交付的动产为质押财产。

（二）质权的种类

质权分为动产质权和权利质权。

1. 动产质权

为担保债务的履行，债务人或者第三人将其动产出质给债权人占有的，债务人不履行到期债务或者发生当事人约定的实现质权的情形，债权人有权就该动产优先受偿。

2. 权利质权

权利质权是指债务人或者第三人将其权利证书移交债权人占有，将该权利证书所代表的权利作为债权的担保，当债务人不履行债务时，应当向质权人提前清偿债务或者提存，并就该价款优先受偿。

根据《民法典》规定，下列权利可以出质。

- 汇票、支票、本票。
- 债券、存款单。
- 仓单、提单。
- 可以转让的基金份额、股权。
- 可以转让的注册商标专用权、专利权、著作权等知识产权中的财产权。
- 现有的以及将有的应收账款。

想一想

你知道什么是仓单和提单吗？

● 法律、行政法规规定可以出质的其他财产权利。

以汇票、支票、本票、债券、存款单、仓单、提单出质的，质权自权利凭证交付质权人时设立；没有权利凭证的，质权自有关部门办理出质登记时设立。汇票、本票、支票、债券、存款单、仓单、提单的兑现日期或者提货日期先于主债权到期的，质权人可以兑现或者提货，并与出质人协议将兑现的价款或者提取的货物提前清偿债务或者提存。

以基金份额、股权出质的，质权自办理出质登记时设立。

基金份额、股权出质后，不得转让，但是出质人与质权人协商同意的除外。出质人转让基金份额、股权所得的价款，应当向质权人提前清偿债务或者提存。

以注册商标专用权、专利权、著作权等知识产权中的财产权出质的，质权自办理出质登记时设立。

知识产权中的财产权出质后，出质人不得转让或者许可他人使用，但是出质人与质权人协商同意的除外。出质人转让或者许可他人使用出质的知识产权中的财产权所得的价款，应当向质权人提前清偿债务或者提存。

以应收账款出质的，质权自办理出质登记时设立。

应收账款出质后，不得转让，但是出质人与质权人协商同意的除外。出质人转让应收账款所得的价款，应当向质权人提前清偿债务或者提存。

四、留置权

（一）留置权的概念

留置权指债务人不履行到期债务，债权人可以留置已经合法占有的债务人的动产，并有权就该动产优先受偿。

债权人为留置权人，占有的动产为留置财产。

评一评

抵押和质押有什么区别？

（二）留置权的适用范围

债权人留置的动产，应当与债权属于同一法律关系，但是企业之间留置的除外。留置财产为可分物的，留置财产的价值应当相当于债务的金额。留置权人负有妥善保管留置财产的义务；因保管不善致使留置财产毁损、灭失的，应当承担赔偿责任。留置权人有权收取留置财产的孳息。

留置权人与债务人应当约定留置财产后的债务履行期限；没有约定或者约定不明确的，留置权人应当给债务人六十日以上履行债务的期限，但是鲜活易腐等不易保管的动产除外。债务人逾期未履行的，留置权人可以与债务人协议以留置财产折价，也可以就拍卖、变卖留置财产所得的价款优先受偿。

留置财产折价或者变卖的，应当参照市场价格。

债务人可以请求留置权人在债务履行期限届满后行使留置权；留置权人不行使的，债务人可以请求人民法院拍卖、变卖留置财产。

同一动产上已设立抵押权或者质权，该动产又被留置的，留置权人优先受偿。

总结与回顾

本模块在介绍物权的概念和种类的基础上，详细介绍了所有权、用益物权、担保物权的相关内容，其中详细地介绍了业主的建筑物区分所有权、相邻关系，用益物权的五种形式，以及担保物权中的抵押权、质权和留置权。希望同学们结合《民法典》物权和担保的法条对本模块的内容加深理解。

拓展知识

个人购买房屋的注意事项

一、个人向开发商购买新房时应注意的问题

对开发商的主体资格即对其开发项目的合法性和销售资质的合法性进行审查，其中主要是看有无“五证二书”，即《国有土地使用证》《建设用地规划许可证》《建设工程规划许可证》《建设工程开工许可证》《商品房销售许可证》《住宅质量保证书》《住宅使用说明书》。

一般而言，只有开发商具备“五证二书”，才能顺利给购买人办理产权证书。

二、个人购买二手房时应注意的问题

二手房通常是指再次买卖交易的住房，个人购买单位自建住房，经济适用房及竣工的商品房，办理完毕产权证后再次交易上市的房屋都属于二手房。

购买二手房，最重要的是认真审查房屋产权的完整性、可靠性。

首先要求卖方提供合法的产权证书正本，并到房管部门查询产权证的真实性，了解所购房有没有被抵押，以及与他人共有等，注意产权证上的房主与卖房人是否同一个人。

其次要清楚所购房源是否属于允许出售的房屋。一般来说，军队、医院、学校的公房必须原单位盖章后才能出让。

最后，在掌握房屋基本情况的基础上，应从多个方面对比判断二手房的价值，弄清能否进行二手房按揭贷款。购买二手房时，一定要合法、彻底地办理过户手续。二手房必须经房屋土地管理部门办理完过户手续才算真正换了主人，其他任何单位的保证和公证都不算完成交易。

法治素养

某业主委员会诉某房开公司建筑物区分所有权纠纷案
——不能办理产权登记的地面车位不能成为专有部分

基本案情

案涉小区系某房开公司开发，小区业主入住后，由物业公司提供物业服务，该房开公司收取停车费。2019年年初，小区业主委员会经选举成立并依法备案。同年10月，物业公司退出小区，小区物业服务由业主委员会接管。业主委员会认为小区内的地面停车位系占用全体业主的部分共有通道和绿地修建而成，要求该房开公司将地面停车位交给自己管理使用，遭到拒绝，双方为此产生纠纷。业主委员会遂诉至法院，请求确认案涉车位归小区业主共有并移交给业主委员会。

裁判理由

法院认为，小区建设完成之后，随着小区房屋的出售，小区建设区划内的土地使用权也随之转移至小区业主，小区的共有部分土地使用权归小区业主共有。本案争议的地面停车位，系占用业主共有场所建设的室外草地式停车位，不能办理产权登记成为特定业主的专有部分，不属于《中华人民共和国民法典》规定可以由当事人约定归属的车位。某房开公司在合同中约定案涉停车位归出卖人所有，违反法律的强制性规定，应属无效。据此，法院判决支持某业主委员会的诉讼请求。

裁判要旨

随着经济社会发展，人民群众生活水平不断提高，家庭汽车逐年普及，成为城市居民不可或缺的出行元素。车位的功能随之越来越重要，车位归属问题作为建筑物区分所有权中的一项具体制度，其所引发的纠纷亦日益增加，亟待人民法院依法厘清小区业主、房开公司及物业服务企业的权利义务关系，定分止争，维护和谐。本案中，双方当事人争议车位系占用业主共有场所用于停放汽车的车位，不能办理产权登记，故不能成为专有部分，依法属于所有业主共有。

复习思考题

❶ 所有权的种类包括哪些？

❷ 用益物权的种类有哪些？

❸ 抵押物的范围包括哪些？

❹ 不能抵押的范围包括哪些？

❺ 质权的范围包括哪些？

技能训练

设计一抵押协议并分析抵押权人和抵押人的权利和义务。

模块八

民法典——合同法律制度

学习目标

一、知识目标

- 理解并掌握合同的概念、种类。
- 掌握合同的形式、内容、订立方式。
- 掌握合同的效力、履行、变更、转让和终止、违约责任。
- 掌握主要的合同。

二、能力目标

- 具备草拟合同、完成合同磋商前的工作布置、进行合同的磋商和签订的能力。
- 用法律的思维分析合同纠纷案例，具备指导未来工作实践和初步解决合同纠纷的能力。

三、素质目标

- 引导学生自觉弘扬和践行合同法律制度所体现的平等、诚信、敬业等社会主义核心价值观，成为德法兼备的人才。
- 使学生继承和发扬合同法律制度所体现的“仁”“义”“信”等中华传统美德，增强文化自信。
- 培养学生爱岗敬业、诚实守信的职业道德品质以及积极进取、甘于奉献、服务社会的良好职业道德风尚。

》导入案例

甲公司和乙公司于2023年6月20日签订买卖合同。合同约定：甲公司从乙公司购进1000台微波炉，每台单价500元，总货款50万元。双方还约定，2023年7月20日交货，由乙公司代办托运，甲公司在收到货物后15日内付清全部货款。如有违约，应承担合同总价款20%的违约金。同时在合同签订时，乙公司要求甲公司先交付2万元定金。甲公司同意，之后双方签订了合同。

请问：上述合同，对甲公司有何不利之处？

第一节　合同概述

一、合同的概念和特征

《民法典》第四百六十四条规定："合同是民事主体之间设立、变更、终止民事法律关系的协议。"民事主体包括自然人、法人、其他组织。前已述，法人是指具有民事权利能力和民事行为能力，依法独立享有民事权利和承担民事义务的组织。

合同具有以下特征。

（1）合同是平等主体之间的民事行为。

（2）合同是两方以上的当事人的意思表示一致的民事行为。

（3）合同是以设立、变更、终止民事权利义务关系为目的的民事行为。

二、关于合同的立法概况

看一看

合同法即调整合同关系的法律规范的总称。《中华人民共和国合同法》（以下简称《合同法》）于1999年3月15日，经中华人民共和国第九届全国人民代表大会第二次会议通过并于1999年10月1日实施。该法分为总则、分则、附则3篇，共23章428条。为保障《合同法》的顺利实施，最高人民法院于1999年12月1日通过了《关于适用〈中华人民共和国合同法〉若干问题的解释（一）》，2009年2月9日通过了

《关于适用〈中华人民共和国合同法〉若干问题的解释（二）》，该解释自2009年5月13日起施行。后《中华人民共和国民法典》（简称《民法典》）由第十三届全国人民代表大会第三次会议于2020年5月28日通过，自2021年1月1日起施行。《民法典》实施后《合同法》《物权法》《民法总则》同时废止。

三、合同的种类

合同可以依各种标准作出不同的分类。一般来说，对合同可以作出如下分类。

（一）双务合同和单务合同

根据合同当事人双方是否存在相互给付义务，可将合同分为双务合同和单务合同。

双务合同是指当事人双方互负对待给付义务的合同，即一方当事人愿意负担履行义务，旨在使对方当事人因此负有对待给付的义务。或者说，一方当事人所享有的权利，即为对方当事人所负有的义务。例如买卖、租赁合同等均为双务合同。

单务合同，是指合同当事人仅有一方负担给付义务的合同。例如赠与合同。

（二）有偿合同和无偿合同

根据当事人是否可以从合同中获取某种利益，可以将合同分为有偿合同和无偿合同。

有偿合同是指一方通过履行合同规定的义务而给对方某种利益，对方要得到该利益必须为此支付相应代价的合同。有偿合同是商务活动中最典型的法律形式。在实践中，绝大多数反映交易关系的合同都是有偿的。

想一想

商务活动中，有偿合同和无偿合同哪个更常见？

无偿合同是指一方给付某种利益，对方取得该利益时并不支付任何报酬的合同。无偿合同并不是反映交易关系的常见形式，但由于一方无偿地为另一方履行某种义务，或者另一方取得某种财产利益都是根据双方的合意而产生的，因此，无偿合同也是一种合同类型。

（三）有名合同和无名合同

根据法律上是否规定了一定合同的名称，可以将合同分为有名合同和无名合同。

有名合同包括：买卖合同；供用电、水、气、热力合同；赠与合同；借款合同；租赁合同；融资租赁合同；保理合同；承揽合同；建设工程合同；运输合同（货运合同、多式联运合同）；技术合同（技术开发合同，技术转让合同和技术许可合同，技术咨询合同和技术服务合同）；保管合同；仓储合同；委托合同；物业服务合同；行纪合同；中介合同。

无名合同是指法律上尚未确定一定的名称和规则的合同，如劳务合同。无名合同只要不违反法律的禁止性规范或社会公共利益，同样具有法律效力。

（四）诺成合同和实践合同

根据合同成立是否以给付标的物或完成约定的其他给付为标准可分为诺成合同和实践合同。

诺成合同是指当事人一方的意思表示一旦经对方同意即能产生法律效果的合同。此种合同的特点在于只要当事人双方意思表示一致，合同即告成立。绝大多数合同例如买卖合同、租赁合同等都是诺成合同。

想一想

房屋租赁合同属于诺成合同还是实践合同？

实践合同是指除当事人双方意思表示一致以外尚须交付标的物才能成立的合同。在这种合同中，仅凭双方当事人的意思表示一致，还不能产生一定的权利义务关系，还必须有一方实际交付标的物的行为，才能产生法律效果。实践合同是特殊合同，例如保管合同、定金合同均属于实践合同。

（五）要式合同和不要式合同

根据合同是否应采取一定的形式，可将合同分为要式合同和不要式合同。

要式合同是指根据法律规定应当采取特定方式订立的合同。对于一些重要的交易，法律常要求当事人应当采取特定的方式订立合同。如房屋抵押合同。

不要式合同是指当事人订立的合同依法并不需要采取特定的形式，当事人可以采取口头形式，也可以采取书面形式。

（六）主合同和从合同

根据合同相互间的主从关系，可以将合同分为主合同和从合同。

主合同是指不需要其他合同的存在即可独立存在的合同。例如对于保证合同而言，设立主债务的合同就是主合同。

从合同是以其他合同的存在为存在前提的合同。例如，保证合同相对于主债务合同而言为从合同。由于从合同要依赖主合同的存在而存在，所以从合同又被称为“附属合同”。从合同的主要特点在于其附属性，即它不能独立存在，必须以主合同的存在并生效为前提。主合同不能成立，从合同就不能有效成立。

议一议

假设毕业后你是一家公司的销售部职员，代表你所在的公司与其他公司签订了一份买卖合同。对应上述所讲的合同的种类，请分析该买卖合同属于什么合同。

第二节 合同的订立

一、合同的形式和内容

（一）合同的形式

合同的形式是指合同内容的外在表现形式，合同的形式主要包括以下三种。

1. 口头形式

口头形式指合同当事人只用语言为意思表示订立合同而不用文字表达协议内容的形式。口头形式一般用于金额不大和即时清结的合同。

2. 书面形式

书面形式指合同书、信件和数据电文（包括电报、电传、传真、电子数据交换和电子邮件）等可以有形地表现所载内容的形式。

法律、行政法规规定采用书面形式的，应当采用书面形式。当事人约定采用书面形式的，应当采用书面形式。

> **想一想**
>
> 如果你是一家公司的高管，代表公司签订合同，你准备订立什么形式的合同，为什么？

3. 其他形式

这种形式的合同一般称为默示合同。这种合同既未采取书面形式，也未用语言明确表示，而是根据当事人的行为或者在特定的情形下推定成立的合同。

> **案例分析**
>
> 小王租赁了一间房屋，租期为1年。期满后，小王继续居住并向房东支付了租金，房东也没有提出异议。
>
> 请问：二者是否存在着合同关系？如果存在，属于哪种形式的合同？

（二）合同内容

1. 合同的一般条款

根据《民法典·合同编》规定，合同的内容由当事人约定，一般包括以下条款。

- 当事人的名称或者姓名和住所。
- 标的。
- 数量。
- 质量。

> **查一查**
>
> 通过互联网或其他途径查询合同的范本。

● 价款或者报酬。

● 履行期限、地点和方式。

● 违约责任。

● 解决争议的方法。

2. 格式条款

格式条款是当事人为了重复使用而预先拟定，并在订立合同时未与对方协商的条款。

根据《民法典·合同编》规定，采用格式条款订立合同的，提供格式条款的一方应当遵循公平原则确定当事人之间的权利和义务，并采取合理的方式提示对方注意免除或者减轻其责任等与对方有重大利害关系的条款，按照对方的要求，对该条款予以说明。

提供格式条款的一方未履行提示或者说明义务，致使对方没有注意或者理解与其有重大利害关系的条款的，对方可以主张该条款不成为合同的内容。

有下列情形之一的，该格式条款无效。

● 具有《民法典》规定的无效情形。

● 提供格式条款一方不合理地免除或者减轻其责任、加重对方责任、限制对方主要权利。

● 提供格式条款一方排除对方主要权利。

对格式条款的理解发生争议的，应当按通常理解予以解释。对格式条款有两种以上解释的，应当作出不利于提供格式条款一方的解释。格式条款和非格式条款不一致的，应当采用非格式条款。

评一评

假设毕业后你任公司销售部经理，与其他公司订立合同，请具体分析合同的条款是格式条款还是非格式条款。

二、合同的订立方式

根据《民法典·合同编》规定，当事人订立合同，可采取要约和承诺等方式。

（一）要约

1. 要约的概念

要约是希望和他人订立合同的意思表示。要约又被称为发盘、发价等。该项意思表示应当符合下列条件。

● 要约应当向一个或一个以上特定的人发出。

● 内容具体确定。所谓内容具体确定是指意思表示的内容必须具有足以使合同成立的最基本的条款，要约的内容必须明确具体，不能模棱两可、模糊不清。

● 表明经受要约人承诺，要约人即受该意思表示约束。

议一议

商业广告是要约还是要约邀请？

看一看

要约邀请是希望他人向自己发出要约的意思表示。与要约不同，要约邀请不具有法律约束力。寄送的商品价目表、拍卖公告、招标公告、招股说明书、商业广告等为要约邀请。商业广告和宣传的内容符合要约条件的，构成要约。

2. 要约的生效时间

要约到达受要约人时生效。

以对话方式作出的意思表示，相对人知道其内容时生效。

以非对话方式作出的意思表示，到达相对人时生效。以非对话方式作出的采用数据电文形式的意思表示，相对人指定特定系统接收数据电文的，该数据电文进入该特定系统时生效；未指定特定系统的，相对人知道或者应当知道该数据电文进入其系统时生效。当事人对采用数据电文形式的意思表示的生效时间另有约定的，按照其约定。

3. 要约的撤回和撤销

要约可以撤回：行为人可以撤回意思表示。撤回意思表示的通知应当在意思表示到达相对人前或者与意思表示同时到达相对人。

要约可以撤销：撤销要约的意思表示以对话方式作出的，该意思表示的内容应当在受要约人作出承诺之前为受要约人所知道；撤销要约的意思表示以非对话方式作出的，应当在受要约人作出承诺之前到达受要约人。

要约可以撤销，但是有下列情形之一的，要约不得撤销。

想一想

要约人在要约到达受要约人之前或者同时到达受要约人时决定撤回要约，要约人承担法律责任吗？

- 要约人确定了承诺期限或者以其他形式明示要约不可撤销。
- 受要约人有理由认为要约是不可撤销的，并已经为履行合同做了准备工作。

4. 要约的失效

有下列情形之一的，要约失效。

- 要约被拒绝。
- 要约被依法撤销。
- 承诺期限届满，受要约人未作出承诺。
- 受要约人对要约的内容作出实质性变更。

案例分析

7月1日甲给乙发出信函，信函称："现有10吨白糖，价格优惠，如有意购买请与我公司联系。"乙于7月3日接到该信函。

请问：甲信函的内容是否属于要约，为什么？

案例分析

7月1日甲给乙发出信函，信函称："现有10吨白糖，每吨2000元，如有意购买请于8月1日前到我公司提货。"乙于7月3日接到该信函。

请问：甲信函的内容是否属于要约，为什么？

看一看

《民法典·合同编》规定，对有关合同标的、数量、质量、价款或者报酬、履行期限、履行地点和方式、违约责任和解决争议方法等内容的变更，是对要约内容的实质性变更。一旦作出实质性变更则视为反要约。

（二）承诺

1. 承诺的概念

承诺是受要约人同意要约的意思表示。

2. 承诺的构成条件

- 承诺是受要约人向要约人作出的意思表示。
- 承诺不得对要约内容做出实质性的变更。
- 承诺应当在要约有效期内作出，在承诺期限届满之前送达要约人。

3. 承诺的生效

承诺生效时合同成立。承诺通知到达要约人时生效。承诺不需要通知的，根据交易习惯或者要约的要求作出承诺的行为时生效。采用数据电文形式订立合同的，承诺到达的时间适用要约到达时间的相关规定。

当事人一方通过互联网等信息网络发布的商品或者服务信息符合要约条件的，对方选择该商品或者服务并提交订单成功时合同成立，但是当事人另有约定的除外。

4. 承诺的撤回

承诺可以撤回。撤回承诺的通知应当在承诺通知到达要约人之前或者与承诺通知同时到达要约人。

5. 承诺的迟延

受要约人超过承诺期限发出承诺的，除要约人及时通知受要约人该承诺有效的以外，为新要约。

受要约人在承诺期限内发出承诺，按照通常情形能够及时到达要约人，但因其他原因承诺到达要约人时超过承诺期限的，除要约人及时通知受要约人因承诺超过期限不接受该承诺的以外，该承诺有效。

想一想

要约有撤回和撤销，为什么承诺只有撤回而没有撤销呢？

案例分析

7月1日乙接到甲发出的信函，信函称：“现有10吨白糖，每吨2000元，如有意购买请于8月1日前到我公司提货。”乙随即给甲回复，称：“我公司同意你公司提出的交易条件，并于7月20日到你公司提货。”甲于7月3日接到该信函。

请问：乙给甲回复的信函是否属于承诺，为什么？

案例分析

7月1日乙接到甲发出的信函，信函称：“现有10吨白糖，每吨2000元，如有意购买请于8月1日前到我公司提货。”乙随即给甲回复，称：“我公司同意你公司提出的交易条件，并于7月20日到你公司提货。”但由于快递出现失误，乙的信函在8月3日才到达甲公司。甲公司没有提出异议。

请问：双方的合同是否成立？为什么？

案例分析

7月1日乙接到甲发出的信函，信函称：“现有10吨白糖，每吨2000元，如有意购买请于8月1日前到我公司提货。”乙接到信函后没有立即理睬，8月2日乙给甲回复，称：“我公司同意你公司提出的交易条件，并于8月3日到你公司提货。”甲于8月3日接到该信函后未作任何表示。

请问：双方的合同是否成立？为什么？

案例分析

7月1日甲给乙发出信函，信函称："现有10吨白糖，每吨2000元，如有意购买请于8月1日前到我公司提货。"乙于7月3日接到该信函。乙随即给甲回复，称："我公司准备按照你方所提出的价格购买5吨白糖，并于7月20日到你公司提货。"甲于7月3日接到该信函。

请问：双方的合同是否成立？为什么？

三、合同的成立

（一）合同成立的时间

根据《民法典·合同编》规定，承诺生效时合同成立。当事人采用合同书形式订立合同的，自双方当事人均签字、盖章或者按指印时合同成立。

当事人采用信件、数据电文等形式订立合同要求签订确认书的，签订确认书时合同成立。

（二）合同成立的地点

承诺生效的地点为合同成立的地点、采用数据电文形式订立合同的，收件人的主营业地为合同成立的地点；没有主营业地的，其住所地为合同成立的地点。当事人另有约定的，按照其约定。

当事人采用合同书形式订立合同的，最后签名、盖章或者按指印的地点为合同成立的地点，但是当事人另有约定的除外。

四、缔约过失责任

缔约过失责任是指缔约人违背诚实信用原则给对方造成损失所依法承担的民事责任。

我国《民法典·合同编》第五百条规定：当事人在订立合同过程中有下列情形之一，造成对方损失的，应当承担赔偿责任。

（1）假借订立合同，恶意进行磋商。

（2）故意隐瞒与订立合同有关的重要事实或者提供虚假情况。

（3）有其他违背诚信原则的行为。

想一想

缔约过失责任产生在合同成立前还是合同成立后？

缔约过失责任

第三节 合同的效力

一、合同的效力

合同的效力是指依法成立的合同所产生的法律效力。

根据《民法典·合同编》规定，依法成立的合同，对当事人具有法律约束力。当事人应当按照约定全面履行自己的义务。

想一想

合同成立了一定有效吗?

二、合同的生效

合同的生效，是指已成立的合同在当事人之间产生的法律约束力或法律效力。

合同生效的要件主要包括以下几项。

（1）合同的主体应当具有相应的民事行为能力。

（2）当事人意思表示真实。

（3）不违反法律、行政法规的强制性规定，不违背公序良俗。

（4）具备法律规定的形式。

看一看

《民法典·合同编》关于合同成立的时间的规定主要包括以下几种。

❶ 依法成立的合同，自成立时生效。

❷ 法律、行政法规规定应当办理批准、登记等手续生效的，依照其规定。

❸ 当事人对合同效力可以约定附条件。

❹ 当事人对合同的效力可以约定附期限。

三、无效合同

无效合同是指违反了法律的要求，自始就不具有法律约束力的合同。

根据我国《民法典·合同编》规定，有下列情形之一的，合同无效。

（1）无民事行为能力人签订的合同。

想一想

有人说：一方以欺诈、胁迫的手段订立的合同一定是无效合同，你赞同这种观点吗?

（2）恶意串通，损害国家、集体或者第三人利益。

（3）违背社会公序良俗。

（4）违反法律、行政法规的强制性规定。

另外，合同中的下列免责条款无效。

（1）造成对方人身伤害的。

（2）因故意或者重大过失造成对方财产损失的。

看一看

一方当事人故意告知对方虚假情况，或者故意隐瞒真实情况，诱使对方当事人作出错误意思表示的，可以认定为欺诈行为。

以给公民及其亲友的生命健康、荣誉、名誉、财产等造成损失或者以给法人的荣誉、名誉、财产等造成损害为要挟，迫使对方作出违背真实的意思表示的，可以认定为胁迫行为。

四、可撤销、可变更合同

可撤销、可变更合同是指由于当事人意思表示不真实而订立的合同。

根据《民法典·合同编》规定，下列合同，当事人一方有权请求人民法院或者仲裁机构变更或者撤销。

（1）因重大误解订立的合同。

（2）在订立合同时显失公平的合同。

（3）一方以欺诈、胁迫的手段或者乘人之危，使对方在违背真实意思的情况下订立的合同。

受损害方有权请求人民法院或者仲裁机构变更或者撤销。当事人请求变更的，人民法院或者仲裁机构不得撤销。

但是，有下列情形之一的，撤销权消灭。

（1）具有撤销权的当事人自知道或者应当知道撤销事由之日起一年内没有行使撤销权，重大误解的当事人自知道或应当知道撤销事由之日起九十日内没有行使撤销权。

（2）当事人受胁迫自胁迫行为终止之日起一年内没有行使撤销权。

（3）具有撤销权的当事人知道撤销事由后明确表示或者以自己的行为放弃撤销权。

当事人自民事法律行为发生之日起五年内没有行使撤销权的，撤销权消灭。

看一看

一方当事人趁对方处于危难之机，缺乏判断能力，迫使对方作出不真实的意思表示，严重损害对方利益的，可以认定为乘人之危。

行为人因对行为的性质、对方当事人、标的物的品种、质量、规格和数量等的错误认识，使行为的后果与自己的意思相悖，并造成较大损失的，可以认定为重大误解。

一方当事人利用优势或者利用对方没有经验，致使双方的权利义务明显违反公平、等价有偿原则的，可以认定为显失公平。

五、效力待定合同

效力待定合同也称效力未定合同，是指合同虽已成立，但是不具备合同生效的要件，其效力能否产生尚未确定的合同。

根据我国《民法典·合同编》的规定，下列合同为效力待定合同。

1. 限制民事行为能力人订立的合同

限制民事行为能力人实施的纯获利益的民事法律行为或者与其年龄、智力、精神健康状况相适应的民事法律行为有效；实施的其他民事法律行为经法定代理人同意或者追认后有效。

相对人可以催告法定代理人自收到通知之日起三十日内予以追认。法定代理人未作表示的，视为拒绝追认。民事法律行为被追认前，善意相对人有撤销的权利。撤销应当以通知的方式作出。

想一想

在我国，什么样的自然人是限制行为能力人？

2. 行为人没有代理权、超越代理权或者代理权终止后以被代理人名义订立的合同

未经被代理人追认，对被代理人不发生效力，由行为人承担责任。

无权代理人以被代理人的名义订立合同，被代理人已经开始履行合同义务或者接受相对人履行的，视为对合同的追认。

行为人没有代理权、超越代理权或者代理权终止后，仍然实施代理行为，相对人有理由相信行为人有代理权的，代理行为有效。

看一看

无效的合同或者被撤销的合同自始没有法律约束力。合同部分无效，不影响其他部分效力的，其他部分仍然有效。合同无效、被撤销或者终止的，不影响合同中独立存在的有关解决争议方法的条款的效力。

合同无效或者被撤销后，因该合同取得的财产，应当予以返还；不能返还或者没有必要返还的，应当折价补偿。有过错的一方应当赔偿对方因此所受到的损失，双方都有过错的，应当各自承担相应的责任。

当事人恶意串通，损害国家、集体或者第三人利益的，因将取得的财产收归国家所有或者返还国家、集体或者第三人。

案例分析

甲乙签订买卖合同，内容为：甲向乙出售假酒100箱，价格20000元，合同签订后5天内交货。

请问：甲乙签订的买卖合同属于什么性质的合同？为什么？

案例分析

甲因外出将自己所饲养的4只羊委托乙看管，第二天，乙未经甲同意私自将4只羊按照正常市价卖给了丙，并签订了买卖合同。

请问：乙丙签订的买卖合同属于什么性质的合同？为什么？

合同的效力
与风险

第四节 合同的履行

一、合同履行的概念和原则

（一）合同履行的概念

合同履行是指合同依法订立并生效后，当事人按照合同的约定或法律的规定全面完成合同的义务，使合同目的得以实现的行为。

（二）合同履行的原则

合同履行的原则是指合同当事人在履行合同债务时所应遵循的基本准则。

1. 全面履行原则

全面履行原则是指当事人按照约定全面履行自己的义务，即按合同约定的标的及其质量、数量，履行期限、履行地点，以适当的履行方式，全面完成合同义务的履行原则。

2. 环保履行原则

当事人在履行合同过程中，应当避免浪费资源、污染环境和破坏生态。

3. 协作履行原则

当事人履行合同不仅要积极配合，而且还要根据合同的性质、目的和交易习惯履行通知、协助、保密等义务。

二、合同履行的规则

合同生效后，当事人就质量、价款或者报酬、履行地点等内容没有约定或者约定不明确的，可以协议补充；不能达成补充协议的，按照合同有关条款或者交易习惯确定。依照上述履行原则仍不能确定的，按以下规定确定。

（1）质量要求不明确的，按照强制性国家标准履行；没有强制性国家标准的，按照推荐性国家标准履行；没有推荐性国家标准的，按照行业标准履行；没有国家标准、行业标准的，按照通常标准或者符合合同目的的特定标准履行。

（2）价款或者报酬不明确的，按照订立合同时履行地的市场价格履行；依法应当执行政府定价或者政府指导价的，按照规定履行。

（3）履行地点不明确，给付货币的，在接受货币一方所在地履行；交付不动产的，在不动产所在地履行；其他标的，在履行义务一方所在地履行。

（4）履行期限不明确的，债务人可以随时履行，债权人也可以随时要求履行，但应当给对方必要的准备时间。

（5）履行方式不明确的，按照有利于实现合同目的的方式履行。

（6）履行费用的负担不明确的，由履行义务一方负担。因债权人原因增加的履行费用，由债权人负担。

看一看

合同履行如果执行政府定价或者政府指导价的，在合同约定的交付期限内调整政府价格时，按照交付时的价格计价。逾期交付标的物的，遇价格上涨时，按照原价格执行；价格下降时，按照新价格执行。逾期提取标的物或者逾期付款的，遇价格上涨时，按照新价格执行；价格下降时，按照原价格执行。

三、合同履行中的抗辩权

抗辩权是指在双务合同中，一方当事人在对方不履行或者履行不符合约定时，依法对抗对方或者否认对方权利主张的权利。

（一）同时履行抗辩权

同时履行抗辩权是指在双务合同中，当事人互负义务且没有先后的履行顺序，一方当事人在对方未履行义务之前拒绝履行自己义务的权利。

《民法典·合同编》第五百二十五条规定：当事人互负债务，没有先后履行顺序的，应当同时履行。一方在对方履行之前有权拒绝其履行请求。一方在对方履行债务不符合约定时，有权拒绝其相应的履行要求。

（二）后履行抗辩权

后履行抗辩权是指在双务合同中，应当先履行义务的一方当事人未履行或者不适当履行，后履行义务的一方当事人享有的拒绝其相应履行请求的权利。

《民法典·合同编》第五百二十六条规定：当事人互负债务，有先后履行顺序，应当先履行一方未履行的，后履行一方有权拒绝其履行请求。先履行一方履行债务不符合约定的，后履行一方有权拒绝其相应的履行请求。

（三）不安抗辩权

不安抗辩权是指履行义务的一方当事人在有证据证明后履行义务当事人有丧失或可能丧失履行债务能力的情形时可中止自己的履行的权利。

《民法典·合同编》第五百二十七条规定：应当

议一议

请分析三种抗辩权行使的主体是哪一方？并指出三种抗辩权下当事人的债务是否有先后履行顺序。

先履行债务的当事人，有确切证据证明对方有下列情形之一的，可以中止履行。

（1）经营状况严重恶化。

（2）转移财产、抽逃资金，以逃避债务。

（3）丧失商业信誉。

（4）有丧失或者可能丧失履行债务能力的其他情形。

案例分析

甲乙公司签订一份买卖合同，约定甲公司向乙公司出售一批货物，总价款100万元，甲公司于3月底交货，货到后付款。2月初，甲公司从媒体上得知，乙公司由于欠他人巨款，被法院查封和扣押了财产，于是甲公司通知乙公司，在乙公司付款或者提供担保前中止履行合同。

请问：甲公司行使的是什么权利？为什么？

当事人没有确切证据中止履行的，应当承担违约责任。

当事人依据规定中止履行的，应当及时通知对方。对方提供适当担保的，应当恢复履行。中止履行后，对方在合理期限内未恢复履行能力且未提供适当担保的，视为以自己的行为表明不履行主要债务，中止履行的一方可以解除合同并可以请求对方承担违约责任。

四、合同的保全

合同保全是指为防止因债务人财产的不当减少致使债权人债权的实现受到危害，允许债权人为实现其债权而采取的相关法律措施。

（一）代位权

代位权是指因债务人怠于行使其债权或者与该债权有关的从权利，影响债权人的到期债权实现的，债权人可以向人民法院请求以自己的名义代位行使债务人对相对人的权利，但是该权利专属于债务人自身的除外。

债权人的债权到期前，债务人的债权或者与该债权有关的从权利存在诉讼时效期间即将届满或者未及时申报破产债权等情形，影响债权人的债权实现的，债权人可以代位向债务人的相对人请求其向债务人履行、向破产管理人申报或者作出其他必要行为的权利。

人民法院认定代位权成立的，由债务人的相对人向债权人履行义务，债权人接受履行后，债权人与债务人、债务人与相对人之间相应的权利义务终止。债务人对相对人的债权或者与该债权有关的从权利被采取保全、执行措施，或者债务人破产的，依照相关法律的规定处理。

代位权的行使范围以债权人的债权为限。债权人行使代位权的必要费用，由债务人负担。

案例分析

甲乙公司签订一份买卖合同，约定甲公司向乙公司出售货物一批，总价款100万元，甲公司于3月底交货，货到后付款。甲公司按期交货后乙公司却一直不予支付货款，据了解，丙公司欠乙公司一笔货款已经到期，但是丙公司一直没有向乙公司偿还本金和利息，乙公司也没有向丙公司追索。

请问：如果你是甲公司的代表，应如何保护自己的合法权益？

（二）撤销权

撤销权是指债务人放弃到期债权、无偿或以不合理的低价处分财产等行为而有害于债权人的债权时，债权人可以依法请求人民法院撤销债务人所实施行为的权利。

根据《民法典·合同编》规定，债务人以放弃其债权、放弃债权担保、无偿转让财产等方式无偿处分财产权益，或者恶意延长其到期债权的履行期限，影响债权人的债权实现的，债权人可以请求人民法院撤销债务人的行为。

债务人以明显不合理的低价转让财产、以明显不合理的高价受让他人财产或者为他人的债务提供担保，影响债权人的债权实现，债务人的相对人知道或者应当知道该情形的，债权人可以请求人民法院撤销债务人的行为。

撤销权的行使范围以债权人的债权为限。债权人行使撤销权的必要费用，由债务人负担。

撤销权自债权人知道或者应当知道撤销事由之日起一年内行使。自债务人的行为发生之日起五年内没有行使撤销权的，该撤销权消灭。

案例分析

乙欠甲100万元，乙用于偿还债务的主要财产只有一套房屋，一天，乙将该套房屋无偿赠与自己亲属。

请问：如果你是甲，应如何保护自己的合法权益？

第五节　合同的担保

合同的担保，是为了保障合同义务的履行，按照法律规定或合同约定而确定的法律措施。根据《民法典》和有关司法解释，担保的方式主要有保证、抵押、质押、留置和定金五种方式。

鉴于《民法典》前物权内容中已经对抵押、质押（质权）、留置做了介绍，本节只介绍保证和定金。

一、保证

（一）保证的概念

保证是指为保障债权的实现，保证人和债权人约定，当债务人不履行到期债务或者发生当事人约定的情形时，保证人履行债务或者承担责任的行为。

想一想

保证的方式下涉及几方当事人？

（二）保证人的范围

保证是合同当事人以外的第三人担保债务人履行债务的担保方式，保证人是合同以外的第三人。保证人须有代为清偿债务的能力。

《民法典》规定，下列主体不能成为保证人。

（1）机关法人不得为保证人，但经国务院批准为使用外国政府或者国际经济组织贷款进行转贷的除外。

（2）以公益为目的的非营利法人、非法人组织不得为保证人。

（三）保证方式

保证有一般保证和连带责任保证两种方式。

1. 一般保证

当事人在保证合同中约定，在债务人不能履行债务时，由保证人承担保证责任的，为一般保证。

一般保证的保证人享有先诉抗辩权，即一般保证的保证人在主合同纠纷未经审判或者仲裁，并就债务人财产依法强制执行仍不能履行债务前，有权拒绝向债权人承担保证责任，但是有下列情形之一的除外。

议一议

一般保证方式和连带保证方式下，保证人的责任有什么不同？

- 债务人下落不明，且无财产可供执行。
- 人民法院已经受理债务人破产案件。
- 债权人有证据证明债务人的财产不足以履行全部债务或者丧失履行债务能力。
- 保证人书面表示放弃上述规定的权利。

一般保证的债权人未在保证期间对债务人提起诉讼或者申请仲裁的，保证人不再承担保证责任。一般保证的保证人在主债务履行期限届满后，向债权人提供债务人可供执行财产的真实情况，债权人放弃或者怠于行使权利致使该财产不能被执行的，保证人在其提供可供执行财产的价值范围内不再承担保证责任。

2. 连带责任保证

当事人在保证合同中约定，保证人与债务人对债务承担连带责任的，为连带责任保证。连带责任保证的债务人在主合同规定的债务履行期限届满没有履行债务的，债权人可以要求债务人履行债务，也可以要求保证人在其保证范围内承担保证责任。

连带责任保证的债权人未在保证期间请求保证人承担保证责任的，保证人不再承担保证责任。

当事人在保证合同中对保证方式没有约定或者约定不明确的，按照一般保证承担保证责任。

看一看

保证人与债权人应当以书面形式订立保证合同。保证人与债权人可以就单个主合同分别签订保证合同，也可以协议在最高债权额限度内就一定期间连续发生的借款合同或者某项商品交易合同订立一个保证合同。

二、定金

（一）定金的概念

定金是合同当事人约定一方向对方给付一定数额的货币，以保证债权实现的担保方式。

议一议

定金和订金有什么不同？

（二）定金合同

定金应当以书面形式约定。定金合同从实际交付定金之日起生效。定金的数额由当事人约定，但不得超过主合同标的额的百分之二十。当事人约定的定金数额超过主合同标的额百分之二十的，超过的部分，人民法院不予保护。

实际交付的定金数额多于或者少于约定数额，视为变更定金合同；收受定金一方提出异议并拒绝接受定金的，定金合同不生效。

评一评

赵本山、宋丹丹、牛群演的小品《策划》有这样一个场景：牛群欲买鸡，先支付给宋丹丹2万元定金，当鸡被炖后，牛群要求宋丹丹返还4万元。

请问：牛群这样的做法有法律依据吗？

（三）定金的效力

债务人履行债务后，定金应当抵作价款或者收回。

给付定金的一方不履行债务或者履行债务不符合约定，致使不能实现合同目的的，无权请求返还定金；收受定金的一方不履行债务或者履行债务不符合约定，致使不能实现合同目的的，应当双倍返还定金。

第六节　合同的变更、转让和终止

合同依法成立以后，对当事人都有法律约束力，但是，在合同履行过程中，由于主客观情况的变化，当事人可以依法变更、转让和终止合同。

案例导入

甲乙签订一份玉米买卖合同，约定甲向乙出售玉米10吨，价款10万元，双方签订合同。如发生下列事项，请分析应具备什么条件。

❶ 甲乙双方将合同的数量由10吨变更为20吨。

❷ 甲由于欠丙10万元，欲将合同的权利转让给丙。

❸ 丙由于欠乙10万元，欲将合同的义务转让给丙。

❹ 甲和乙分别欲将权利和义务转让给丙和丁。

一、合同的变更

根据《民法典·合同编》规定，当事人协商一致，可以变更合同。当事人对合同变更的内容约定不明确的，推定为未变更。

二、合同的转让

合同的转让仅指合同主体的变更，是指合同当事人一方依法将其合同的权利和义务全部或部分转让给第三人。当事人约定非金钱债权不得转让的，不得对抗善意第三人。当事人约定金钱债权不得转让的，不得对抗第三人。

按照转让的权利义务不同，可分为三种形态。

（一）债权转让

根据《民法典·合同编》规定，债权人可以将合同的权利全部或者部分转让给第三人，债权人转让权利的，应当通知债务人。未经通知，该转让对债务人不发生效力。债权人转让权利的通知不得撤销，但经受让人同意的除外。债权人转让债权的，受让人取得与债权有关的从权利，但该从权利专属于债权人自身的除外。受让人取得从权利不因该从权利未办理转移登记手续或者未转移占有而受到影响。

债务人接到债权转让通知后，债务人对让与人的抗辩，可以向受让人主张。

有下列情形之一的，债务人可以向受让人主张抵销。

● 债务人接到债权转让通知时，债务人对让与人享有债权，且债务人的债权先于转让的债权到期或者同时到期。

● 债务人的债权与转让的债权是基于同一合同产生。

（二）债务转移

根据《民法典·合同编》规定，债务人将合同的义务全部或者部分转移给第三人的，应当经债权人同意。债务人或者第三人可以催告债权人在合理期限内予以同意，债权人未作表示的，视为不同意。

债务人转移债务的，新债务人可以主张原债务人对债权人的抗辩；原债务人对债权人享有债权的，新债务人不得向债权人主张抵销。

想一想

如果你是债权人，债务人要将债务转给第三人，你应当注意什么？

债务人转移债务的，新债务人应当承担与主债务有关的从债务，但该从债务专属于原债务人自身的除外。

（三）债权债务一并转让

债权债务一并转让也称合同的概括转让，是指合同当事人将合同中的权利和义务一并转让给第三人。《民法典·合同编》第五百五十五条规定：当事人一方经对方同意，可以将自己在合同中的权利和义务一并转让给第三人。

合同的权利和义务一并转让的，适用债权转让、债务转移的有关规定（表8-1）。

表8-1 合同的转让一览表

种类	概念	转让条件
债权转让	债权人将合同的权利全部或者部分转让给第三人的行为	债权人转让权利的，应当通知债务人，未经通知，对债务人不发生效力
债务转让	债务人将合同的义务全部或者部分转移给第三人的行为	应当经债权人同意
概括转让	合同当事人将合同中的权利和义务一并转让给第三人的行为	当事人协商一致

三、合同的终止

合同的终止是指因某种原因而引起合同的权利义务消灭，从而使合同终止法律效力。

根据《民法典·合同编》的规定，有下列情形之一的，债权债务终止。

- 债务已经履行。
- 合同解除。
- 债务相互抵销。
- 债务人依法将标的物提存。
- 债权人免除债务。
- 债权债务同归于一人。
- 法律规定或者当事人约定终止的其他情形。

合同解除的，合同的权利义务关系终止。

债权债务终止后，当事人应当遵循诚信等原则，根据交易习惯履行通知、协助、保密、旧物回收等义务。

债权债务终止时，债权的从权利同时消灭，但是法律另有规定或者当事人另有约定的除外。

债务人对同一债权人负担的数项债务种类相同，债务人的给付不足以清偿全部债务的，除当事人另有约定外，由债务人在清偿时指定其履行的债务。

债务人未作指定的，应当优先履行已经到期的债务；数项债务均到期的，优先履行对债权人缺乏担保或者担保最少的债务；均无担保或者担保相等的，优先履行债务人负担较重的债务；负担相同的，按照债务到期的先后顺序履行；到期时间相同的，按照债务比例履行。

债务人在履行主债务外还应当支付利息和实现债权的有关费用，其给付不足以清偿全部债务的，除当事人另有约定外，应当按照下列顺序履行。

- 实现债权的有关费用。
- 利息。
- 主债务。

（一）债务已经履行

债务已经按照约定履行，合同当事人的权利与义务自然消灭。

（二）合同解除

1. 约定解除

根据《民法典·合同编》规定，当事人协商一致，可以解除合同。当事人可以约定一方解除合同的条件。解除合同的事由发生时，解除权人可以解除合同。

法律规定或者当事人约定解除权行使期限，期限届满当事人不行使的，该权利消灭。

2. 法定解除

《民法典·合同编》第五百六十三条规定：有下列情形之一的，当事人可以解除合同。

● 因不可抗力致使不能实现合同目的。

● 在履行期限届满之前，当事人一方明确表示或者以自己的行为表明不履行主要债务。

● 当事人一方迟延履行主要债务，经催告后在合理期限内仍未履行。

> **想一想**
>
> 不可抗力包括哪些事件?

● 当事人一方迟延履行债务或者有其他违约行为致使不能实现合同目的。

● 法律规定的其他情形。

当事人一方依法主张解除合同的，应当通知对方。合同自通知到达对方时解除；通知载明债务人在一定期限内不履行债务则合同自动解除，债务人在该期限内未履行债务的，合同自通知载明的期限届满时解除。对方对解除合同有异议的，任何一方当事人均可以请求人民法院或者仲裁机构确认解除行为的效力。

当事人一方未通知对方，直接以提起诉讼或者申请仲裁的方式依法主张解除合同，人民法院或者仲裁机构确认该主张的，合同自起诉状副本或者仲裁申请书副本送达对方时解除。

合同解除后，尚未履行的，终止履行；已经履行的，根据履行情况和合同性质，当事人可以要求恢复原状、采取其他补救措施，并有权要求赔偿损失。

（三）债务相互抵销

1. 法定抵销

当事人互负到期债务，该债务的标的物种类、品质相同的，任何一方可以将自己的债务与对方的债务抵销，但依照法律规定或者按照合同性质不得抵销的除外。

当事人主张抵销的，应当通知对方。通知自到达对方时生效。

> **议一议**
>
> 法定抵销和约定抵销的条件什么不同?

抵销不得附条件或者附期限。

2. 约定抵销

当事人互负债务，标的物种类、品质不相同的，经双方协商一致，也可以抵销。

（四）提存

提存是由于债权人的原因，债务人无法履行债务的情况下将相关标的物交给提存机关，以消灭合同关系的行为。

根据《民法典·合同编》规定，有下列情形之一，债务人可以将标的物提存。

（1）债权人无正当理由拒绝受领。

（2）债权人下落不明。

（3）债权人死亡未确定继承人、遗产管理人，或者丧失民事行为能力未确定监护人。

（4）法律规定的其他情形。

标的物不适于提存或者提存费用过高的，债务人依法可以拍卖或者变卖标的物，提存所得的价款。债务人将标的物或者将标的物依法拍卖、变卖所得价款交付提存部门时，提存成立。提存成立的，视为债务人在其提存范围内已经交付标的物。

标的物提存后，债务人应当及时通知债权人或者债权人的继承人、遗产管理人、监护人、财产代管人。

标的物提存后，毁损、灭失的风险由债权人承担。提存期间，标的物的孳息归债权人所有。提存费用由债权人负担。债权人可以随时领取提存物，但债权人对债务人负有到期债务的，在债权人未履行债务或者提供担保之前，提存部门根据债务人的要求应当拒绝其领取提存物。

议一议

我国的提存机关包括哪些？

债权人领取提存物的权利，自提存之日起五年内不行使而消灭，提存物扣除提存费用后归国家所有。

案例分析

甲乙于1月签订一份买卖合同，约定甲向乙出售玉米一批，总价款100万元，甲于同年3月底交货，货到后付款。甲将货物运到目的地后，发现乙已不见踪迹，经过数次联系未果后，甲将该批玉米向当地公证处提存，提存费用5000元，货物存放后的第二天，公证处所在地发生地震，玉米全部毁损，后来乙到公证处来领取玉米，发现玉米已经全部损失。

请问：提存费用由谁承担？玉米的损失由谁承担？

（五）免除

债权人免除债务人部分或者全部债务的，合同的权利义务部分或者全部终止，但是债务人在合理期限内拒绝的除外。

（六）债权债务同归于一人

债权和债务同归于一人的，合同的权利义务终止，但涉及第三人利益的除外。

（七）法律规定或者当事人约定终止的其他情形

第七节　违约责任

一、违约

违约是指合同当事人不履行义务或者履行义务不符合约定的行为。违约责任有以下几类（表8-2）。

表8-2　违约责任种类

种类	行为表现	
实际违约	不履行合同义务	主要表现为不履行合同
	履行合同不符合约定	主要表现为延迟履行、不适当履行、部分履行或者不完全履行
预期违约	是指在履行期限届满之前，一方无正当理由明确表示不履行合同，或者以其行为表明在履行期限到来后也不可能履行合同	

二、违约责任的承担方式

违约责任，是指当事人违反合同义务所应承担的法律责任。

当事人一方不履行合同义务或者履行合同义务不符合约定的，应当承担继续履行、采取补救措施或者赔偿损失等违约责任。

当事人一方明确表示或者以自己的行为表明不履行合同义务的，对方可以在履行期限届满前请求其承担违约责任。

承担违约责任的方式有五种。

（一）继续履行

继续履行，是指在违约方不履行合同时，对方请求违约方继续履行合同债务的责任方式。当事人一方未支付价款、报酬、租金、利息，或者不履行其他金钱债务的，对方可以请求其支付。

当事人一方不履行非金钱债务或者履行非金钱债务不符合约定的，对方可以请求履行，但是有下列情形之一的除外。

- 法律上或者事实上不能履行。
- 债务的标的不适于强制履行或者履行费用过高。
- 债权人在合理期限内未请求履行。

有前款规定的除外情形之一，致使不能实现合同目的的，人民法院或者仲裁机构可以根据当事人的请求终止合同权利义务关系，但是不影响违约责任的承担。

（二）补救措施

履行不符合约定的，应当按照当事人的约定承担违约责任。对违约责任没有约定或者约定不明确，依据法律的规定仍不能确定的，受损害方根据标的的性质以及损失的大小，可以合理选择请求对方承担修理、重作、更换、退货、减少价款或者报酬等违约责任。

（三）赔偿损失

当事人一方不履行合同义务或者履行合同义务不符合约定的，在履行义务或者采取补救措施后，对方还有其他损失的，应当赔偿损失。

当事人一方不履行合同义务或者履行合同义务不符合约定，给对方造成损失的，损失赔偿额应当相当于因违约所造成的损失，包括合同履行后可以获得的利益，但不得超过违反合同一方订立合同时预见到或者应当预见到的因违反合同可能造成的损失。

当事人一方违约后，对方应当采取适当措施防止损失的扩大；没有采取适当措施致使损失扩大的，不得就扩大的损失要求赔偿。当事人因防止损失扩大而支出的合理费用，由违约方承担。

（四）支付违约金

违约金是由合同当事人事先约定的，发生违约行为时，由违约方向对方支付一定金额的货币。

当事人可以约定一方违约时向对方支付一定数额的违约金，也可以约定因违约产生的损失赔偿额的计算方法。约定的违约金低于造成的损失的，当事人可以请求人民法院或者仲裁机构予以增加；约定的违约金过分高于造成的损失的，当事人可以请求人民法院或者仲裁机构予以适当减少。当事人就迟延履行约定违约金的，违约方支付违约金后，还应当履行债务。

想一想

合同当事人如果请求增加违约金或者降低违约金，应向什么单位提出申请？

（五）定金

当事人既约定违约金，又约定定金的，一方违约时，对方可以选择适用违约金或定金条款。定金不足以弥补一方违约造成的损失的，对方可以请求赔偿超过定金数额的损失。

案例分析

甲乙签订一份买卖合同，约定甲向乙出售十台机器，每台10万元，总价款100万元，其中定金10万元，并约定如一方违约应当向对方支付违约金8万元，交货期最迟为第二年的1月底，并对其他事项也做了具体的规定。合同签订后，乙向甲交付了定金。但是甲故意拖延没有按期交货。已知该台机器在乙地的市场价为每台12万元。

请问：乙可向甲提出哪些要求？为什么？

三、违约责任的免除

因不可抗力不能履行合同的，根据不可抗力的影响，部分或者全部免除责任，但法律另有规定的除外。

当事人迟延履行后发生不可抗力的，不免除其违约责任。

不可抗力是指不能预见、不能避免并不能克服的客观情况。

当事人一方因不可抗力不能履行合同的，应当及时通知对方，以减轻可能给对方造成的损失，并应当在合理期限内提供证明。

案例分析

甲乙于2023年1月5日签订一份买卖合同，约定甲向乙出售一批玉米，总价款100万元，1月6日甲欲将玉米通过某运输公司运到乙公司仓库，但1月5日晚，甲地发生地震，玉米全部损失，1月6日甲不能按期交货。

请问：甲不能按期交货行为是违约吗？甲是否承担违约责任？

第八节　主要合同简介

一、买卖合同

买卖合同是出卖人转移标的物的所有权于买受人，买受人支付约定价款的合同。

买卖合同的主要规定如下。

1. 标的物所有权的转移

买卖合同的标的物，除法律另有规定或当事人另有约定外，自交付时起发生所有权转移。

查一查

通过互联网或其他途径查询买卖合同双方的权利和义务。

2. 标的物的风险责任承担

根据《民法典·合同编》规定，风险负担按交付原则确定。具体来说，即标的物毁损灭失的风险，在标的物交付之前由出卖人承担，交付之后由买受人承担，但法律另有规定或当事人另有约定的除外。

3. 标的物孳息的归属

标的物交付前产生的孳息，归出卖人所有；交付之后产生的孳息，归买受人所有。

案例分析

甲于2024年1月5日卖给乙4只羊，4只羊为喜羊羊、美羊羊、懒羊羊、沸羊羊。总价款10000元，但是乙只带8000元，于是乙对甲说：“羊我先领走，剩余的钱明天支付给你，可以吗？”甲说：“可以，但是在款项未全部支付之前，4只羊仍然归我所有。”乙方：“那当然”。乙将羊领走后的当晚，发生一系列事情。

❶ 喜羊羊私自出去玩，在大街上将一顽童踩伤，治疗顽童的医疗费用2000元。医疗费用由谁承担？

❷ 美羊羊生下一小羊，则小羊归谁所有？

❸ 由于乙地发生地震，房屋倒塌后将懒羊羊砸伤，花去治疗费用500元。这部分费用应由谁承担？

❹ 乙将沸羊羊卖给了丙，则乙丙的合同效力如何？

二、租赁合同

租赁合同是指出租人将租赁物交付给承租人使用、收益，承租人支付租金的合同。在当事人中，提供物的使用或收益权的一方为出租人，对租赁物有使用或收益权的一方为承租人。

租赁合同的主要规定如下。

1. 租赁期限

租赁期限最长不得超过二十年。超过二十年的，超过部分无效。

租赁期限六个月以上的，应当采用书面形式。当事人未采取书面形式的，视为不定期租赁。

2. 转租

承租人转租租赁物须经出租人同意，未经同意转租的为无效行为。

查一查

通过互联网或其他途径查询租赁合同双方的权利和义务。

三、借款合同

借款合同是当事人约定一方将一定种类和数额的货币所有权转移给他方，他方于一定期限内返还同种类同数额货币的合同。其中，提供货币的一方称贷款人，受领货币的一方称借款人。

借款合同的主要规定如下。

（1）借款的利息不得预先在本金中扣除。利息预

议一议

如果你租赁他人房屋居住，在租房时应注意哪些问题？

先在本金中扣除的，应当按照实际借款数额返还借款并计算利息。

（2）自然人之间的借款合同，自贷款人提供借款时生效。

（3）自然人之间的借款合同对支付利息没有约定或者约定不明确的，视为不支付利息。

想一想

签订借款合同时借款人应注意什么问题？

四、承揽合同

承揽合同是承揽人按照定作人的要求完成工作，交付工作成果，定作人给付报酬的合同。承揽包括加工、定作、修理、复制、测试、检验等工作。

承揽合同的主要规定如下。

（1）承揽人应当以自己的设备、技术和劳力，完成主要工作，但当事人另有约定的除外。

（2）承揽人将其承揽的主要工作交由第三人完成的，应当就该第三人完成的工作成果向定作人负责。未经定作人同意的，定作人也可以解除合同。

（3）承揽人可以将其承揽的辅助工作交由第三人完成。承揽人将其承揽的辅助工作交由第三人完成的，应当就该第三人完成的工作成果向定作人负责。

案例分析

甲乙签订委托加工合同，约定由乙为甲加工木制品，甲支付加工费。合同签订后，乙将加工的全部工作擅自转让给丙，后来交货时丙加工的木制品不符合规定。

请问：如果你是甲，你将如何处理此事？

五、建设工程合同

建设工程合同是承包人进行工程建设，发包人支付价款的合同。建设工程合同包括工程勘察、设计、施工合同等。

建设工程合同的主要规定如下。

（1）建设工程合同应当采用书面形式。

（2）发包人可以与总承包人订立建设工程合同，也可以分别与勘察人、设计人、施工人订立勘察、设计、施工承包合同。发包人不得将应当由一个承包人完成的建设工程肢解成若干部分发包给几个承包人。总承包人或者勘察、设计、施工承包人经发包人同意，可以将自己承包的部分工作交由第三人完成。第三人就其完成的工作成果与总承包人或者勘察、设计、施工承包人向发包人承担连带责任。承包人不得将其承包的全部建设工程转包给第三人或者将其承包的全部建设工程肢解以后以分包的名义分别转包给第三人。

（3）禁止承包人将工程分包给不具备相应资质条件的单位。禁止分包单位将其承包的工程再分包。建设工程主体结构的施工必须由承包人自行完成。

六、运输合同

运输合同是承运人将旅客或者货物从起运地点运输到约定地点，旅客、托运人或者收货人支付票款或者运输费用的合同。

运输合同的主要规定如下。

（1）从事公共运输的承运人不得拒绝旅客、托运人通常、合理的运输要求。

（2）旅客应当持有效客票乘坐。旅客无票乘坐、超程乘坐、越级乘坐或者持不符合减价条件的优惠客票乘坐的，应当补交票款，承运人可以按照规定加收票款。旅客不交付票款的，承运人可以拒绝运输。

（3）旅客不得随身携带或者在行李中夹带易燃、易爆、有毒、有腐蚀性、有放射性以及有可能危及运输工具上人身和财产安全的危险物品或者其他违禁物品。旅客违反规定的，承运人可以将违禁物品卸下、销毁或者送交有关部门。旅客坚持携带或者夹带违禁物品的，承运人应当拒绝运输。

（4）承运人在运输过程中，应当尽力救助患有急病、分娩、遇险的旅客。

（5）承运人应当对运输过程中旅客的伤亡承担损害赔偿责任，但伤亡是旅客自身健康原因造成的或者承运人证明伤亡是旅客故意、重大过失造成的除外。

七、技术合同

技术合同是当事人就技术开发、转让、许可、咨询或者服务订立的确立相互之间权利和义务的合同。

技术合同包括技术开发合同、技术转让合同、技术许可合同、技术咨询合同和技术服务合同。

八、仓储合同

想一想

仓储合同的双方当事人是谁？

仓储合同是保管人储存存货人交付的仓储物，存货人支付仓储费的合同。

- 存货人交付仓储物的，保管人应当给付仓单。
- 仓单是提取仓储物的凭证。存货人或者仓单持有人在仓单上背书并经保管人签字或者盖章的，可以转让提取仓储物的权利。

总结与回顾

本模块在介绍合同的概念和种类的基础上，介绍了合同的形式、内容，合同的订立方式、合同的履行、合同的担保、违约责任，最后介绍了几种主要的合同，其中合同的形式、内容、订立方式、履行、违约等都是十分重要的内容，应当熟练掌握。

学习本模块后，同学们应能够草拟合同、审查合同、签订合同，能够进行合同磋商，并用法律的思维处理合同的相关事务。

拓展知识

商务谈判技巧

在现代的商业社会中，商务谈判对企业的经营活动也起着越来越重要的作用。下面是商务谈判中常用的技巧。

1. 确定谈判态度

在商业活动中面对的谈判对象多种多样，我们不能拿出一样的态度对待所有谈判。我们需要根据谈判对象与谈判结果的重要程度来决定谈判时所要采取的态度。

如果谈判对象对企业很重要，比如长期合作的大客户，而此次谈判的内容与结果对公司并非很重要，那么就可以抱有让步的心态进行谈判，即在企业没有太大损失与影响的情况下满足对方，这样对于以后的合作会更加有利。

如果谈判对象对企业很重要，而谈判的结果对企业同样重要，那么就抱持一种友好合作的心态，尽可能达到双赢，将双方的矛盾转向第三方，比如市场区域的划分出现矛盾，那么可以建议双方一起或协助对方去开发新的市场，扩大区域面积，将谈判的对立竞争转化为携手竞合。

如果谈判对象对企业不重要，谈判结果对企业也是无足轻重，可有可无，那么就可以轻松上阵，不要把太多精力消耗在这样的谈判上，甚至可以取消这样的谈判。

如果谈判对象对企业不重要，但谈判结果对企业非常重要，那么就以积极竞争的态度参与谈判，不用考虑谈判对手，完全以最佳谈判结果为导向。

2. 充分了解谈判对手

正所谓：“知己知彼、百战不殆。”这一点在商务谈判中尤为重要，对对手的了解越多，越能把握谈判的主动权，就好像我们预先知道了招标的底价一样，自然成本最低，成功的概率最高。

了解对手时不仅要了解对方的谈判目的、心理底线等，还要了解对方公司的经营情况、行业情况、谈判人员的性格、对方公司的文化、谈判对手的习惯与禁忌等。这样便可以避免很多因文化、生活习惯等方面的矛盾，对谈判产生额外的障碍。还有一个非常重要的因素需要了解并掌握，那就是其他竞争对手的情况。

3. 准备多套谈判方案

谈判双方最初各自拿出的方案都是对自己非常有利的，而双方又都希望通过谈判获得更多的利益，因此，谈判结果肯定不会是双方最初拿出的那套方案，而是经过双方协商、妥协、变通后的结果。

在双方你推我拉的过程中常常容易迷失了最初的意愿，或被对方带入误区，此时最好的办法就是多准备几套谈判方案，先拿出最有利的方案，没达成协议就拿出其次的方案，还没有达成协议就拿出再次一等的方案，即使我们不主动拿出这些方案，但是心中可以做到有数，知道向对方的妥协是否偏移了最初自己设定的框架，这样就不会出现谈判结束后，仔细思考才发现，自己的让步已经超过了预计承受的范围。

4. 建立融洽的谈判气氛

在谈判之初，最好先找到一些双方观点一致的地方并表述出来，给对方留下一种彼此更像合作伙伴的潜意识。这样接下来的谈判就容易朝着一个达成共识的方向进展，而不是剑拔弩张的对抗。当遇到僵持时也可以拿出双方的共识来增强彼此的信心，化解分歧。

另外，也可以向对方提供一些其感兴趣的商业信息，或对一些不是很重要的问题进行简单的探讨，达成共识后双方的心理就会发生奇妙的改变。

5. 设定好谈判的禁区

谈判是一种很敏感的交流，所以，语言要简练，避免出现不该说的话，但是在艰难的长时间谈判过程中也难免出错，最好的方法就是提前设定好哪些是谈判中的禁语，哪些话题是危险的，哪些行为是不能做的，谈判的心理底线等。这样就可以最大限度地避免在谈判中落入对方设下的陷阱中。

6. 语言表述简练

在商务谈判中忌讳语言松散或像拉家常一样的语言方式，尽可能让自己的语言变得简练，否则，你的关键词语很可能会被淹没在拖拉繁长，毫无意义的语言中。一颗珍珠放在地上，我们可以轻松地发现它，但是如果倒一袋碎石子在上面，再找起珍珠就会很费劲。同样的道理，人类接收外来声音或视觉信息的特点是，一开始专注，注意力随着接受信息的增加，会越来越分散，如果是一些无关痛痒的信息，更将被忽略。

因此，谈判时语言要做到简练，针对性强，争取让对方大脑处在最佳接收信息状态时表述清楚自己的信息，如果要表达的是内容很多的信息，比如合同、计划书等，那么适合在讲述或者诵读时语气进行高、低、轻、重的变化，比如，重要的地方提高声音，放慢速度，也可以穿插一些问句，引起对方的主动思考，增加注意力。在重要的谈判前应该进行一下模拟演练，训练语言的表述、突发问题的应对等。

7. 做一颗柔软的钉子

商务谈判虽然不比政治与军事谈判，但是谈判的本质就是一种博弈，一种对抗，充满了火药味。这个时候双方都很敏感，如果语言过于直率或强势，很容易引起对方的本能对抗意识或招致反感，因此，商务谈判时要在双方遇到分歧时面带笑容，语言委婉地与对手针锋相对，这样对方就不会启动头脑中本能的敌意，使接下来的谈判不容易陷入僵局。

商务谈判中并非张牙舞爪，气势夺人就会占据主动，反倒是喜怒不形于色，情绪不被对方所引导，心思不被对方所洞悉的方式更能克制对手。致柔者长存，致刚者易损，想成为商务谈判的高手，就要做一颗柔软的钉子。

8. 曲线进攻

孙子曰："以迂为直。"这可以看出，想达到目的就要迂回前行，否则直接奔向目标，只会引起对方的警觉与对抗。

应该通过引导对方的思想，把对方的思维引导到自己的包围圈中，比如通过提问的方式，让对方主动替你说出你想听到的答案。反之，越是急切想达到目的，越是可能暴露了自己的意图，被对方所利用。

9. 谈判是用耳朵取胜，而不是嘴巴

在谈判中我们往往容易陷入一个误区，那就是一种主动进攻的思维意识，总是在不停地说，总想把对方的话压下去，总想多灌输给对方一些自己的思想，以为这样可以占据谈判主动，其实不然，在这种竞争性环境中，你说的话越多，对方会越排斥，能入耳的很少，能入心的更少，而且，你的话多了就挤占了总的谈话时间，对方也有一肚子话想说，被压抑下来的结果则是很难妥协或达成协议。反之，让对方把想说的都说出来，当其把压抑心底的话都说出来后，就会像一个泄了气的皮球一样，锐气会减退，接下来你再反击，对手已经没有后招了。更为关键的是，善于倾听可以从对方的话语中发现对方的真正意图，甚至是破绽。

10. 控制谈判局势

谈判活动表面看来没有主持人，实则有一个隐形的主持人存在着，不是你就是你的对手。因此，要主动争取把握谈判节奏、方向，甚至是趋势。主持人所应该具备的特质是：语言虽不多，但是招招中的，直击要害，气势虽不凌人，但运筹帷幄，从容不迫，不是用语言把对手逼到悬崖边，而是用语言把对手引领到悬崖边。并且，想做谈判桌上的主持人就要体现出你的公平，即客观地面对问题，尤其在谈判开始时尤为重要，慢慢对手会本能地被你潜移默化地引导，局势将向对你有利的一边倾斜。

其实，谈判的关键就是如何达成谈判双方的心理平衡，达成协议的时候就是双方心理都达到平衡点的时候。这也是认为自己在谈判中取得了满意或基本满意的结果，这种满意包括预期的达到、自己获得的利益、谈判对手的让步、自己获得了主动权、谈判时融洽的气氛等。

法治素养

小韩签订的合同中有霸王条款，合同有效吗？

案例

小韩大学毕业就与一家网络直播公司签订了合作合同，由于求职心切，她没有仔细看合同内容，合作单位也没有进行详细说明。工作了一段时间后，小韩仔细查看合同，觉得自己遭遇了“霸王条款”。请问，小韩签订的合同有效吗？

《民法典》条文

《民法典》第四百九十六条规定：格式条款是当事人为了重复使用而预先拟定，并在订立合同时未与对方协商的条款。所以，合同是否有效要根据合同的内容确定，对格式条款可进行上述主张。

资料来源：澎湃政务——文昌市人民法院。

复习思考题

❶ 合同的形式有哪些？

❷ 要约的构成条件有哪些？

❸ 承诺的构成条件有哪些？

❹ 合同终止的原因有哪些？

❺ 违约责任的承担方式包括哪些？

技能训练

实训项目　合同磋商与签订

一、实训目的

经济活动离不开合同，企业经济业务的往来需要良好的沟通技巧和较强的商务磋商能力，通过这一项目的实训，学生能够草拟合同、能够进行合同的磋商和签订、用法律的思维分析处理相关问题。

二、实训设计

❶ 实训内容：买卖合同和运输合同。

❷ 将学生分为若干小组分别代表卖方和买方，托运人和承运人，同时让不同的学生担任公司的董事长、总经理、技术主管、销售部经理、财务主管等，并从不同的角度提出相关的观点。

模块九
反不正当竞争法

学习目标

一、知识目标

- 了解不正当竞争行为的概念和特征。
- 掌握不正当竞争行为的种类。
- 掌握不正当竞争行为的处理和应对。

二、能力目标

- 市场经济主体应该公平竞争，但在现实的生活中，不正当竞争行为时有发生，严重扰乱了社会主义市场经济秩序，也损害了经营者和消费者的合法权益。通过本模块的学习，学生能够识别不正当竞争行为并采取措施进行应对处理。

三、素质目标

- 引导学生正确理解反不正当竞争法所倡导的经营者在生产经营活动中应当遵循自愿、平等、公平、诚信的原则，做社会主义核心价值观的践行者。

导入案例

2023年，小王新房装修完毕入住后，准备将煤气开栓，于是来到当地的煤气公司，煤气公司告知，在开栓前必须先购买某公司生产的煤气报警器，否则不予开栓。小王不想购买，和煤气公司多次协商后，没有办法，终于花140元购买了煤气公司指定的煤气报警器，煤气公司才予以开栓。

请问：煤气公司的做法是不是不正当竞争行为？

第一节　反不正当竞争法

看一看

为了促进社会主义市场经济健康发展，鼓励和保护公平竞争，制止不正当竞争行为，保护经营者和消费者的合法权益，1993年9月2日，中华人民共和国第八届全国人民代表大会常务委员会第三次会议通过了《中华人民共和国反不正当竞争法》（以下简称《反不正当竞争法》）并于1993年12月1日起实施。2019年4月23日第十三届全国人民代表大会常务委员会第十次会议对该法进行了修正并于同日实施。

反不正当竞争法的调整对象是在制止不正当竞争行为过程中发生的监督管理机构与经营者之间，经营者相互之间以及经营者与消费者之间的社会关系。

第二节　不正当竞争行为的表现形式

一、不正当竞争行为的概念和特征

不正当竞争是指经营者违反法律规定，损害其他经营者的合法权益，扰乱社会经济秩序的行为。

想一想

不正当竞争行为的主体是谁？

不正当竞争行为具有如下特征。

（1）不正当竞争行为的主体是经营者。经营者是指从事商品经营或营利性服务的法人、其他经济组织和个人。非经营者不是竞争行为主体，所以也不能成为不正当竞争行为的主体。

（2）不正当竞争行为是违法行为。

（3）不正当竞争行为侵害的客体是其他经营者的合法权益和正常的社会经济秩序。

二、不正当竞争行为的种类

（一）欺骗性交易行为

欺骗性交易行为是指经营者采取仿冒、假冒手段或采用其他虚假的标志从事交易，使用户或消费者产生误解，扰乱市场秩序、损害同业竞争者的利益或消费者利益的行为。

欺骗性交易行为的具体表现如下。

（1）假冒他人的注册商标。

（2）擅自使用知名商品特有的名称、包装、装潢，或者使用与知名商品近似的名称、包装、装潢，造成和他人的知名商品相混淆，使购买者误认为是该知名商品。

（3）擅自使用他人的企业名称或者姓名，引人误认为是他人的商品。

（4）在商品上伪造或者冒用认证标志等质量标志，伪造产地，对商品质量等作引人误解的虚假表示。

议一议

什么是注册商标？请举出几个著名的注册商标。

（二）商业贿赂行为

商业贿赂是指经营者为争取交易机会或有利的市场条件，暗中给予交易对方和能够影响交易的相关人员财物或其他好处的行为。

在商业营销中普遍存在折扣、回扣、佣金现象，其中商业贿赂的主要表现形式为回扣。

评一评

折扣和回扣有什么区别？

- 折扣是经营者在销售商品中以明示并入账的方式给予对方的价格优惠。
- 回扣是指从支付的价款中，明码标价以外另行扣让并事后退回的款项。
- 佣金是支付给为交易双方提供服务的中间人的劳务报酬。

经营者销售或者购买商品，可以以明示方式给对方折扣，可以给中间人佣金。经营者给对方折扣、给中间人佣金的，必须如实入账。接受折扣、佣金的经营者必须如实入账。

根据《反不正当竞争法》规定，经营者不得采用财物或者其他手段进行贿赂以销售或者购买商品。在账外暗中给予对方单位或者个人回扣的，以行贿论处，对方单位或者个人在账外暗中收受回扣的，以受贿论处。

案例分析

李某是某公司的业务员，在一次购买笔记本的业务中，暗中接受了电脑公司1万元的回扣，购进了一批质次价高的笔记本。

请分析该案中李某行为的性质。

（三）虚假宣传行为

虚假宣传行为是指经营者为诱使消费者产生误购，利用广告和其他方法，对产品或服务所作出的引人误解的不实宣传。

根据《反不正当竞争法》规定，经营者不得利用广告和其他方法，对商品的质量、制作成分、性能、用途、生产者、有效期限、产地等作引人误解的虚假宣传。广告的经营者不得在明知或者应知的情况下，代理、设计、制作、发布虚假广告。

（四）侵犯商业秘密行为

商业秘密是指不为公众所知悉，能为权利人带来经济利益，具有实用性并经权利人采取保密措施的技术信息和经营信息。

议一议

商业秘密包括哪些?

商业秘密的范围较广泛，包括客户名单、产品成本、产品配方、制作工艺、技术资料等。

根据《反不正当竞争法》规定，经营者不得采用下列手段侵犯商业秘密。

（1）以盗窃、利诱、胁迫、电子侵入或者其他不正当手段获取权利人的商业秘密。

（2）披露、使用或者允许他人使用以前项手段获取的权利人的商业秘密。

（3）有义务保守商业秘密的人（包括与权利人有业务关系的单位、个人）披露、使用和允许他人使用其所掌握的商业秘密。

（4）第三人明知或应知上述所列违法行为，获取使用或者披露他人的商业秘密，视为侵犯商业秘密。

（五）不正当有奖销售行为

不正当有奖销售行为是指经营者在销售商品或提供服务时，以欺骗或其他不正当手段，附带性地利用物质、金钱或者其他经济利益诱使购买者参与交易，排挤竞争对手的行为。

其方式可分为两种：一种是奖励给所有购买者的附赠式有奖销售，另一种是奖励部分购买者的抽奖式有奖销售。

法律禁止以下列方式进行有奖销售。

（1）谎称有奖销售或对所设奖的种类，中奖概率，最高奖金额，总金额，奖品种类、数量、质量、提供方法等作虚假不实的表示。

（2）采取不正当手段故意让内定人员中奖。

（3）故意将设有中奖标志的商品、奖券不投放市场或不与商品、奖券同时投放，或者故意将带有不同奖金金额或奖品标志的商品、奖券按不同时间投放市场。

（4）抽奖式的有奖销售，最高奖的金额50000元（以非现金的物品或者其他经济利益作为奖励的，按照同期市场同类商品或者服务的正常价格折算其金额）。

（5）利用有奖销售手段推销质次价高的商品。

（6）其他欺骗性有奖销售行为。

案例分析

某商场在元旦期间搞了一次大型促销活动，规定凡购买该彩电，就可以获得一张奖券进行抽奖。奖项设置：特等奖一名，奖品为价值40000元的轿车一辆；一等奖两名，奖品为价值4000元的电脑一台；二等奖10名，奖品为价值2000元手机一部；三等奖30名，奖品为300元的话费。

请问：该商场的行为是否违法？

（六）低价倾销行为

低价倾销行为是指经营者以排挤竞争对手为目的，以低于成本的价格销售商品的行为。

根据《反不正当竞争法》规定，经营者不得以排挤竞争对手为目的，以低于成本的价格销售商品，但有下列四种情况除外。

- 销售鲜活商品。
- 处理有效期限即将到期的商品或者其他积压的商品。
- 季节性降价。
- 因清偿债务、转产、歇业降价销售商品。

想一想

经营者销售商品时，为何有时会以低于成本价销售？

（七）诋毁商誉行为

诋毁商誉行为是指经营者捏造、散布虚假事实、损害竞争对手的商业信誉、商品声誉，从而削弱对手竞争力，为自己取得竞争优势的行为。

案例分析

张记粥铺和宋记粥铺是两家相邻的粥铺，竞争很激烈。由于宋记粥铺经营一直非常好，张记粥铺的工作人员在网络上宣传，说宋记粥铺这几天大量用餐人员出现食物中毒，且中毒人员已经住院治疗。经查，宋记粥铺根本不存在人员食物中毒事件。

请分析张记粥铺行为的性质。

（八）搭售或附加不合理交易条件行为

经营者销售商品，违背购买者的意愿搭售商品或者附加其他不合理的条件的实质是指除购买者自愿购买的商品之外，另行销售其他商品或附加不合理条件给购买者，违反了平等自愿原则，侵害了购买者的自主选择权和自主交易权。

看一看

2023年春天，某地化肥供不应求，某农资公司新进一批优质化肥，农户们纷纷购买，但农资公司规定，购买化肥必须同时购买一种不常用农药，农户们怨声载道。试分析农资公司的行为。

解析：农资公司行为属于不正当竞争行为。农资公司违背农户的意愿搭售商品，是搭售行为。

（九）独占行为

独占行为是指公用企业或者其他依法具有独占地位的经营者，限定他人购买其指定的经营者的商品，以排挤其他经营者的公平竞争的行为。

公用企业或者其他依法具有独占地位的经营者主要是指电力、供水、供热、供气、通信、交通等行业的企业。

想一想

举例说明公用企业或者其他依法具有独占地位的经营者包括哪些单位。

（十）滥用行政权力行为

滥用行政权力行为是指政府及其所属部门滥用行政权力，限定他人购买其指定的经营者的商品，限制其他经营者正当的经营活动的行为。

滥用行政权力的主要情形有如下几种。

（1）限定他人购买其指定的经营者的商品。

（2）限制其他经营者正当的经营活动。

（3）限制外地商品进入本地市场。

（4）限制本地商品流向外地市场。

（十一）串通招投标行为

串通投标，是指招标者和投标者之间或者投标者之间相互串通，以排挤其他投标者或者招标者的行为。

串通招投标行为主要表现为如下几种。

（1）投标者之间抬高标价或者压低标价。

（2）投标者和招标者相互勾结，以排挤竞争对手。

议一议

招投标的方式主要应用于哪些领域？

三、监督检查及法律责任

（一）监督检查

根据《反不正当竞争法》规定，县级以上人民政府履行工商行政管理职责的部门对不正当竞争行为进行监督检查，法律、行政法规规定由其他部门监督检查的，依照其规定。可见，我国对不正当竞争行为进行监督检查的部门主要是县级以上的履行工商行政管理职责的部门。此外，也包括有权进行监督检查的其他部门。

监督检查部门在监督检查不正当竞争行为时主要的职权有询问权、查询复制权、检查权和处罚权等。

（二）法律责任

（1）民事责任，主要包括停止侵害和赔偿损失。

（2）行政责任，主要形式包括罚款、没收非法所得、责令改正、停业整顿、吊销营业执照等。

（3）刑事责任，是最为严厉的法律制裁，适用社会秩序损害严重、情节恶劣的不正当竞争行为。

我国《刑法》规定的主要罪名有虚假广告罪、串通投标罪、侵犯商业秘密罪、损害商业信誉、商品声誉罪等。

合同的形式与效力

诚实信用原则，是市场经营活动中的道德准则。市场经济条件下，每一个有劳动能力的人或经营主体，都应通过市场交换获得利益和生活资料，坚持诚实信用，坚持正当、合法，法律绝不允许损害他人利益和社会利益，否则必将承担相应的法律责任。

总结与回顾

本模块在介绍不正当竞争行为的概念和特征的基础上，重点介绍了反不正当竞争行为的种类，最后阐述了反不正当竞争行为的监督检查及法律责任。同学们对于不正当竞争行为种类应重点掌握，除此之外，还应知晓不正当竞争行为发生后应如何采取措施进行应对处理。

拓展知识

甲公司与乙食品厂正在洽谈一笔购买该厂生产的糖果的交易，但在价款上未达成协议。同时，丙食品厂也派人与甲公司接洽，销售糖果产品。丙厂提议，在购销合同中订明，销售时给予15%的优惠。甲公司按出厂价的85%数额，通过银行转账付款。甲公司遂放弃与乙厂的洽谈，准备与丙厂签约成交。此时，乙厂又向甲公司负责采购的供销科长丁某提出“成交之后。乙厂给丁某个人1万元好处费，天知地知，你知我知”。丁某见个人有利，便与乙厂签订了合同，并暗中获得1万元“好处费”。请问：

❶ 乙厂的行为是否构成不正当竞争，法律依据是什么？

❷ 丙厂的行为是否违法，为什么？

❸ 丁某的行为是否违法，为什么？

解析：

❶ 乙厂的行为构成了不正当竞争，属于商业贿赂行为。本案乙厂给丁某个人1万元好处费，这是暗扣，属于商业贿赂中的金钱回扣。

❷ 丙厂的行为属于价格折扣，没有违法。根据《反不正当竞争法》规定，折扣也就是价格折扣，指在商品购销活动中卖方在所成交的价款上给买方以一定比例的减让而返还给对方的交易上的优惠。这是正当的商业行为。本案中丙厂提议，在购销合同中订明，销售时给予15%的优惠。甲公司按出厂价的85%数额，通过银行转账付款，这是明扣。

❸ 丁某的行为是违法行为。根据《反不正当竞争法》规定，丁某见个人有利，便与乙厂签订了合同，并暗中获得1万元“好处费”，这属于收受贿赂行为。

法治素养

威海某健身服务有限公司虚假宣传案

根据群众举报，威海市经济技术产业开发区市场监管局对威海某健身服务有限公司开展调查。

经查，当事人在部分教练离职后，仍在其经营场所及某平台线上门店进行宣传，且无法提供平台线上门店部分教练资质和荣誉等信息的证明。当事人的上述行为违反了《中华人民共和国反不正当竞争法》第八条第一款的规定。

威海市经济技术产业开发区市场监管局依据《中华人民共和国反不正当竞争法》第二十条第一款的规定，责令当事人停止违法行为，处以罚款。

资料来源：中国质量新闻网。

复习思考题

❶ 不正当竞争行为的种类有哪些？

❷ 欺骗性交易行为包括哪些？

❸ 侵犯商业秘密的表现有哪些？

❹ 虽以低于成本价格销售但不属于低价倾销的行为包括哪些？

技能训练

如果你是一家企业的高管，遇到有人诋毁你企业的信誉或者仿冒你企业产品进行销售，你如何处理？

模块十

产品质量法

学习目标

一、知识目标

- 掌握产品质量监督管理制度。
- 掌握生产者、销售者的产品质量义务。
- 掌握产品责任的归责原则、承担方式等内容。

二、能力目标

- 产品质量是企业的生命，如何进行产品质量管理和如何处理产品质量纠纷是应当掌握的基本技能。通过本模块的学习，学生能够进行产品质量管理方案的设计和分析并处理产品质量纠纷。

三、素质目标

- 通过学习生产者、销售者的产品质量责任和义务，培养学生的法律意识，正确处理个人利益和社会利益、眼前利益和长远利益的关系。
- 树立产品是企业的生命思想，培养学生诚实守信，合法经营的理念和公德意识。

导入案例

李某在一家百货商场购买一台笔记本电脑，并附有产品合格证，李某使用3个多月后，笔记本电脑出现图像模糊不清的现象，经调试后仍然无法恢复，李某找到商场要求更换，商场称笔记本不是他们生产的，有问题可以找生产厂家进行交涉。

请问：李某应该怎么办？

第一节 产品质量法概述

一、产品和产品质量

人们通常所指的产品的范围十分广泛，是指天然或经过加工、制作具有使用价值的物品。但《中华人民共和国产品质量法》（以下简称《产品质量法》）中的产品是指经过加工、制作，并作为商品用于销售的产品。

看一看

《产品质量法》中的产品不包括初级农产品、未经加工的天然形成的物品、由建筑工程形成的房屋、桥梁、其他建筑物等不动产以及军工产品，但建筑工程所使用的建筑材料和配套产品属于产品质量法中的产品。

不同的产品具有不同的特征和特性，其总和便构成了产品质量的内涵。

产品质量是指能满足人们需求的各种使用性能，包括安全性、耐用性、舒适性、可靠性、便利性等。

二、产品质量法

产品质量法是调整产品质量监督管理关系和产品质量责任关系的法律规范的总称。

产品质量法调整的对象主要包括：一是产品质量责任关系，它是属于生产者、销售者与用户、消费者之间进行商品交易所发生的经济关系；二是产品质量监督管理关系，它是属于行政机关执行产品质量管理职能而发生的经济关系。

看一看

《中华人民共和国产品质量法》由中华人民共和国第七届全国人民代表大会常务委员会第三十次会议于1993年2月22日通过，自1993年9月1日起施行。2000年7月第九届全国人大常委会第十六次会议对其进行了第一次修正，修正的后产品质量法于2000年9月1日起实施。后于2009年8月27日第十一届全国人民代表大会常务委员会第十次会议第二次修正，2018年12月29日第十三届全国人民代表大会常务委员会第七次会议《关于修改〈中华人民共和国产品质量法〉的决定》第三次修正并于同日实施。

第二节　产品质量监督管理制度

（一）产品质量监督管理体制

《产品质量法》规定了我国产品质量监督管理体制。国务院产品质量监督部门主管本行政区域内的产品质量监督工作。国务院有关部门在各自的职责范围内负责产品质量监督工作，县级以上市场监督管理部门主管本行政区域内的产品质量监督工作。

想一想

我国负责产品质量监督管理的国家机关有哪些？

（二）产品质量管理制度

1. 产品质量检验制度

《产品质量法》第十二条规定：产品质量应当检验合格，不得以不合格产品冒充合格产品。

2. 重要工业产品质量强制性标准制度

《产品质量法》第十三条规定：可能危及人体健康和人身、财产安全的工业产品，必须符合保障人体健康和人身、财产安全的国家标准、行业标准；未制定国家标准、行业标准的，必须符合保障人体健康和人身、财产安全的要求。

禁止生产、销售不符合保障人体健康和人身、财产安全的标准和要求的工业产品。

议一议

我国产品的标准主要有国家标准、行业标准、地方标准、企业标准，这些标准间的关系如何？

3. 企业质量体系认证制度

国家根据国际通用的质量管理标准，推行企业质量体系认证制度。企业根据自愿原则可以向国务院市场监督管理部门认可的或者国务院市场监督管理部门授权的部门认可的认证机构申请企业质量体系认证。经认证合格的，由认证机构颁发企业质量体系认证证书。

4. 产品质量认证制度

国家参照国际先进的产品标准和技术要求，推行产品质量认证制度。企业根据自愿原则可以向国务院市场监督管理部门认可的或者国务院市场监督管理部门授权的部门认可的认证机构申请产品质量认证。经认证合格的，由认证机构颁发产品质量认证证书，准许企业在产品或者其包装上使用产品质量认证标志。

产品质量在国际上是采用一种系列管理标准，即ISO 9000系列标准，它由国际化组织（ISO）正式颁布实施。

图10-1　质量认证标志

5．产品质量监督检查制度

国家对可能危及人体健康和人身、财产安全的产品，影响国计民生的重要工业产品以及消费者、有关组织反映有质量问题的产品进行抽查。抽查的样品应当在市场上或者企业成品仓库内的待销产品中随机抽取。监督抽查工作由国务院市场监督管理部门规划和组织。县级以上地方市场监督管理部门在本行政区域内也可以组织监督抽查。

国家监督抽查的产品，地方不得另行重复抽查；上级监督抽查的产品，下级不得另行重复抽查。根据监督抽查的需要，可以对产品进行检验。检验抽取样品的数量不得超过检验的合理需要，并不得向被检查人收取检验费用。

生产者、销售者对抽查检验的结果有异议的，可以自收到检验结果之日起十五日内向实施监督抽查的市场监督管理部门或者其上级市场监督管理部门申请复检，由受理复检的市场监督管理部门作出复检结论。

6．产品召回制度

产品召回制度是指产品的生产商、销售商或进口商对于其生产、销售或进口的产品存在危及消费者的人身财产安全缺陷的，依法将该产品从市场上收回，并免费对其进行修理或更换的制度。

7．产品质量社会监督制度

消费者有权就产品质量问题，向产品的生产者、销售者查询，向市场监督管理部门及有关部门申诉。

保护消费者权益的社会组织可以就消费者反映的产品质量问题建议有关部门负责处理，支持消费者对因产品质量造成的损害向人民法院起诉。

议一议

目前世界上很多国家的法律都确定了产品召回制度，这样规定有什么实际意义？

第三节 生产者、销售者的产品质量义务

一、生产者的产品质量义务

生产者应当对其生产的产品质量负责，生产者的质量义务主要有以下几个方面。

（一）产品质量符合法定要求

（1）不存在危及人身、财产安全的不合理的危险，有保障人体健康和人身财产安全的国家标准、行业标准的，应当符合该标准。

（2）具备产品应当具备的使用性能，但是对产品存在使用性能的瑕疵作出说明的除外。

（3）符合在产品或者其包装上注明采用的产品标准，符合以产品说明、实物样品等方式表明的质量状况。

（二）产品包装标识符合法定要求

生产者的产品应当有产品质量检验合格证明、有中文标明的产品名称、生产厂厂名和厂址。根据产品的特点和使用要求，需要标明产品规格、等级、所含主要成分的名称和含量的，用中文相应予以标明。需要事先让消费者知晓的，应当在外包装上标明，或者预先向消费者提供有关资料。限期使用的产品，应当在显著位置清晰地标明生产日期和安全使用期或者失效日期。

特殊产品的包装必须符合要求，特殊产品是指易碎、易燃、易爆、有毒、有腐蚀性、有放射性等危险物品以及储运中不能倒置和其他有特殊要求的产品，其包装应有特殊的要求。

（三）不得违反《产品质量法》的禁止性规定

（1）生产者不得生产国家明令淘汰的产品。

（2）生产者不得伪造产地，不得伪造或者冒用他人的厂名、厂址。

（3）生产者不得伪造或者冒用认证标志等质量标志。

（4）生产者生产产品，不得掺杂、掺假，不得以假充真、以次充好，不得以不合格产品冒充合格产品。

二、销售者的产品质量义务

销售者的产品质量义务主要有以下两个方面。

（一）作为性义务

（1）销售者应当建立并执行进货检查验收制度，验明产品合格证明和其他标识。

（2）销售者应当采取措施，保持销售产品的质量。

（二）不作为性义务

（1）销售者不得销售国家明令淘汰并停止销售的产品和失效、变质的产品。

（2）销售者销售的产品的标识应当符合《产品质量法》第二十七条的规定（即生产者的产品标识规定）。

（3）销售者不得伪造产地，不得伪造或者冒用他人的厂名、厂址。

（4）销售者不得伪造或者冒用认证标志等质量标志。

（5）销售者销售产品，不得掺杂、掺假，不得以假充真、以次充好，不得以不合格产品冒充合格产品。

三、产品质量责任

产品质量责任是生产者和销售者因生产或销售的产品有缺陷，造成消费者、用户的财产或者人身损害而应承担的法律后果。

产品责任是一种综合责任，包括民事责任、行政责任和刑事责任，这里只重点阐述民事责任，民事责任是因产品瑕疵而发生的合同责任和因产品缺陷而产生的产品责任。

看一看

产品质量行政责任是指生产者、销售者因违反法律、法规，而应承担的法律后果。质量技术监督部门、市场监督管理部门等部门依照各自的职权，对违法行为责令纠正，并给予警告、罚款，没收违法生产、销售的产品和没收违法所得，责令停止生产、销售，吊销营业执照等行政处罚。

产品质量刑事责任是指违反《产品质量法》，已触犯刑法构成犯罪的，依照刑法的规定追究刑事责任。

（一）产品瑕疵担保责任

1. 承担瑕疵担保责任的情形

- 不具备产品应当具备的使用性能而事先未作说明的。
- 不符合在产品或者其包装上注明采用的产品标准的。
- 不符合以产品说明、实物样品等方式表明的质量状况的。

2. 承担瑕疵责任的方式

售出的产品有上述情形之一的，销售者应当负责修理、更换、退货，给购买产品的消费者造成损失的，销售者应当赔偿损失。

3. 履行瑕疵责任后的损失追偿

销售者依照上述要求负责修理、更换、退货、赔偿损失后，属于生产者的责任或属于供货者的责任的，销售者有权向生产者、供货者追偿。生产者之间、销售者之间、生产者与销售者之间订立的买卖合同、承揽合同有不同约定的，合同当事人按照合同约定执行。

（二）产品缺陷责任

产品缺陷是指产品存在危及人身、他人财产安全的不合理的危险，产品有保障人体健康，人身、财产安全的国家标准、行业标准的，而不符合该标准。

产品缺陷主要包括设计缺陷、制造缺陷、指示缺陷等。

1. 生产者承担缺陷责任的条件

因产品存在缺陷造成人身、缺陷产品以外的其他财产损害的，生产者应当承担赔偿责任。

生产者承担责任采取的是严格责任原则，即无须考虑其主观上有无过错。但生产者能够证明有下列情形之一的，不承担赔偿责任。

议一议

产品瑕疵责任和产品缺陷责任有什么不同？

- 未将产品投入流通的。
- 产品投入流通时，引起损害的缺陷尚不存在的。
- 将产品投入流通时的科学技术水平尚不能发现缺陷的存在的。

2. 销售者承担缺陷责任的条件

销售者承担缺陷责任的规则原则是过错责任原则和推定过错责任原则。

- 过错责任原则：由于销售者的过错使产品存在缺陷，造成人身、他人财产损害的，销售者应当承担赔偿责任。
- 推定过错责任原则：销售者不能指明缺陷产品的生产者也不能指明缺陷产品的供货者的，销售者应当承担赔偿责任。

案例分析

张某是化妆品厂的技术员，一天，为了讨好女友李某，将正在生产线上的化妆品私自拿出给女友使用，李某使用后皮肤出现了红肿现象，于是去医院治疗花去医疗费用3000元，之后李某找到该化妆品厂要求赔偿。

请问：该化妆品厂是否有义务赔偿？为什么？

四、产品民事责任

（一）赔偿范围

因产品存在缺陷造成受害人人身伤害的，侵害人应当赔偿医疗费、治疗期间的护理费、因误工减少的收入等费用；造成残疾的，还应当支付残疾者生活自助具费、生活补助费、残疾赔偿金以及由其扶养的人所必需的生活费等费用；造成受害人死亡的，并应当支付丧葬费、死亡赔偿金以及由死者生前扶养的人所必需的生活费等费用。

练一练

如果产品造成人身伤害，请指出产品责任主体应当赔偿的费用都包括哪些。

因产品存在缺陷造成受害人财产损失的，侵害人应当恢复原状或者折价赔偿。受害人因此遭受其他重大损失的，侵害人应当赔偿损失。

（二）赔偿程序

因产品存在缺陷造成人身、他人财产损害的，受害人可以向产品的生产者要求赔偿，也可以向产品的销售者要求赔偿。属于产品的生产者的责任，产品的销售者赔偿的，产品的销售者有权向产品的生产者追偿。属于产品的销售者的责任，产品的生产者赔偿的，产品的生产者有权向产品的销售者追偿。

（三）诉讼时效

因产品存在缺陷造成损害要求赔偿的诉讼时效期间为二年，自当事人知道或者应当知道其权益受到损害时起计算。

因产品存在缺陷造成损害要求赔偿的请求权，在造成损害的缺陷产品交付最初消费者满十年丧失；但是，尚未超过明示的安全使用期的除外。

（四）民事责任的解决方式

因产品质量发生民事纠纷时，当事人可以通过协商或者调解解决。当事人不愿通过协商、调解解决或者协商、调解不成的，可以根据当事人各方的协议向仲裁机构申请仲裁。当事人各方没有达成仲裁协议或者仲裁协议无效的，可以直接向人民法院起诉。

议一议

产品民事责任的解决方式有哪些？

总结与回顾

本模块在介绍产品质量和产品质量法的基础上，重点介绍了产品质量监督管理制度，生产者、销售者的产品质量义务，最后介绍了产品责任。同学们应重点掌握产品质量监督管理制度，生产者、销售者的产品质量义务和产品责任。

产品质量问题维权

拓展知识

全面质量管理的八项原则

八项质量管理原则是国际标准化组织在总结质量管理实践经验的基础上，用高度概括、易于理解的语言所表述的质量管理的最基本、最通用的一般性规律。对于企业的最高管理者，若想成功地领导和经营企业，需要采取一种系统的、透明的方式对其组织进行管理。

1. 以顾客为中心的全面质量管理原则

全面质量管理的第一个原则是以顾客为中心。在当今的经济活动中，任何一个组织都要依存于他们的顾客，组织或企业由于满足或超过了自己的顾客的需求，从而获得继续生存下去的动力和源泉。

2. 领导作用的全面质量管理原则

全面质量管理的第二个原则是领导的作用。一个企业从总经理层到员工层，都必须参与到质量管理的活动中来，其中，最为重要的是企业的决策层必须对质量管理给予足够的重视。在我国的《产品质量法》中规定，质量部门必须由总经理直接领导，这样才能够使组织中的所有员工和资源都融入全面质量管理之中。

3. 全员参与的全面质量管理原则

全面质量管理的第三个原则是强调全员参与。

4. 过程方法的全面质量管理原则

全面质量管理的第四个原则是过程方法，即必须将全面质量管理所涉及的相关资源和活动都作为一个过程来进行管理。

5. 系统管理的全面质量管理原则

全面质量管理的第五个原则是系统管理。当进行一项质量改进活动的时候，首先需要制定、识别和确定目标，理解并统一管理一个有相互关联的过程所组成的体系。由于产品生产并不仅仅是生产部门的事情，因而需要组织所有部门都参与到这项活动中来，才能够最大限度地满足顾客的需求。

6. 持续改进的全面质量管理原则

全面质量管理的第六个原则是持续改进，持续改进是全面质量管理的核心思想。

7. 以事实为基础的全面质量管理原则

有效的决策是建立在对数据和信息进行合乎逻辑和直观的分析的基础上的。因此，作为迄今为止最为科学的质量管理，全面质量管理也必须以事实为依据，这是全面质量管理的第七个原则。

8. 互利的供方关系的全面质量管理原则

全面质量管理的第八个原则是互利的供方关系，组织和供方之间保持互利关系，可增进两个组织创造价值的能力，从而为双方的进一步合作提供基础，谋取更大的共同利益。

法治素养

刘某某经营标注虚假生产日期的食用农产品鲜冻牛副案

执法人员依法对青白江区新隆街134号的冻库进行检查时，发现当事人涉嫌经营标注虚假生产日期的食用农产品鲜冻牛副，对其进行立案调查。经查明，当事人在未办理营业执照的情况下，购进食用农产品鲜冻牛副存放在租赁的冻库内，并与工人一起将标注有虚假生产商、生产日期、保质期的标签张贴到包装袋上，共张贴1196袋、总货值34万余元，至案发时上述食用农产品均未售出，无违法所得。

当事人未办理登记从事经营活动的行为，违反了《中华人民共和国市场主体登记管理条例》第三条第一款的规定；销售标注虚假生产者名称、产地、生产日期、保质期的食用农产品的行为，违反了《食用农产品市场销售质量安全监督管理办法》第二十五条的相关规定。成都市青白江区市场监管局依法依规责令当事人改正违法行为，没收涉案产品并处罚396345元。

资料来源：中国质量新闻网。

复习思考题

❶ 产品质量监督管理制度的内容有哪些？

❷ 产品民事责任包括哪些？

❸ 产品民事责任的解决方式有哪些？

技能训练

产品质量是企业的生命，一家企业的产品质量好，在某种程度上一定是该企业建立了健全的产品质量管理制度。假如你是一家企业的总经理助理，请制定产品质量管理方案。

模块十一
消费者权益保护法

学习目标

一、知识目标

- 理解消费者的法律概念。
- 掌握消费者的权利和经营者的义务。
- 掌握消费者权益争议的解决方式。
- 掌握侵犯消费者合法权益的法律责任。

二、能力目标

- 具备知晓消费者在消费活动中的权利和经营者的义务的能力。
- 具备知晓有关消费者权益保护的法律规定并处理消费者权益纠纷的能力。

三、素质目标

- 引导学生自觉遵循消费者权益保护法所倡导的自愿、公平、诚信原则，做社会主义核心价值观的践行者。
- 倡导文明、健康、节约资源和保护环境的消费方式，反对浪费，树立理性和科学的消费观，弘扬中华民族勤俭节约的传统美德。

导入案例

假如你在科技城购买了一部手机，购买后发现部分功能不能使用，当你要求店铺老板更换时，店铺老板予以拒绝。

请问：你会如何处理此事？

第一节　消费者权益保护法概述

想一想

购买商品的人就是消费者权益保护法中所指的消费者吗？

一、消费者权益保护法的几个重要概念

消费者是指为了满足个人生活消费的需要而购买、使用商品或者接受服务的人。

消费者权益是指消费者依法享有的权利以及因行使权利而给消费者带来的利益。消费者权益的核心是消费者的权利，所以消费者的权利是消费者权益保护法的重要内容。消费者享有权利的义务主体是经营者，经营者依法履行义务就是对消费者合法权益的间接保护。

消费者权益保护法是调整在保护消费者权益过程中发生的经济关系的法律规范的总称。

看一看

1993年10月31日，中华人民共和国第八届全国人民代表大会常务委员会第四次会议通过了《中华人民共和国消费者权益保护法》(以下简称《消费者权益保护法》)，同日公布，于1994年1月1日起正式实施。2009年8月27日第十一届全国人民代表大会常务委员会第十次会议第一次修正，后根据2013年10月25日第十二届全国人民代表大会常务委员会第五次会议《关于修改〈中华人民共和国消费者权益保护法〉的决定》第二次修正，自2014年3月15日起实施。

《消费者权益保护法》是我国第一部保护消费者权益的专门法律。

二、消费者权益保护法的适用范围

《消费者权益保护法》的适用范围，从主体上讲，包括消费者和经营者。具体是指消费者为生活消费需要购买商品或者接受服务和经营者为消费者提供其生产、销售的商品或者提供服务的行为。另外，农民购买、使用直接用于农业生产的生产资料的消费活动，也参照本法执行。

看一看

消费者权益保护法的基本原则：一是经营者应当依法提供商品或服务原则；二是经营者与消费者进行交易应当遵循自愿、平等、公平、诚实信用的原则；三是国家保护消费者合法权益不受侵害原则；四是一切组织和个人对损害消费者合法权益的行为进行社会监督的原则。

第二节　消费者的权利和经营者的义务

一、消费者的权利

根据《消费者权益保护法》的规定，消费者的权利主要有以下几点。

（一）保障安全权

保障安全权是指消费者在购买、使用商品和接受服务时享有的人身、财产安全不受损害的权利。保障安全权是消费者所享有合法权益中最重要的内容，消费者有权要求经营者提供的商品和服务符合保障人身、财产安全。

（二）知悉真情权

知悉真情权也称知情权、了解权，是指消费者享有的知悉其购买、使用的商品或者接受的服务的真实情况的权利。

消费者有权根据商品或者服务的不同情况，要求经营者提供商品的价格、产地、生产者、用途、性能、规格、等级、主要成分、生产日期、有效期限、检验合格证明、使用方法说明书、售后服务，或者服务的内容、规格、费用等有关情况。

（三）自主选择权

自主选择权是指消费者享有的自主选择商品或者服务的权利。消费者有权自主选择提供商品或者服务的经营者，自主选择商品品种或者服务方式，自主决定购买或者不购买任何一种商品、接受或者不接受任何一项服务。

消费者在自主选择商品或者服务时，有权进行比较、鉴别和挑选。

（四）公平交易权

公平交易是法律追求的一种价值目标，公平交易权是指消费者享有的公平交易的权利。消费者在购买商品或者接受服务时享有获得质量保障、价格合理、计量正确等公平交易条件、有权拒绝经营者的强制交易行为。

（五）损害求偿权

损害求偿权是指消费者因购买、使用商品或者接受服务受到人身、财产损害时享有的依法获得赔偿的权利。

（六）依法结社权

依法结社权是指消费者享有的依法成立维护自身合法权益的社会团体的权利。消费者一般都是分散的个体，依法结社，可以使消费者在一定程度上改变其相对于经营者而言的弱势地位，从而依靠集体力量维护自身的合法权益。

（七）求教获知权

求教获知权也称受教育权，是从知悉真情权中引申出来的一项权利，指消费者享有的获得有关消费和消费者权益保护方面的知识的权利。消费者应当努力掌握所需商品或者服务的知识和使用技能，正确使用商品，提高自我保护意识和能力。

（八）受尊重权

人格尊严权是消费者基本的权利，受尊重权是指消费者在购买、使用商品和接受服务时享有的人格尊严、民族风俗习惯得到尊重的权利。

（九）批评监督权

批评监督权是指消费者享有的对商品和服务以及保护消费者权益工作进行监督的权利。消费者有权检举、控告侵害消费者权益的行为和国家机关及其工作人员在保护消费者权益工作中的违法失职行为，有权对保护消费者权益工作提出批评、建议。

案例分析

赵某与朋友到某饭店聚餐，服务员热情地端上了豆浆。赵某听说该处有最低消费500元的规定，提出不在这里消费了，但是服务员说豆浆已经上了，必须在这消费。没有办法，赵某只好在该饭店消费了1000多元。

请问：该饭店侵犯了赵某的什么权利？

二、经营者的义务

根据《消费者权益保护法》的规定，经营者的义务主要包括以下几类。

（一）依照法定或约定履行义务

经营者向消费者提供商品或者服务，应当依照《产品质量法》和其他有关法律、法规的规定履行义务。经营者和消费者有约定的，应当按照约定履行义务，但双方的约定不得违背法律、法规的强制性规定。

（二）听取意见和接受监督的义务

经营者应当通过多种途径听取消费者对其提供的商品或者服务的意见，接受消费者的监督。

（三）保障人身和财产安全的义务

经营者应当保证其提供的商品或者服务符合保障人身、财产安全的要求。对可能危及人身、财产安全的商品和服务，应当向消费者作出真实的说明和明确的警示，并说明和标明正确使用商品或者接受服务的方法以及防止危害发生的方法。

经营者发现其提供的商品或者服务存在严重缺陷，即使正确使用商品或者接受服务仍然可能对人身、财产安全造成危害的，应当立即向有关行政部门报告和告知消费者，并采取相应的措施防止危害的发生。

（四）提供真实信息的义务

经营者应当向消费者提供有关商品或者服务的真实信息，不得作引人误解的虚假宣传。经营者对消费者就其提供的商品或者服务的质量和使用方法等问题提出的询问，应当作出真实、明确的答复。商店提供商品应当明码标价。另外，经营者应当标明其真实名称和标记。租赁他人柜台或者场地的经营者，也应当标明其真实名称和标记。

（五）出具购货凭证和服务单据的义务

经营者提供商品或者服务，应当按照国家有关规定或者商业惯例向消费者出具购货凭证或者服务单据。消费者索要购货凭证或者服务单据的，经营者必须出具。

购货凭证或服务单据是重要的证据，对维护消费者权益具有重要意义。

想一想

消费者在消费时索要购货凭证或者服务单据有什么重要意义？

（六）保证商品和服务质量的义务

（1）经营者应当保证在正常使用商品或者接受服务的情况下其提供的商品或者服务应当具有的质量、性能用途和有效期限；但消费者在购买该商品或者接受该服务前已经知道其存在瑕疵的除外。

（2）经营者以广告、产品说明、实物样品或者其他方式表明商品或者服务的质量状况的，应当保证其提供的商品或者服务的实际质量与表明的质量状况相符。

（3）经营者提供商品或者服务，应当按照国家规定或者与消费者的约定，承担包修、包换、包退或者其他售后责任，不得故意拖延或者无理拒绝。

（七）不得从事不公平、不合理的交易义务

经营者不得以格式合同、通知、声明、店堂告示等方式作出对消费者不公平、不合理的规定，或者减轻、免除其损害消费者合法权益应当承担的民事责任。格式合同、通知、声明、店堂告示等含有上述所列内容的，其内容无效。

议一议

举例说明什么是格式合同、店堂告示。

（八）不得侵犯消费者人身权的义务

消费者的人身自由和人格尊严不受侵犯。经营者不得对消费者进行侮辱、诽谤，不得搜查消费者的身体及其携带的物品，不得侵犯消费者的人身自由。

案例分析

2024年1月3日李某去一家大型超市购物，当李某欲从超市出来时，服务员张某说："我怀疑你拿了本超市的东西，将外衣脱掉让我检查一下。"当即遭到李某的断然拒绝。于是张某叫保安人员，将李某强拉到保卫室，由超市的工作人员对李的大衣口袋及裤兜进行检查，没有发现超市的东西，便放走了李某。李某于2024年2月，向法院提起诉讼，声称该超市侵犯其名誉权与人身自由，要求该超市公开赔礼道歉，并赔偿损失。

请问：本案中李某的要求能否得到法院支持？

第三节 消费者合法权益的保护和法律责任

一、国家和社会对消费者合法权益的保护

（一）国家对消费者合法权益的保护

国家对消费者权益保护主要是通过国家机关包括立法机关、行政机关、司法机关履行职责得以实现的。

想一想

我国的立法机关包括哪些单位？

1. 立法机关的保护

国家制定有关消费者权益的法律、法规和政策时，应当听取消费者的意见和要求。

2. 行政机关的保护

● 各级人民政府应当加强领导，组织、协调、督促有关行政部门做好保护消费者合法权益的工作；各级人民政府应当加强监督，预防危害消费者人身、财产安全行为的发生，及时制止危害消费者人身、财产安全的行为。

● 各级人民政府市场监督管理部门和其他有关行政部门应当依照法律、法规的规定，在各自的职责范围内，采取措施，保护消费者的合法权益。

● 有关行政部门应当听取消费者及其社会团体对经营者交易行为、商品和服务质量问题的意见，及时调查处理。

3. 司法机关的保护

司法机关应当依照法律、法规的规定，及时惩处经营者在提供商品和服务中侵害消费者合法权益的违法犯罪行为。人民法院应当采取措施，方便消费者的诉讼。对符合《中华人民共和国民事诉讼法》起诉条件的消费者权益争议，人民法院必须受理，并应及时审理，以使消费者的合法权益及时得到维护。

想一想

司法机关就是指人民法院吗？

（二）社会对消费者合法权益的保护

保护消费者的合法权益是全社会的共同责任。国家鼓励、支持一切组织和个人对损害消费者合法权益的行为进行社会监督。

消费者组织在保护消费者合法权益方面起着举足轻重的作用。消费者协会和其他消费者组织是依法成立的对商品和服务进行社会监督的保护消费者合法权益的社会团体。

想一想

消费者协会在处理消费权益纠纷时有无采取强制措施的权利？

消费者协会履行下列职能。

- 向消费者提供消费信息和咨询服务。
- 参与有关行政部门对商品和服务的监督、检查。
- 就有关消费者合法权益的问题，向有关行政部门反映、查询，提出建议。
- 受理消费者的投诉，并对投诉事项进行调查、调解。
- 投诉事项涉及商品和服务质量问题的，可以提请鉴定部门鉴定，鉴定部门应当告知鉴定结论。
- 就损害消费者合法权益的行为，支持受损害的消费者提起诉讼。
- 对损害消费者合法权益的行为，通过大众传播媒介予以揭露、批评。

消费者协会投诉工作机构及其人员对涉及消费者个人隐私和经营者商业秘密的内容负有保密责任。

各级人民政府对消费者协会履行职能应当予以支持。

消费者组织不得从事商品经营和营利性服务，不得以牟利为目的向社会推荐商品和服务。

消费纠纷
预防与解决

二、消费者权益争议解决

（一）争议的解决方式

根据《消费者权益保护法》的规定，消费者和经营者发生消费者权益争议的，解决的方式主要有以下几种。

1. 与经营者协商和解

2. 请求消费者协会调解

如果消费者和经营者直接发生争议，可通过消费者协会进行调解，但必须注意，消费者协会达成的调解协议不具有强制执行的法律效力，任何一方如果反悔，调解协议便失去效力，当事人只好通过其他途径解决。

议一议

消费者权益争议的解决方式有哪些？

3. 向有关行政部门申诉

有关行政部门主要指市场监督管理部门，也包括相关的行业主管部门如质量监督管理部门、卫生行政管理部门、商品检验部门等。

4. 根据与经营者达成的仲裁协议提请仲裁机构仲裁

5. 向人民法院提起诉讼

（二）承担损害赔偿责任的主体

1. 生产者、销售者或服务者承担

消费者在购买、使用商品时，其合法权益受到损害的，可以向销售者要求赔偿。销售者赔偿后，属于生产者的责任或者属于向销售者提供商品的其他销售者的责任的，销售者有权向生产者或者其他销售者追偿。

消费者或者其他受害人因商品缺陷造成人身、财产损害的，可以向销售者要求赔偿，也可以向生产者要求赔偿。属于生产者责任的，销售者赔偿后，有权向生产者追偿。属于销售者责任的，生产者赔偿后，有权向销售者追偿。消费者在接受服务时，其合法权益受到损害的，可以向服务者要求赔偿。

消费者在展销会、租赁柜台购买商品或者接受服务，其合法权益受到损害的，可以向销售者或者服务者要求赔偿。展销会结束或者柜台租赁期满后，也可以向展销会的举办者、柜台的出租者要求赔偿。展销会的举办者、柜台的出租者赔偿后，有权向销售者或者服务者追偿。

2. 由变更后的企业承担

消费者在购买、使用商品或者接受服务时，其合法权益受到损害，因原企业分立、合并的，可以向变更后承受其权利义务的企业要求赔偿。

3. 由营业执照的使用人或持有人承担

使用他人营业执照的违法经营者提供商品或者服务，损害消费者合法权益的，消费者可以向其要求赔偿，也可以向营业执照的持有人要求赔偿。

4. 由从事虚假广告行为的经营者或广告经营者承担

消费者因经营者利用虚假广告提供商品或者服务，其合法权益受到损害的，可以向经营者要求赔偿。广告经营者、发布者发布虚假广告的，消费者

评一评

广告经营者、广告制作者、广告发布者是同一主体吗？

可以请求行政主管部门予以惩处。广告经营者、发布者不能提供经营者的真实名称、地址的，应当承担赔偿责任。

三、侵犯消费者权益的法律责任

（一）民事责任

经营者提供商品或者服务有下列情形之一的，除《消费者权益保护法》另有规定外，应当依照《产品质量法》和其他有关法律、法规的规定，承担民事责任。

（1）商品存在缺陷的。

（2）不具备商品应当具备的使用性能而出售时未作说明的。

（3）不符合在商品或者其包装上注明采用的商品标准的。

（4）不符合商品说明、实物样品等方式表明的质量状况的。

（5）生产国家明令淘汰的商品或者销售失效、变质的商品的。

（6）销售的商品数量不足的。

（7）服务的内容和费用违反约定的。

（8）对消费者提出的修理、重作、更换、退货、补足商品数量、退还货款和服务费用或者赔偿损失的要求，故意拖延或者无理拒绝的。

（9）法律、法规规定的其他损害消费者权益的情形。

●经营者提供商品或者服务，造成消费者或者其他受害人人身伤害的，应当支付医疗费、治疗期间的护理费、因误工减少的收入等费用，造成残疾的，还应当支付残疾者生活自助具费、生活补助费、残疾赔偿金以及由其扶养的人所必需的生活费等费用。

●经营者提供商品或者服务，造成消费者或者其他受害人死亡的，应当支付丧葬费、死亡赔偿金以及由死者生前扶养的人所必需的生活费等费用。

●经营者侵害消费者的人格尊严或者侵犯消费者人身自由的，应当停止侵害恢复名誉、消除影响、赔礼道歉，并赔偿损失。

●经营者提供商品或者服务，造成消费者财产损害的，应当按照消费者的要求，以修理、重作、更换、退换货、补足商品数量、退还货款和服务费用或者赔偿损失等方式承担民事责任。消费者与经营者另有约定的，按照约定履行。

●对国家规定或者经营者与消费者约定包修、包换、包退的商品，经营者应当负责修理、更换或者退货在保修期内两次修理仍不能正常使用的，经营者应当负责更换或者退货。对包修、包换、包退的大件商品，消费者要求经营者修理、更换、退货的、经营者应当承担运输等合理费用。

●经营者以邮购方式提供商品的，应当按照约定提供。未按照约定提供的，应当按照消费者的要求履行约定或者退回货款；并应当承担消费者必须支付的合理费用。

●经营者以预收款方式提供商品或者服务的，应当按照约定提供。未按照约定提供的，应当按照消费者的要求履行约定或者退回预付款；并应当承担预付款的利息、消费者必须支付的合理费用。

● 依法经有关行政部门认定为不合格的商品，消费者要求退货的，经营者应当负责退货。

● 经营者提供商品或者服务有欺诈行为的，应当按照消费者的要求增加赔偿其受到的损失，增加赔偿的金额为消费者购买商品的价款或者接受服务的费用的一倍。

（二）行政责任

经营者有下列情形之一，《产品质量法》和其他有关法律、法规对处罚机关和处罚方式有规定的，依照法律、法规的规定执行；法律、法规未作规定的，由市场监管部门责令改正，可以根据情节单处或者并处警告、没收违法所得、处以违法所得一倍以上十倍以下的罚款，没有违法所得的，处以五十万元以下的罚款；情节严重的，责令停业整顿、吊销营业执照。

（1）提供的商品不符合保障人身、财产安全要求的。

（2）在商品中掺杂、掺假，以假充真，以次充好，或者以不合格商品冒充合格商品的。

（3）生产国家明令淘汰的商品或者销售失效、变质的商品的。

（4）伪造商品的产地，伪造或者冒用他人的厂名、厂址，伪造或者冒用认证标志等质量标志的。

（5）销售的商品应当检验、检疫而未检验、检疫或者伪造检验、检疫结果的。

（6）对商品或者服务作引人误解的虚假宣传的。

（7）拒绝或者拖延有关行政部门责令对缺陷商品或者服务采取停止销售、警示、召回、无害化处理、销毁、停止生产或者服务等措施的。

（8）对消费者提出的修理、重作、更换、退货、补足商品数量、退还货款和服务费用或者赔偿损失的要求，故意拖延或者无理拒绝的。

（9）侵害消费者人格尊严、侵犯消费者人身自由或者侵害消费者个人信息依法得到保护的权利的。

（10）法律、法规规定的对损害消费者权益应当予以处罚的其他情形。

经营者对行政处罚决定不服的，可以自收到处罚决定之日起十五日内向上一级机关申请复议，对复议决定不服的，可以自收到复议决定书之日起十五日内向人民法院提起诉讼；也可以直接向人民法院提起诉讼。

（三）刑事责任

（1）经营者提供商品或者服务，造成消费者或者其他受害人人身伤害，构成犯罪的，依法追究刑事责任。

（2）经营者提供商品或者服务，造成消费者或者其他受害人死亡，构成犯罪的，依法追究刑事责任。

（3）以暴力、威胁等方法阻碍有关行政部门工作人员依法执行职务的，依法追究刑事责任；拒绝、阻碍有关行政部门工作人员依法执行职务，未使用暴力、威胁方法的，由公安机关依照《中华人民共和国治安管理处罚法》的规定处罚。

（4）国家机关工作人员玩忽职守或者包庇经营者侵害消费者合法权益的行为的，由其所在单位或者上级机关给予行政处分；情节严重，构成犯罪的，依法追究刑事责任。

总结与回顾

本模块在介绍消费者权益保护法相关概念的基础上，重点介绍了消费者的权利和经营者的义务，最后介绍了消费者权益的保护和法律责任，通过学习本模块的内容，同学们应知道消费者的权利和经营者和义务的具体内容，如果发生消费权益争议，能够用所学习的知识分析和处理相关纠纷。

拓展知识

消费者购物时的相关注意事项

人们的生活都离不开消费，然而一些消费者由于缺少自我保护意识，将一些伪劣假冒产品买到家中，使自己的合法权益受到侵害。消费者在购物时应注意以下七点。

❶ 不可轻信广告。有些商家为了达到促销和赚取较大利润，往往采取不正当的竞争行为，发布虚假广告，甚至挂羊头卖狗肉。购物时，消费者应当对其商品与广告内容进行认真的核实。

❷ 购物前一定要有所准备，搜集有关信息。对不了解的商品，千万不要匆忙购买。

❸ 货比三家，多走多看，做到心中有数，同时还要考虑选择服务有保障的商家。

❹ 选购商品时一定要认真仔细阅读说明书，注意商品有无品名、厂名、厂址、规格、型号、生产批号、出厂日期、检验合格证等。弄不懂的地方一定要向营业员问清楚，如营业员也不知道的，先别购买，弄清后再考虑。

❺ 购物一定要索取购物票据（票据上一定要写清所购商品的名称、型号、价格、购物日期、商店地址字号）、保修单等，并妥善保存。以免万一商品有质量问题索赔时因无凭证而使纠纷难解决。

❻ 向商家进行索赔要在国家规定的“三包”期内，并要凭发票、保修单等凭证。

❼ 购物遇到纠纷时要冷静对待，既不要忍让，也不要意气用事，应该用法律手段来保护自己的消费权益。纠纷协商无果时，应及时向消费者协会或有关部门投诉。

法治素养

购买电动车卖家未提供说明书，发生交通事故承担10%

案情

张三在小芳那购买电动二轮车一辆，小芳没有给张三产品说明书。2022年9月19日8时许，张三骑车与某行人发生交通事故，造成行人受伤及车辆受损。经交警调解，张三赔偿医疗费、误工费、护理费、营养费住院伙食补贴等费用共计3553元。事故发生后，交警大队委托某机动车鉴定中心对电动车进行鉴定，确认该车属于机动车。

法院认为，小芳没有提供车辆的说明书，导致张三不知道自己买的电动车是机动车，驾驶该车需要相应驾驶证。该车辆发生交通事故，给张三造成了损失，马某存在一定过错，李某损失3553元，要求马某赔偿10%的费用355.3元，符合法律规定，本院支持。

法律依据

《消费者权益保护法》第七条："消费者在购买、使用商品和接受服务时享有人身、财产安全不受损害的权利。消费者有权要求经营者提供的商品和服务，符合保障人身、财产安全的要求。"

《消费者权益保护法》第八条："消费者享有知悉其购买、使用的商品或者接受的服务的真实情况的权利。消费者有权根据商品或者服务的不同情况，要求经营者提供商品的价格、产地、生产者、用途、性能、规格、等级、主要成分、生产日期、有效期限、检验合格证明、使用方法说明书、售后服务，或者服务的内容、规格、费用等有关情况。"

复习思考题

❶ 消费者的权利有哪些？

❷ 经营者的义务有哪些？

❸ 消费者权益争议的解决方法有哪些？

技能训练

由教师提供相关侵犯消费者权益的案例，将学生分组，担任不同的角色，模拟法律咨询和解答。

模块十二

劳动法

学习目标

一、知识目标

- 了解并掌握劳动法的调整对象、适用范围。
- 掌握劳动合同的内容。
- 掌握劳动合同的签订和履行。
- 掌握劳动争议的处理。

二、能力目标

- 具备拟定劳动合同、审查、修改、签订劳动合同的能力。
- 具备用法律的思维分析劳动纠纷案例和解决劳动纠纷的能力。

三、素质目标

- 理解“公正、法治”等社会主义核心价值观的深刻含义，并能够在职业生活中诚实守信，爱岗敬业。
- 以法律公平、公正的思维分析和解决劳动纠纷。

导入案例

目前中国就业形势异常严峻，2022年我国高校毕业生规模首次突破1000万人，就业压力逐渐增大，自主择业与自主创业成为新时代的就业观。想要将来有一份理想的工作，前提之一是在校期间必须努力学习，全面提高自身专业水平和素质，且在就业时能通过多种途径寻找相关的工作。

请问：毕业后找工作的途径有哪些?

第一节　劳动法概述

一、劳动法的概念

劳动法是调整劳动关系以及与劳动关系密切联系的其他社会关系的法律规范的总称。

看一看

狭义的劳动法：1994年7月5日第八届全国人民代表大会常务委员会第八次会议通过了《中华人民共和国劳动法》(简称《劳动法》)自1995年1月1日实施，2009年8月27日第十一届全国人民代表大会常务委员会第十次会议通过《全国人民代表大会常务委员会关于修改部分法律的决定》进行第一次修正，2018年12月29日第十三届全国人民代表大会常务委员会第七次会议通过了《全国人民代表大会常务委员会关于修改〈中华人民共和国劳动法〉等七部法律的决定》第二次修正并于同日实施。

广义的劳动法：除了狭义的《劳动法》外，还包括全国人民代表大会、国务院制定的有关法律、法规和国务院各部门以及地方机关制定的规章、地方性法规等。

二、劳动法的调整对象

劳动法的调整对象是劳动关系和与劳动关系密切联系的其他社会关系。

劳动关系是劳动者与用人单位之间在实现劳动过程中发生的社会关系，其特征如下。

(1)主体特定。一方是劳动者，一方是用人单位。

(2)劳动关系具有人身关系、财产关系的属性。

(3)劳动关系具有平等关系、隶属关系的属性。

想一想

如何理解劳动关系的平等性和隶属性？

其他社会关系包括：工会组织方面的社会关系、社会保险方面的关系、处理劳动争议方面的社会关系等。

三、劳动法的适用范围

《劳动法》第二条规定：在中华人民共和国境内的企业、个体经济组织（以下统称用人单位）和与之形成劳动关系的劳动者，适用《劳动法》。国家机关、事业组织、社会团体和与之建立劳动关系的劳动者，依照《劳动法》执行。

根据《劳动法》和劳动部《关于贯彻执行〈中华人民共和国劳动法〉若干问题的意见》，劳动法的适用范围具体如下。

- 各类企业和与之形成劳动关系的劳动者。
- 个体经济组织和与之形成劳动关系的劳动者。
- 国家机关、事业组织、社会团体实行劳动合同制度的以及按规定应实行劳动合同制度的工勤人员。
- 实行企业化管理的事业组织的非工勤人员。
- 其他通过劳动合同与国家机关、事业组织、社会团体建立劳动关系的劳动者。

公务员和比照实行公务员制度的事业组织和社会团体的工作人员，以及农村劳动者（乡镇企业职工和进城务工、经商的农民除外）、现役军人和家庭保姆等不适用《劳动法》。

评一评

如果毕业后有如下单位招聘，你会选择哪类单位，为什么？

❶ 国家机关。
❷ 事业单位。
❸ 企业。
❹ 社会团体。

议一议

截止到目前，我们学习过的企业有哪些类型？

四、劳动者

劳动者是指达到法定年龄，具有劳动能力，能够依法签订劳动合同，独立劳动并获取劳动报酬的自然人。

我国《劳动法》规定的最低就业年龄是16周岁，文艺、体育和特种工艺单位招用未满16周岁的未成年人，必须依据国家有关规定履行审批手续，并保障其接受义务教育的权利。

劳动者的权利与义务

权利：劳动者有取得劳动报酬、休息休假、获得劳动安全卫生保护、享受社会保险和社会福利、平等就业和选择职业、接受职业技能培训、依法参加和组织工会、参加民主管理和提请劳动争议处理等权利。

义务：劳动者有完成劳动任务、提高职业技能、执行劳动安全卫生规程、遵守劳动纪律和职业道德等义务。

第二节　劳动合同

一、劳动合同的订立

（一）劳动合同的概念

劳动合同是劳动者与用人单位确立劳动关系、明确双方权利和义务的协议。

看一看

《中华人民共和国劳动合同法》（以下简称《劳动合同法》）由中华人民共和国第十届全国人民代表大会常务委员会第二十八次会议于2007年6月29日通过，自2008年1月1日起施行。根据2012年12月28日第十一届全国人民代表大会常务委员会第三十次会议《关于修改〈中华人民共和国劳动合同法〉的决定》修正，自2013年7月1日起实施。

（二）劳动合同的形式

1. 劳动合同的形式

用人单位和劳动者建立劳动关系，应当订立书面劳动合同。

已建立劳动关系，未同时订立书面劳动合同的，应当自用工之日起一个月内订立书面劳动合同。用人单位与劳动者在用工前订立劳动合同的，劳动关系自用工之日起建立。

用人单位自用工之日起超过一个月不满一年未与劳动者订立书面劳动合同的，应当向劳动者每月支付二倍的工资。

用人单位自用工之日起满一年不与劳动者订立书面劳动合同的，视为用人单位与劳动者已订立无固定期限劳动合同。

议一议

劳动者被用人单位聘用后，如双方不签订书面劳动合同会有什么影响？

2. 劳动合同的期限

劳动合同分为固定期限劳动合同、无固定期限劳动合同和以完成一定工作任务为期限的劳动合同。

- 固定期限劳动合同，是指用人单位与劳动者约定合同终止时间的劳动合同。
- 无固定期限劳动合同，是指用人单位与劳动者约定无确定终止时间的劳动合同。

评一评

如果你是劳动者，你希望和用人单位签订哪种期限的劳动合同？为什么？

● 以完成一定工作任务为期限的劳动合同，是指用人单位与劳动者约定以某项工作的完成为合同期限的劳动合同。

根据《劳动合同法》的规定，用人单位与劳动者协商一致，可以订立无固定期限劳动合同。有下列情形之一，劳动者提出或者同意续订、订立劳动合同的，除劳动者提出订立固定期限劳动合同外，应当订立无固定期限劳动合同。

● 劳动者在该用人单位连续工作满十年的。

● 用人单位初次实行劳动合同制度或者国有企业改制重新订立劳动合同时，劳动者在该用人单位连续工作满十年且距法定退休年龄不足十年的。

● 连续订立二次固定期限劳动合同，且劳动者没有《劳动合同法》第三十九条和第四十条第一项、第二项规定的情形，续订劳动合同的（主要是指劳动合同解除的几种情形）。

（三）劳动合同的内容

1. 应当包括的条款

● 用人单位的名称、住所和法定代表人或者主要负责人。

● 劳动者的姓名、住址和居民身份证或者其他有效身份证件号码。

● 劳动合同期限。

● 工作内容和工作地点。

● 工作时间和休息休假。

● 劳动报酬。

● 社会保险。

● 劳动保护、劳动条件和职业危害防护。

● 法律、法规规定应当纳入劳动合同的其他事项。

> **议一议**
>
> 如果你是劳动者，和用人单位签订劳动合同，你应特别注意劳动合同的哪些条款？为什么？

劳动合同除以上规定的必备条款外，用人单位与劳动者可以约定试用期、培训、保守秘密、补充保险和福利待遇等其他事项。

2. 试用期

（1）试用期的期限。劳动合同期限三个月以上不满一年的，试用期不得超过一个月；劳动合同期限一年以上不满三年的，试用期不得超过二个月；三年以上固定期限和无固定期限的劳动合同，试用期不得超过六个月。

同一用人单位与同一劳动者只能约定一次试用期。以完成一定工作任务为期限的劳动合同或者劳动合同期限不满三个月的，不得约定试用期。试用期包含在劳动合同期限内。劳动合同仅约定试用期的，试

> **议一议**
>
> 如果你是劳动者，用人单位和你签订劳动合同约定了试用期，你应注意哪些问题？为什么？

用期不成立，该期限为劳动合同期限。

（2）试用期的工资。劳动者在试用期的工资不得低于本单位相同岗位最低档工资或者劳动合同约定工资的百分之八十，并不得低于用人单位所在地的最低工资标准。

（3）试用期内劳动合同的解除。在试用期内，除劳动者有过错或患病、非因公负伤以及经培训转岗后仍无法胜任工作的情形外，用人单位不得解除劳动合同。用人单位在试用期解除劳动合同的，应当向劳动者说明理由。

3．其他条款

（1）服务期。用人单位为劳动者提供专项培训费用，对其进行专业技术培训的，可以与该劳动者订立协议，约定服务期。劳动者违反服务期约定的，应当按照约定向用人单位支付违约金。违约金的数额不得超过用人单位提供的培训费用。用人单位要求劳动者支付的违约金不得超过服务期尚未履行部分所应分摊的培训费用。用人单位与劳动者约定服务期的，不影响按照正常的工资调整机制提高劳动者在服务期期间的劳动报酬。

（2）保密条款。用人单位与劳动者可以在劳动合同中约定保守用人单位的商业秘密和与知识产权相关的保密事项。

对负有保密义务的劳动者，用人单位可以在劳动合同或者保密协议中与劳动者约定竞业限制条款，并约定在解除或者终止劳动合同后，在竞业限制期限内按月给予劳动者经济补偿。劳动者违反竞业限制约定的，应当按照约定向用人单位支付违约金。

想一想

对于一个企业，哪些内容属于商业秘密？

（3）竞业限制。竞业限制的人员限于用人单位的高级管理人员、高级技术人员和其他负有保密义务的人员。竞业限制的范围、地域、期限由用人单位与劳动者约定，竞业限制的约定不得违反法律、法规的规定。

看一看

用人单位招用劳动者时，应当如实告知劳动者工作内容、工作条件、工作地点、职业危害、安全生产状况、劳动报酬，以及劳动者要求了解的其他情况，用人单位有权了解劳动者与劳动合同直接相关的基本情况，劳动者应当如实说明。

用人单位招用劳动者，不得扣押劳动者的居民身份证和其他证件，不得要求劳动者提供担保或者以其他名义向劳动者收取财物。

在解除或者终止劳动合同后，上述规定的人员到与本单位生产或者经营同类产品、从事同类业务的有竞争关系的其他用人单位，或者自己开业生产或者经营同类产品、从事同类业务的竞业限制期限，不得超过二年。

（4）违约金条款。除了劳动合同中约定有服务期条款和保密条款的以外，用人单位不得与劳动者约定由劳动者承担违约金。

（四）劳动合同的效力

依法订立的有效的劳动合同受法律保护。下列劳动合同无效或者部分无效。

（1）以欺诈、胁迫的手段或者乘人之危，使对方在违背真实意思的情况下订立或者变更劳动合同的。

（2）用人单位免除自己的法定责任、排除劳动者权利的。

（3）违反法律、行政法规强制性规定的。

劳动合同部分无效，不影响其他部分效力的，其他部分仍然有效。对劳动合同的无效或者部分无效有争议的，由劳动争议仲裁机构或者人民法院确认。劳动合同被确认无效，劳动者已付出劳动的，用人单位应当向劳动者支付劳动报酬。劳动报酬的数额，参照本单位相同或者相近岗位劳动者的劳动报酬确定。

二、劳动合同的履行和变更

（一）用人单位的义务

1. 支付劳动报酬

用人单位应当按照劳动合同约定和国家规定，向劳动者及时足额支付劳动报酬。用人单位拖欠或者未足额支付劳动报酬的，劳动者可以依法向当地人民法院申请支付令，人民法院应当依法发出支付令。

想一想

什么单位有权确认劳动合同无效？

2. 执行劳动定额标准

用人单位应当严格执行劳动定额标准，不得强迫或者变相强迫劳动者加班。用人单位安排加班的，应当按照国家有关规定向劳动者支付加班费。

劳动者拒绝用人单位管理人员违章指挥、强令冒险作业的，不视为违反劳动合同。劳动者对危害生命安全和身体健康的劳动条件，有权对用人单位提出批评、检举和控告。

查一查

通过互联网或其他途径查询支付令申请书、支付令的格式。

（二）特殊情况下劳动合同的履行

（1）用人单位变更名称、法定代表人、主要负责人或者投资人等事项，不影响劳动合同的履行。

（2）用人单位发生合并或者分立等情况，原劳动合同继续有效，劳动合同由继承其权利和义务的用人单位继续履行。

（三）劳动合同的变更

用人单位与劳动者协商一致，可以变更劳动合同约定的内容。变更劳动合同，应当采用书面形式。

三、劳动合同的解除和终止

劳动合同的解除是指当事人双方提前终止劳动合同的法律效力，解除双方的权利和义务关系。

（一）劳动合同的解除

1. 双方协议解除合同

《劳动合同法》第三十六条规定：用人单位与劳动者协商一致，可以解除劳动合同。

2. 劳动者预告解除

《劳动合同法》第三十七条规定：劳动者提前三十日以书面形式通知用人单位，可以解除劳动合同。劳动者在试用期内提前三日通知用人单位，可以解除劳动合同。

想一想

假设你是一家公司的职员，现在想辞职，应该如何处理此事？

3. 劳动者即时解除

《劳动合同法》第三十八条规定：用人单位有下列情形之一的，劳动者可以解除劳动合同。

- 未按照劳动合同约定提供劳动保护或者劳动条件的。
- 未及时足额支付劳动报酬的。
- 未依法为劳动者缴纳社会保险费的。
- 用人单位的规章制度违反法律、法规的规定，损害劳动者权益的。
- 因《劳动合同法》第二十六条第一款规定的情形致使劳动合同无效的（是指以欺诈、胁迫的手段或者乘人之危，使对方在违背真实意思的情况下订立或者变更劳动合同的）。
- 法律、行政法规规定劳动者可以解除劳动合同的其他情形。

用人单位以暴力、威胁或者非法限制人身自由的手段强迫劳动者劳动的，或者用人单位违章指挥、强令冒险作业危及劳动者人身安全的，劳动者可以立即解除劳动合同，不需事先告知用人单位。

4. 用人单位即时解除

《劳动合同法》第三十九条规定：劳动者有下列情形之一的，用人单位可以解除劳动合同。

- 在试用期间被证明不符合录用条件的。
- 严重违反用人单位的规章制度的。
- 严重失职，营私舞弊，给用人单位造成重大损害的。

议一议

公司的规章制度和章程是一回事吗？

●劳动者同时与其他用人单位建立劳动关系，对完成本单位的工作任务造成严重影响，或者经用人单位提出，拒不改正的。

●因《劳动合同法》第二十六条第一款第一项规定的情形致使劳动合同无效的。

●被依法追究刑事责任的。

5. 用人单位预告解除

《劳动合同法》第四十条规定：有下列情形之一的，用人单位提前三十日以书面形式通知劳动者本人或者额外支付劳动者一个月工资后，可以解除劳动合同。

●劳动者患病或者非因工负伤，在规定的医疗期满后不能从事原工作，也不能从事由用人单位另行安排的工作的。

●劳动者不能胜任工作，经过培训或者调整工作岗位，仍不能胜任工作的。

●劳动合同订立时所依据的客观情况发生重大变化，致使劳动合同无法履行，经用人单位与劳动者协商，未能就变更劳动合同内容达成协议的。

6. 经济性裁员

《劳动合同法》第四十一条规定：有下列情形之一，需要裁减人员二十人以上或者裁减不足二十人但占企业职工总数百分之十以上的，用人单位提前三十日向工会或者全体职工说明情况，听取工会或者职工的意见后，裁减人员方案经向劳动行政部门报告，可以裁减人员。

●依照《中华人民共和国企业破产法》规定进行重整的。

●生产经营发生严重困难的。

●企业转产、重大技术革新或者经营方式调整，经变更劳动合同后，仍需裁减人员的。

●其他因劳动合同订立时所依据的客观经济情况发生重大变化，致使劳动合同无法履行的。

裁减人员时，应当优先留用下列人员。

●与本单位订立较长期限的固定期限劳动合同的。

●与本单位订立无固定期限劳动合同的。

●家庭无其他就业人员，有需要扶养的老人或者未成年人的。

用人单位依照上述第一条规定裁减人员，在六个月内重新招用人员的，应当通知被裁减的人员，并在同等条件下优先招用被裁减的人员。

7. 不得解除劳动合同的情形

《劳动合同法》第四十二条规定：劳动者有下列情形之一的，用人单位不得依照《劳动合同法》第四十条、第四十一条的规定解除劳动合同。

●从事接触职业病危害作业的劳动者未进行离岗前职业健康检查，或者疑似职业病病人在诊断或者医学观察期间的。

●在本单位患职业病或者因工负伤并被确认丧失或者部分丧失劳动能力的。

●患病或者非因工负伤，在规定的医疗期内的。

议一议

目前，我国职业病发病形势依然严峻，主要表现为职业病危害因素分布广泛，涉及多个行业，法定职业病名单达132种。常见的职业病有哪些？

●女职工在孕期、产期、哺乳期的。

●在本单位连续工作满十五年，且距法定退休年龄不足五年的。

●法律、行政法规规定的其他情形。

（二）劳动合同的终止

劳动合同的终止，是指劳动合同关系因一定的法律事实的出现而终结。

根据《劳动合同法》第四十四条规定：有下列情形之一的，劳动合同终止。

●劳动合同期满的。

●劳动者开始依法享受基本养老保险待遇的。

●劳动者死亡，或者被人民法院宣告死亡或者宣告失踪的。

●用人单位被依法宣告破产的。

●用人单位被吊销营业执照、责令关闭、撤销或者用人单位决定提前解散的。

●法律、行政法规规定的其他情形。

（三）劳动合同解除或终止后的经济补偿

1. 经济补偿的范围

根据《劳动合同法》第四十六条规定：有下列情形之一的，用人单位应当向劳动者支付经济补偿。

●劳动者依照《劳动合同法》第三十八条规定解除劳动合同的。

●用人单位依照《劳动合同法》第三十六条规定向劳动者提出解除劳动合同并与劳动者协商一致解除劳动合同的。

●用人单位依照《劳动合同法》第四十条规定解除劳动合同的。

●用人单位依照《劳动合同法》第四十一条第一款规定解除劳动合同的。

●除用人单位维持或者提高劳动合同约定条件续订劳动合同，劳动者不同意续订的情形外，依照《劳动合同法》第四十四条第一项规定终止固定期限劳动合同的。

●依照《劳动合同法》第四十四条第四项、第五项规定终止劳动合同的。

●法律、行政法规规定的其他情形。

2. 经济补偿的标准

经济补偿按劳动者在本单位工作的年限，每满一年支付一个月工资的标准向劳动者支付。六个月以上不满一年的，按一年计算；不满六个月的，向劳动者支付半个月工资的经济补偿。

劳动者月工资高于用人单位所在直辖市、设区的市级人民政府公布的本地区上年度职工月平均工资三倍的，向其支付经济补偿的标准按职工月平均工资三倍的数额支付，向其支付经济补偿的年限最高不超过十二年。月工资是指劳动者在劳动合同解除或者终止前十二个月的平均工资。

看一看

用人单位违法解除或者终止劳动合同，劳动者要求继续履行劳动合同的，用人单位应当继续履行；劳动者不要求继续履行劳动合同或者劳动合同已经不能继续履行的，用人单位应当依照经济补偿标准的二倍向劳动者支付赔偿金。

四、劳动合同的特别规定

（一）集体合同

集体合同是指工会组织或者职工代表代表全体职工与用人单位签订的劳动关系的书面协议。

集体合同由工会代表企业职工一方与用人单位订立，尚未建立工会的用人单位，由上级工会指导劳动者推举的代表与用人单位订立。

想一想

劳动行政部门的具体名称是什么？

在县级以下区域内，建筑业、采矿业、餐饮服务业等行业可以由工会与企业方面代表订立行业性集体合同，或者订立区域性集体合同。

集体合同订立后，应当报送劳动行政部门；劳动行政部门自收到集体合同文本之日起十五日内未提出异议的，集体合同即行生效。

（二）劳务派遣

劳务派遣是指劳务派遣单位与被派遣劳动者签订书面合同，与实际用工单位签订派遣协议，然后由劳务派遣单位将与其建立劳动合同关系的劳动者派往用工单位，被派遣劳动者为用工单位提供劳动服务的方式。

练一练

画出劳务派遣三方主体的关系图。

根据《劳动合同法》的规定，劳务派遣单位应当依照《公司法》的有关规定设立，注册资本不得少于人民币二百万元。

劳务派遣单位应当与被派遣劳动者订立二年以上的固定期限劳动合同，按月支付劳动报酬。

被派遣劳动者在无工作期间，劳务派遣单位应当按照所在地人民政府规定的最低工资标准，向其按月支付报酬。

劳务派遣单位和用工单位不得向被派遣劳动者收取费用。劳务派遣一般在临时性、辅助性或者替代性的工作岗位上实施。用人单位不得设立劳务派遣单位向本单位或者所属单位派遣劳动者。

（三）非全日制用工

非全日制用工，是指以小时计酬为主，劳动者在同一用人单位一般平均每日工作时间不超过四小时，每周工作时间累计不超过二十四小时的用工形式。

想一想

非全日制用工方式下，劳动者与用人单位之间是否存在劳动关系？

非全日制用工双方当事人可以订立口头协议。从事非全日制用工的劳动者可以与一个或者一个以上用人单位订立劳动合同；但是，后订立的劳动合同不得影响先订立的劳动合同的履行。非全日制用工双方当事人不得约定试用期。

非全日制用工双方当事人任何一方都可以随时通知对方终止用工。终止用工，用人单位不向劳动者支付经济补偿。

非全日制用工小时计酬标准不得低于用人单位所在地人民政府规定的最低小时工资标准。

非全日制用工劳动报酬结算支付周期最长不得超过十五日。

第三节 工作时间、休息休假、工资制度、社会保险

一、工作时间

工作时间是指劳动者在一昼夜内或一周内从事劳动的时间，其工作制度包括以下几点。

1. 标准工作日制度

我国实行每周工作五天，每周不超过四十小时的工作制度。

想一想

哪些单位一般实行不定时工作制度？

2. 不定时工作制

企业因生产特点不能实行上述标准工作日制度的，经劳动行政部门批准，可以实行其他工作和休息办法。

3. 延长工作时间制

延长工作时间制的主要表现是加班加点。

《劳动法》第四十一条规定：用人单位由于生产经营需要，经与工会和劳动者协商后可以延长工作时间，一般每日不得超过一小时；因特殊原因需要延长工作时间的，在保障劳动者身体健康的条件下延长工作时间每日不得超过三小时，但是每月不得超过三十六小时。

《劳动法》第四十二条规定：有下列情形之一的，延长工作时间不受《劳动法》第四十一条规定的限制。

●发生自然灾害、事故或者因其他原因，威胁劳动者生命健康和财产安全，需要紧急处理的。

●生产设备、交通运输线路、公共设施发生故障，影响生产和公众利益，必须及时抢修的。

●法律、行政法规规定的其他情形。

《劳动法》第四十四条规定：有下列情形之一的，用人单位应当按照下列标准支付高于劳动者正常工作时间工资的工资报酬。

●安排劳动者延长工作时间的，支付不低于工资的百分之一百五十的工资报酬。

●休息日安排劳动者工作又不能安排补休的，支付不低于工资的百分之二百的工资报酬。

●法定休假日安排劳动者工作的，支付不低于工资的百分之三百的工资报酬。

二、休息休假

休息休假是劳动者在法定工作时间以外的，不从事劳动而自行支配的时间。

目前我国休息休假可分为以下几种。

（1）一个工作日内的休息时间。一般为1～2小时，最少不得少于半小时。

（2）公休假日。公休假日是劳动者一周内享有的休息日，一般每周二日（劳动法第三十八条规定，用人单位应当保证劳动者每周至少休息一日）。

（3）法定节假日。《劳动法》第四十条规定的法定节假日主要有：元旦，春节，国际劳动节，国庆节，法律、法规规定的其他休假节日。

想一想

现在有的单位一周休息一日，这样的休息时间规定合法吗？

目前我国的法定节假日为：元旦、春节、清明节、国际劳动节、端午节、国庆节、中秋节。

（4）探亲假。探亲假是指劳动者与父母或配偶居住地不属于同一城市而分居两地时，每年享受一定期限的带薪假期。

（5）年休假。年休假是指劳动者每年享有的保留职务和工资的一定期限连续休息的假期。

《劳动法》第四十五条规定：国家实行带薪年休假制度。劳动者连续工作一年以上的，享受带薪年休假。具体办法由国务院规定。

三、工资制度

工资是指用人单位依据国家有关规定或劳动合同的约定，以货币形式直接支付给本单位劳动者的劳动报酬。它包括基本工资、奖金、津贴、补贴、加班加点工资等。

《劳动法》第四十八条规定：国家实行最低工资保障制度。最低工资的具体标准由省、自治区、直辖市人民政府规定，报国务院备案。用人单位支付劳动者的工资不得低于当地最低工资标准。

工资应当以货币形式按月支付给劳动者本人。不得克扣或者无故拖欠劳动者的工资。

我国目前的工资制度主要有以下几种。

（1）等级工资制。等级工资制是用人单位对管理人员和专业技术人员所实行的按照职务规定工资的一种工资等级制度。

（2）岗位技能工资制。岗位技能工资制是以岗位、技能为主要内容，按职工实际劳动贡献确定劳动报酬的企业基本工资制度。

（3）结构工资制。结构工资制是指基于工资的不同功能划分为若干相对独立的工资单元，各单元又规定不同的结构系数，组成的工资结构制度。

（4）年薪制。年薪制是以年度为单位，依据生产经营规模和经营业绩，确定并支付经营者年薪的分配方式的制度。

议一议

毕业后如果到企业工作，请分析企业中哪些人员的工资高？

四、社会保险

（一）社会保险的概念

社会保险是国家通过立法手段，在劳动者因年老、患病、工伤、失业、生育等原因，暂时或永久失去生活来源的时候，依法给予一定的物质帮助，保证劳动者的基本生活需要的一种社会保障制度。

（二）我国的社会保险制度

我国目前的社会保险主要有：养老保险、医疗保险、失业保险、工伤保险和生育保险。

（1）养老保险是指依法由社会保险行政主管部门负责组织和管理，由用人单位和劳动者个人共同承担养老保险费缴纳义务，劳动者退休后依法享受养老保险待遇的基本养老保险制度。

（2）医疗保险是为了保障劳动者和退休人员患病时得到基本医疗，享受医疗保险待遇的保险制度。

（3）失业保险是对失业人员给予帮助和补偿，保障失业人员失业期间的正常生活的保险制度。

（4）工伤保险是为了保障因工作遭受事故伤害或者患职业病的劳动者获得医疗救治和经济补偿的保险制度。

（5）生育保险是为保障女职工生育期间得到必要的经济补偿和医疗保障的保险制度。

上述五种保险中，前三种保险的保险费由用人单位和劳动者个人共同缴纳，后两种保险的保险费由用人单位缴纳。

想一想

劳动者只有到达退休年龄退休后可以领取养老保险金，你知道我国法定退休年龄吗？（不考虑延迟退休的情形）

第四节　劳动争议

一、劳动争议的概念

劳动争议也称劳动纠纷，是指用人单位与劳动者之间因劳动权利和劳动义务所发生的纠纷。

二、劳动争议处理程序

发生劳动争议，劳动者可以与用人单位协商，也可以请工会或者第三方共同与用人单位协商，达成和解协议。当事人不愿协商、协商不成或者达成和解协议后不履行的，可以向调解组织申请调解；不愿调解、调解不成或者达成调解协议后不履行的，可以向劳动争议仲裁委员会申请仲裁；对仲裁裁决不服的，除另有规定的外，可以向人民法院提起诉讼。

想一想

劳动者和用人单位会因为哪些原因发生争议？

我国处理劳动争议的方式有以下四种。

议一议

解决劳动争议的方式有哪些？

（一）协商

协商不是劳动争议处理的必经程序，达成的协议无强制执行力。如果不愿协商、协商不成或者达成和解协议后不履行的，可以申请调解。

（二）调解

发生劳动争议，当事人也可以申请调解。

《劳动法》第八十条规定：在用人单位内，可以设立劳动争议调解委员会。劳动争议调解委员会由职工代表、用人单位代表和工会代表组成。劳动争议调解委员会主任由工会代表担任。

劳动争议经调解达成协议的，当事人应当履行。

看一看

我国处理劳动争议的调解组织有以下几类。

❶ 企业劳动争议调解委员会。

❷ 依法设立的基层人民调解组织。

❸ 在乡镇、街道设立的具有劳动争议调解职能的组织。

调解也不是劳动争议处理的必经程序。经调解达成协议的，应当制作调解协议书，但调解协议书不具有强制执行力。自劳动争议调解组织收到调解申请之日起十五日内未达成调解协议的，当事人可以依法申请仲裁。达成调解协议后，一方当事人在协议约定期限内不履行调解协议的，另一方当事人可以依法申请仲裁。

因支付拖欠劳动报酬、工伤医疗费、经济补偿或者赔偿金事项达成调解协议，用人单位在协议约定期限内不履行的，劳动者可以持调解协议书依法向人民法院申请支付令。

（三）仲裁

仲裁是解决劳动争议的必经程序。

仲裁机构为各级劳动行政部门依法设立的提供劳动仲裁方式的机构，仲裁程序如下。

1. 申请

当事人申请仲裁，应撰写仲裁申请书并准备相关证据，仲裁委员会收到仲裁申请之日起五日内，认为符合受理条件的，应当受理，并通知申请人。认为不符合受理条件的，应当书面通知申请人不予受理，并说明理由。对劳动争议仲裁委员会不予受理或者逾期未作出决定的，申请人可以就该劳动争议事项向人民法院提起诉讼。

2. 受理

劳动争议仲裁委员会受理仲裁申请后，应当在五日内将仲裁申请书副本送达被申请人。被申请人收到仲裁申请书副本后，应当在十日内向劳动争议仲裁委员会提交答辩书。劳动争议仲裁委员会在收到答辩书后，应当在五日内将答辩书副本送达申请人。

仲裁庭应当在开庭五日前，将开庭日期、地点书面通知双方当事人。

3. 开庭和裁决

仲裁庭裁决劳动争议案件，自劳动争议仲裁委员会受理仲裁申请之日起四十五日内结束。案情复杂需要延期的，经劳动争议仲裁委员会主任批准，可以延期并书面通知当事人，但是延长期限不得超过十五日；逾期未作出仲裁裁决的，当事人可以就该劳动争议事项向人民法院提起诉讼。

劳动争议仲裁不向当事人收取费用。

劳动争议申请仲裁的时效期间为一年。仲裁时效期间从当事人知道或者应当知道其权利被侵害之日起计算。

劳动者对仲裁裁决不服的，可以自收到仲裁裁决书之日起十五日内向人民法院提起诉讼，但追索劳动报酬、工伤医疗费、经济补偿或者赔偿金，不超过当地月最低工资标准十二个月金额的争议以及因执行国家的劳动标准在工作时间、休息休假、社会保险等方面发生的争议的除外。

议一议

发生劳动纠纷，当事人是否可以不通过仲裁而直接诉讼？

（四）诉讼

劳动者对仲裁裁决不服的，可以自收到仲裁裁决书之日起十五日内向人民法院提起诉讼。人民法院依照民事诉讼程序进行。

劳动争议的处理

总结与回顾

本模块在介绍劳动法调整对象和适用范围的基础上，首先重点介绍了劳动合同，其中包括劳动合同的订立、形式、内容、履行、解除和终止等内容，其次介绍了工作时间、休息休假、工资制度、社会保险方面的法律规定，最后阐述了劳动合同争议的处理方式。通过本模块内容的学习，同学们应能够处理劳动合同相关方面的问题和解决劳动纠纷。

拓展知识

女职工的劳动保护制度

我国《劳动法》对女职工的保护制度主要包括以下内容。

（1）禁止安排女职工从事矿山井下、国家规定的第四级体力劳动强度的劳动和其他禁忌从事的劳动。

（2）不得安排女职工在经期从事高处、低温、冷水作业和国家规定的第三级体力劳动强度的劳动。

（3）不得安排女职工在怀孕期间从事国家规定的第三级体力劳动强度的劳动和孕期禁忌从事的劳动。对怀孕七个月以上的女职工，不得安排其延长工作时间和夜班劳动。

（4）女职工生育享受不少于九十天的产假。

（5）不得安排女职工在哺乳未满一周岁的婴儿期间从事国家规定的第三级体力劳动强度的劳动和哺乳期禁忌从事的其他劳动，不得安排其延长工作时间和夜班劳动。

法治素养

网络主播与文化传播公司之间是否存在劳动关系？

李某于2020年11月29日与某文化传播公司订立为期2年的《艺人独家合作协议》，约定：李某聘请某文化传播公司为其经纪人，某文化传播公司为李某提供网络主播培训及推广宣传，将其培养成为知名的网络主播；在合同期内，某文化传播公司为李某提供整套直播设备和直播室，负责安排李某的全部直播工作及直播之外的商业或非商业公众活动，全权代理李某涉及直播、出版、演出、广告、录音、录像等与演艺有关的商业或非商业公众活动，可在征得李某同意后作为其委托代理人签署有关合同；李某有权参与某文化传播公司安排的商业活动的策划过程、了解直播收支情况，并对个人形象定位等事项提出建议，但一经双方协商一致，李某必须严格遵守相关约定；李某直播内容和时间均由其自行确定，其每月获得各直播平台后台礼物累计价值5000元，可得基本收入2600元，超过5000元部分由公司和李某进行四六分成，超过9000元部分进行三七分成，超过12000元部分进行二八分成。从事直播活动后，李某按照某文化传播公司要求入驻2家直播平台，双方均严格履行协议约定的权利义务。李某每天直播时长、每月直播天数均不固定，月收入均未超过3500元。2021年3月31日，李某因直播收入较低，单方解除《艺人独家合作协议》，并以公司未缴纳社会保险费为由要求某文化传播公司向其支付解除劳动合同经济补偿。某文化传播公司以双方之间不存在劳动关系为由拒绝支付。李某向仲裁委员会申请仲裁，仲裁委员会裁决双方之间不存在劳动关系。李某不服仲裁裁决，诉至人民法院。

一、原告诉讼请求

请求确认与某文化传播公司之间于2020年11月29日至2021年3月31日期间存在劳动关系，某文化传播公司支付解除劳动合同经济补偿。

二、裁决结果

一审法院判决：李某与某文化传播公司之间不存在劳动关系。李某不服一审判决，提起上诉。二审法院判决：驳回上诉，维持原判。

［案例分析］

在传统演艺领域，企业以经纪人身份与艺人订立的合同通常兼具委托合同、中介合同等性质，并因合同约定产生企业对艺人的“管理”行为，但此类管理与劳动管理存在明显差异：从管理的主要目的看，企业除安排艺人从事演艺活动为其创造经济收益之外，还要对艺人进行培训、包装、宣传、推广等，使之获得相对独立的公众知名度和市场价值；而在劳动关系中，企业通过劳动管理组织劳动者进行生产经营活动，并不以提升劳动者独立的公众知名度和市场价值为目的。从管理事项的确定看，企业对艺人的管理内容和程度通常由双方自主协商约定，艺人还可以就自身形象设计、发展规划和收益分红等事项与企业进行协商；而在订立劳动合同时，单个劳动者与企业之间进行个性化协商的空间一般比较有限，劳动纪律、报酬标准、奖惩办法等规章制度通常由企业统一制定并普遍适用于劳动者。此外，从劳动成果分配方式看，企业作为经纪人，一般以约定的分成方式获取艺人创造的经济收益；而在劳动关系中，企业直接占有劳动者的劳动成果，按照统一标准向劳动者支付报酬及福利，不以约定分成作为主要分配方式。综上，企业作为经纪人与艺人之间的法律关系体现出平等协商的特点，而存在劳动关系的用人单位与劳动者之间则体现出较强的从属性特征，可据此对两种法律关系予以区分。

本案中，通过《艺人独家合作协议》内容及履行情况可以看出，某文化传播公司作为李某的经纪人，虽然也安排李某从事为其创造直接经济收益的直播活动，但其主要目的是通过培训、包装、宣传、推广等手段使李某成为知名的网络主播；李某的直播时间及内容由其自主决定，其他相关活动要求等由双方协商确定，李某对其个人包装、活动参与等事项有协商权，对其创造的经济收益有知情权；双方以李某创造的经济收益为衡量标准，约定了“阶梯式”的收益分成方式。因此，双方之间的法律关系体现出平等协商的特点，并未体现出劳动管理及从属性特征，应当认定为民事关系。李某提出确认劳动关系并支付解除劳动合同经济补偿的诉求，不予支持。

复习思考题

❶《劳动法》的适用范围是什么？

❷ 劳动合同包括哪些内容？

❸ 劳动合同解除的情形有哪些？

❹ 社会保险包括哪些？

❺ 劳动争议处理的方式有哪些？

技能训练

实训项目　模拟公司招聘和劳动合同的签订

一、实训目的

学生毕业后找工作一般都要经历面试环节，面试合格被录用后要签订劳动合同。通过这一项目的实训，学生能够在签订劳动合同时，用法律知识保护自身的合法权益。

二、实训设计

❶ 模拟公司招聘。将学生分组，一组扮演公司人员，另一组扮演应聘者，组织一次小型面试活动。

❷ 劳动合同签订。将学生分组，一组扮演公司人员，另一组扮演应聘者，模拟劳动合同签订。

模块十三
工业产权法

学习目标

一、知识目标

- 理解工业产权的概念和特征。
- 掌握专利的种类、主体、申请条件、申请程序、专利权的内容与侵权行为等。
- 掌握商标的概念、种类、注册条件和程序，商标权的内容、期限、侵权行为等。

二、能力目标

- 专利和商标是工业产权的重要组成部分，也是企业重要的无形资产，能够知晓专利和商标的相关法律规定对于学生来说是十分必要的。通过本模块的学习，学生能够用法律的思维分析处理专利和商标相关事务。

三、素质目标

- 引导学生理解工业产权法所倡导的知识产权保护原则，做社会主义核心价值观的践行者。

导入案例

甲工厂于2024年3月10日完成了一种铸件球磨新工艺，并于3月30日向国家专利局提交了专利申请。4月21日甲厂将新工艺投入生产并在其生产的球磨产品上使用“新世纪”商标。4月30日甲工厂向商标局提出了商标注册申请。乙工厂在未参考甲工厂任何有关技术资料的情况下，于2024年3月25日独立地研制出与甲工厂基本相同的球磨工艺，并且于3月31日向专利局递交了有关专利申请，4月15日乙工厂将该工艺投入生产，4月25日开始在其球磨产品上使用“新世纪”商标，并且于4月30

日向商标局递交了有关商标注册申请。请问：

❶ 哪一个工厂将取得专利权？为什么？

❷ 哪一家工厂的商标会被注册？为什么？

第一节　工业产权概述

（一）工业产权的概念

工业产权，是人们依照法律对应用于商品生产和流通中的创造发明和显著标记等智力成果，在一定期限和地域内享有的专有权。在中国，工业产权主要指专利权和商标权。

（二）工业产权的特征

1. 法定性

工业产权的取得需要依法确认。在我国，取得专利权和商标专用权，需要根据《中华人民共和国专利法》（以下简称《专利法》）和《中华人民共和国商标法》（以下简称《商标法》）向国家专门机关提出申请，经依法审查批准后，以法定形式正式确认，并受法律保护。

想一想

有人说，知识产权就是工业产权，这种说法正确吗？

2. 专有性

工业产权是国家赋予专利权人和商标专用权人在有效期限内，对发明创造和注册商标享有独占、使用、收益和处分的权利。他人未经专利权人、商标专用权人的许可，不得使用。否则，即构成侵权，要依法承担法律责任。

3. 地域性

一个国家的工业产权，除按保护工业产权的国家公约或有关的双边条约而使其他国家承认有效以外，只在该国范围内有效，对其他国家不发生法律效力。如果想在其他国家得到法律保护，则需依他国法律规定履行必要的程序，依法取得他国的工业产权。

4. 时间性

工业产权的保护有一定期限，其法定期限届满后，工业产权的财产权利即自行终止，成为全社会的共有财富。

第二节 专利法

一、专利的概念

专利的含义一般有三种：其一，专利是专利权的简称，它是指按《专利法》规定，由国家专利机关授予发明人、设计人或其所属单位对某项发明创造在法定期限内享有的专有权。其二，专利是指取得专利权的发明创造，一般包括发明、实用新型和外观设计三种专利技术。其三，专利是指专利文献，其重要部分为记载发明创造内容的专利说明书。专利通常是指专利权。

看一看

专利法是调整因确认和保护发明创造的专有权，利用专有的发明创造而产生的各种关系的法律规范的总称。1984年3月12日，第六届全国人民代表大会常务委员会第四次会议通过了《中华人民共和国专利法》(以下简称《专利法》)，于1984年4月1日起施行。之后进行了两次修正，2008年12月27日第十一届全国人民代表大会常务委员会第六次会议又进行了第三次修正，修正的《专利法》自2009年10月1日起施行。2020年10月17日，第十三届全国人民代表大会常务委员会第二十二次会议对该法进行第四次修正的决定，自2021年6月1日起施行。

二、专利权主体

专利权的主体是指可以申请并取得专利权的单位和个人，即专利权人。根据我国《专利法》的规定，我国专利权主体包括以下几种。

(一) 发明人、设计人所属的单位

企事业单位、社会团体、国家机关的工作人员执行本单位的任务或者主要是利用本单位的物质条件所完成的职务发明创造，申请专利的权利属于该单位。申请被批准后，该单位为专利权人。

执行本单位的任务是指：

（1）在从事本职工作中所作出的发明创造；

（2）履行本单位交办本职工作之外的任务所作出的发明创造；

（3）退职、退休或调动工作一年以内作出的，与其原单位承担的本职工作或者分配的任务有关的发明创造。

利用本单位的物质条件是指利用本单位的资金、设备、零部件、原材料或不向外公开的技术资料等。

（二）发明人、设计人

非职务发明创造是指发明人或者设计人完成的职务发明创造以外的发明创造。《专利法》规定，对于非职务发明创造，申请专利的权利属于发明人或者设计人。申请被批准后，专利权归申请的发明人或者设计人个人所有。

（三）共同发明人、设计人

由两人或两个以上单位或个人合作研究、设计所完成的发明创造，除另有协议外，申请专利的权利属于共同完成的单位或个人。非职务共同发明创造，申请专利的权利和申请被批准后的专利权，归共同发明人或者共同设计人。

（四）委托发明创造人

委托发明创造是指单位或个人接受其他单位或者个人的委托所完成的发明创造。委托发明创造的专利权主体一般在委托合同中具体约定，如果没有约定或约定不明的，专利申请权和专利权属于完成发明创造的一方。

想一想

张三委托李四发明一款产品，没有具体约定专利申请权和专利权的归属。发明创造完成后，专利申请人和专利权人是谁？

（五）外国单位或者外国公民

外国单位或者外国公民，依法向中国申请专利获得批准，专利权归外国单位或者外国公民。

（六）合法继受人

合法继受人是指通过合同或继承的方式取得专利权的单位或个人。

三、专利权客体

（一）专利权客体范围

专利权的客体是指专利法保护的对象。我国《专利法》所称的发明创造，是指发明、实用新型和外观设计。

1. 发明

发明是指对产品、方法或者其改进所提出的新的技术方案。发明分为产品发明和方法发明。

议一议

专利申请权和专利权是一回事吗？

- 产品发明包括制造物品的发明、材料物品的发明、具有特定用途的物品发明等。
- 方法发明包括制造产品方法的发明、使用产品方法的发明等。

2. 实用新型

实用新型也称“小发明”，是指对产品的形状、构造或者二者的结合所提出的适于实际应用的新的技术方案。实用新型一般是具有一定形状的产品发明。

3. 外观设计

外观设计是指对产品的整体或者局部的形状、图案或者其结合以及色彩与形状、图案的结合所作出的富有美感并适于工业应用的新设计。外观设计很多是外形、图案、色彩的结合。

（二）授予专利权的条件

授予专利权的发明和实用新型，应当具备新颖性、创造性和实用性。

1. 新颖性

新颖性是指该发明或者实用新型不属于现有技术，同时也没有任何单位或者个人就同样的发明或者实用新型在申请日以前向国务院专利行政部门提出过申请，并记载在申请日以后公布的专利申请文件或者公告的专利文件中。

我国《专利法》把提出专利申请日作为确定新颖性的时间界限，即要求在申请日以前没有同样的发明创造公开过。这样，发明创造才具备新颖性。我国《专利法》规定，申请专利的发明创造在申请日以前六个月内，有下列情形之一的，不丧失新颖性。

- 在国家出现紧急状态或者非常情况时，为公共利益目的首次公开的。
- 在中国政府主办或者承认的国际展览会上首次展出的。
- 在规定的学术会议或者技术会议上首次发表的。
- 他人未经申请人同意而泄露其内容的。

2. 创造性

创造性是指同申请日以前已有的技术相比，该发明有突出的实质性特点和显著的进步，该实用新型有实质性特点和进步。

3. 实用性

实用性是指该发明或者实用新型能够制造或者使用，并能够产生积极效果。《专利法》要求发明创造具有的实用性，只是表示一种可能性，并不要求已在产业上制造或使用，或者立即能在产业上制造或使用。

授予专利权的外观设计不得与他人在申请日以前已经取得的合法权利相冲突。

看一看

申请人在申请专利时，应当注意下列各项不授予专利。

科学发现、智力活动的规则和方法、疾病的诊断和治疗方法、动物和植物品种、原子核变换方法以及用原子核变换方法获得的物质，对平面印刷品的图案、色彩或者二者的结合作出的主要起标识作用的设计。

但动物和植物品种的生产方法如果符合专利条件，可以申请专利。

四、专利权的取得

（一）专利申请原则

1. 先申请原则

先申请原则是指专利权授予同样发明中第一个申请专利权的人。也就是说，当一项相同的发明创造由两个或者两个以上的人各自独立地创造出来，两个人又都向专利局提交了专利申请，按照一项发明只能有一项专利的原则，这项发明创造的专利权就只能授予第一个申请专利权的人。如果两个以上的申请人是在同一日分别就同样的发明创造申请专利的，那么由申请人自行协商确定最终申请人。

由于实行先申请原则，申请日的确定非常重要。根据《专利法》规定，以专利局收到专利申请文件之日为申请日；如果文件是邮寄的，以寄出的邮戳日为申请日。专利法实施细则规定，如果邮戳日期不清楚，以收到邮件日为申请日。

2. 优先权原则

优先权原则是指申请人自一项发明创造第一次提出专利申请后的一定期限内，又就相同主题提出专利申请的，申请人有权要求将第一次提出申请的日期视为后来申请的日期。优先权的实质就是将申请日提前并优先获得专利的权利。

想一想

发明了一项专利，是否意味着发明人自动获得专利权？

根据《专利法》规定，申请人自发明或者实用新型在外国第一次提出专利申请之日起十二个月内，或者自外观设计在外国第一次提出专利申请之日起六个月内，又在中国就相同主题提出专利申请的，依照该外国同中国签订的协议或者共同参加的国际条约，或者依照相互承认优先权的原则，可以享有优先权。

申请人自发明或者实用新型在中国第一次提出专利申请之日起十二个月内，或者自外观设计在中国第一次提出专利申请之日起六个月内，又向国务院专利行政部门就相同主题提出专利申请的，可以享有优先权。

申请人要求发明、实用新型专利优先权的，应当在申请的时候提出书面声明，并且在第一次提出申请之日起十六个月内，提交第一次提出的专利申请文件的副本。

申请人要求外观设计专利优先权的，应当在申请的时候提出书面声明，并且在三个月内提交第一次提出的专利申请文件的副本。申请人未提出书面声明或者逾期未提交专利申请文件副本的，视为未要求优先权。

3. 一发明一专利原则

一发明一专利原则是指一件发明或者实用新型专利申请仅限于一项发明或者实用新型，也即一项发明创造只能在一项专利申请中提出并只能授予一项专利权。但是，属于一个总的发明构思的两项以上的外观设计，可以作为一件申请提出。

（二）专利申请文件

专利申请人申请专利时，应当向专利局提交有关文件。

1. 请求书

请求书是申请人请求专利局对其发明创造授予专利权的书面文件。请求书应当写明发明创造的名称，发明人或者设计人的姓名，申请人的姓名或者名称、地址及其他事项。

2. 说明书

说明书是指用文字完整地写明发明创造具体内容的书面文件，也是申请人向社会公开发明创造的技术文件，其公开的程度必须达到使得本专业的任何一个普通技术人员阅读后能够实施该发明创造。说明书在必要时，可以有附图。

3. 权利要求书

权利要求书是专利申请人请求确定申请专利保护范围的法律文件。《专利法》规定，权利要求书应当以说明书为依据，说明发明或者实用新型的技术特征，清楚并简要地表述要求专利保护的范围。

4. 摘要

摘要是发明创造要点的扼要说明，它实际上是说明书和权利要求书的摘要，以便于专业技术人员的检索。

5. 其他文件

例如附图、优先权请求书、专利代理机构委托文件等。

查一查

通过互联网或其他途径了解专利代理人考试的相关信息。

（三）专利的审查与批准

专利局受理专利申请后，要按照法律规定的程序进行审查，对符合《专利法》规定条件的申请即予以批准，同时授予专利权。

1. 初步审查

初步审查也叫形式审查，它主要是对专利申请手续和申请文件是否完备进行审查，包括：审查专利申请文件是否齐备，格式是否符合规定；审查专利申请是否明显属于不授予专利权的范畴；审查专利申请人是否具备申请专利的资格等。

2. 早期公开

早期公开是指专利局收到发明申请专利后，经初步审查认为符合《专利法》的规定的，自申请日起十八个月内予以公布。专利局也可以根据申请人的请求，早日公布其申请。早期公开的内容包括专利申请文件、申请人的姓名、地址、申请日、申请号、国际专利分类号等。

3. 实质审查

实质审查主要是从技术角度审查发明创造是否符合《专利法》所要求的新颖性、创造性和实用性。根据《专利法》规定，发明专利申请自申请之日起三年内，专利局可以根据申请人随时提出的请求，对其申请进行实质审查；申请人在三年内无正当理由没有提出实质审查的要求，该申请即被视为撤回。专利局认为必要时，可以自行对发明专利申请进行实质审查。

4. 授予专利权

发明专利申请经实质审查没有发现驳回理由的，专利局应当作出授予发明专利权的决定，发给发明专利证书，并予以登记和公告。

（四）专利权的期限

专利权人对其发明创造享有的独占权，仅在法律规定的期限内受到法律的保护。超过法律规定的有效期限，专利权就会自行终止。

根据《专利法》规定，发明专利权的期限为二十年，实用新型专利权的期限为十年，外观设计专利权的期限为十五年，均自申请之日起计算。

评一评

专利期满后，是否意味着任何人都可以无偿使用？

看一看

专利权的终止有两种情况：一是期限届满终止，这称为正常终止；二是期限届满以前终止，这称为提前终止。《专利法》规定，有下列情形之一的，专利权在期限届满前终止。

❶ 没有按照规定缴纳年费的。

❷ 专利权人以书面声明放弃其专利的。

专利权的终止，由国务院专利行政部门登记和公告。

五、专利权的内容

专利权的内容是指专利权人依法所享有的权利和承担的义务。

（一）专利权人的权利

专利权人的权利分为人身权利和财产权利。人身权利是指发明人对发明创造所享有的署名权。财产权利则是指专利权人通过对专利技术的占有而取得物质利益的权利，它主要有以下几项。

（1）独占权。专利权人有自己制造、使用、销售和进口其专利产品或者使用其专利方法的权利。

（2）许可权。专利权人有权许可他人实施专利并收取专利使用费的权利。任何实施他人专利的都必须与专利权人订立书面实施许可合同，向专利权人支付使用费（法律另有规定的除外）。

（3）转让权。专利权人有权转让其专利权。专利权的转让必须订立书面合同，经专利局公告和登记后方可生效。

（4）标记权。专利权人有权在其专利产品或者该产品的包装上标明专利标记或专利号。

（二）专利权人的义务

（1）专利权人有缴纳专利年费的义务。

（2）在职务发明中，作为专利权人的单位有向发明人或设计人给予精神和物质奖励的义务。

六、专利权的无效和侵权

（一）专利权无效

根据《专利法》规定，自国务院专利行政部门公告授予专利权之日起，任何单位或者个人认为该专利权的授予不符合《专利法》有关规定的，可以请求国务院专利行政部门宣告该专利权无效。国务院专利行政部门对宣告专利权无效的请求应当及时审查和作出决定，并通知请求人和专利权人。宣告专利权无效的决定，由国务院专利行政部门登记和公告。

对国务院专利行政部门宣告专利权无效或者维持专利权的决定不服的，可以自收到通知之日起三个月内向人民法院起诉。人民法院应当通知无效宣告请求程序的对方当事人作为第三人参加诉讼。宣告无效的专利权视为自始即不存在。

（二）专利侵权行为

1. 专利侵权行为

专利侵权行为是指在专利权有效期内，未经专利权人许可，为了生产经营目的，侵害专利权人的实施权和标记权的行为，其具体表现形式有以下几点。

● 为生产经营目的制造、使用、销售发明和实用新型专利权人的专利产品。

● 为生产经营目的使用发明专利权人的专利方法或者使用、销售依照该专利方法直接获得的产品。

● 为生产经营目的制造、销售外观设计专利权人的专利产品。

● 为生产经营目的进口发明创造专利权人的专利产品或者进口依照发明专利权人的专利方法直接获得的产品。

● 假冒他人专利，即在非专利产品或其包装上标注他人的专利标记或专利号，以冒充他人专利的行为。

案例分析

甲纸箱厂于2021年11月20日向国务院专利行政部门申请一种“防潮纸箱实用新型专利”。2022年7月30日被授予专利权。乙纸箱厂在上述专利申请日前也独立研制出相同产品，并于2021年6月1日领取营业执照，做好了制造该产品的必要准备，乙纸箱厂经过试产，从2023年开始扩大原生产规模。甲纸箱厂于2023年12月向人民法院起诉，指控乙纸箱厂侵犯了其专利权，要求停止侵权并赔偿损失。

请问：此案如何处理？为什么？

2. 不视为侵犯专利权的行为

● 专利产品或依据专利方法直接获得的产品，由专利权人或经其许可的单位、个人售出后，使用、许诺销售、销售、进口该产品的。

● 在专利申请日前已经制造相同产品、使用相同方法或者已经作好制造、使用的必要准备，并且仅在原有范围内继续制造、使用的。

看一看

专利权人发现侵权行为后，可以请求专利管理机关处理。专利管理机关有权责令侵权人停止其侵权行为，并赔偿专利权人的损失。对于专利管理机关的处理决定不服的，可以在收到通知之日起三个月内向人民法院起诉。专利权人发现侵权行为后，也可以直接向人民法院起诉。

侵犯专利权的诉讼时效是三年，自专利权人或者利害关系人知道或者应当知道侵权行为以及侵权人之日起计算。

●临时通过中国领土、领水、领空的外国运输工具，依照其所属国家同中国签订的协议或者共同参加的国际条约，或者依照互惠原则，为运输工具自身需要而在其装置和设备中使用有关专利的。

●专为科学研究和实验而使用有关专利的。

●为提供行政审批所需要的信息，制造、使用、进口专利药品或专利医疗器械的，以及专门为其制造、进口专利药品或专利器械的。

第三节　商标法

一、商标的概念与种类

（一）商标的概念

商标是由文字、图形、字母、数字、三维标志和颜色等要素，以及这些要素的组合用以区别自然人、法人或者其他组织提供的商品或者服务的标记。

（二）商标的种类

按照不同的标准，商标可分为不同的种类。

1. 按照商标构成划分

●文字商标。文字商标是用文字组成的商标。文字包括汉字、字母、数字和拼音等。如“松下”“茅台”“永久”商标。

●图形商标。图形商标是用图形构成的商标。如“熊猫”（电视机）、“小白兔”（儿童牙膏）商标等。

●组合商标。组合商标是用文字、图形或记号联合而成的商标。在我国，组合商标用得最普遍，如“李宁”牌商标就是组合商标。

●立体商标。立体商标是指以产品外形或产品的实体包装作为商标。

2. 按照商标使用对象划分

●商品商标。

●服务商标。

●集体商标。集体商标是指以团体、协会或者其他组织名义注册，供该组织成员在商事活动中使用，以表明使用者在该组织中的成员资格的标志。

●证明商标。证明商标是指由对某种商品或者服务具有监督能力的组织所控制，而由该组织以外的

练一练

列举 5 ~ 10 个著名的商标。

单位或者个人使用于其商品或者服务，用以证明该商品或者服务的原产地、原料、制造方法、质量或者其他特定品质的标志。

3. 按照商标使用目的划分

● 防御商标。防御商标是指拥有商标的商标注册人在该商标核定使用商品类别以外的不同商品上注册的同一商标。商标注册人使用防御商标的目的是防止他人将与自己的商标相同的商标在其他商品上注册，从而冲淡自己商标的识别作用。如美国可口可乐公司就在许多非饮料商品上注册了“可口可乐”商标，作为防御措施。

● 联合商标。联合商标是指一个企业在相同的商品上注册几个类似的商标，或在相类似的商品上注册几个相同或近似的商标。注册联合商标的目的是保护其主要商标，防止别人影射、仿制。如杭州娃哈哈营养食品厂，在看到市场上出现了很多与“娃哈哈”近似的商标以后，又申请注册了“娃娃哈”“哈哈娃”“哈娃娃”等商标，与“娃哈哈”这一主商标相联合，有效遏制了侵权行为。

● 保证商标。保证商标又叫证明商标，是指表明商品的质量已经过鉴定，保证或证明其质量等级的商标。通过保证商标为商品所提供的证明，商品便对消费者有更大的吸引力，从而有利于打开销路，占领市场。如国际羊毛局的“纯羊毛标志”就是世界闻名的保证商标。

4. 按商标享誉程度划分

● 普通商标。普通商标是在正常情况下使用，未受到特别法律保护的绝大多数商标。

● 著名商标。著名商标指在一定地域范围内较有知名度的商标。它不是国际上的专用名词，只是多出现在我国省、（直辖）市一级名誉商标评选中使用。

● 驰名商标。驰名商标是指在全国或国际市场上享有较高声誉，为相关公众所普遍熟知，有良好质量信誉，并享有特别法律保护的商标。

5. 按商标注册与否划分

● 注册商标。注册商标是指经商标使用人按照法定手续向国家商标局申请注册，经过审核后准予核准注册的商标。

● 未注册商标。未注册商标是指未经过商标注册而在商品或服务上使用的商标。

议一议

在商品的外包装上经常看到TM和®，它们的含义是什么？

二、商标注册

（一）商标注册的原则

1. 自愿注册原则和强制注册原则相结合

自愿注册原则是指法律允许商标使用人可以根据自己的需要和意愿决定是否将商标申请注册。

我国《商标法》在采用自愿注册原则的同时，又

想一想

商标注册是否完全由商标使用人决定？

对下列直接关系到公民身体健康的商品所使用的商标实行强制注册：一是人用药品，包括中成药、化学原料药及其制剂、抗生素、生化药品、放射性药品、血清疫苗、血液制品和诊断药品；二是烟草制品，包括卷烟、雪茄烟和有包装的烟丝。不以使用为目的的恶意商标注册申请，应当予以驳回。

2. 注册在先原则与使用在先原则相结合

两个或者两个以上的商标注册申请人，在同一种商品或者类似商品上，以相同或者近似的商标申请注册的，初步审定并公告申请在先的商标；同一天申请的，初步审定并公告使用在先的商标，驳回其他人的申请。

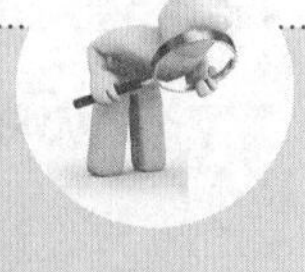

看一看

《中华人民共和国商标法》（以下简称《商标法》）于1982年8月23日第五届全国人民代表大会常务委员会第二十四次会议通过，1983年3月1日施行；期间经过了一次修正，2001年10月27日第九届全国人民代表大会常务委员会第二十四次会议进行了第二次修正，修正后的商标法于2001年12月1日实施。2013年8月30日第十二届全国人民代表大会常务委员会第四次会议《关于修改〈中华人民共和国商标法〉的决定》第三次修正，2019年4月23日第十三届全国人民代表大会常务委员会第十次会议第四次修正后同日实施。

（二）商标注册的条件

（1）申请注册的商标必须具备构成要素，即文字、图形或者其组合。

（2）申请注册的商标应具备显著性。

（3）申请注册的商标不得使用法律所禁止使用的文字、图形。

商标不得使用下列文字和图形。

- 同中华人民共和国国家名称、国旗、国徽、军旗、勋章相同或者近似的文字、图形。
- 同外国的国家名称、国旗、国徽、军旗、勋章相同或者近似的文字、图形。
- 同政府间国际组织的旗帜、徽记、名称相同或者近似的文字、图形。
- 同“红十字”“红新月”的标志、名称相同或者近似的文字、图形。
- 本商品通用名称和图形。
- 直接表示商品质量、主要原料、功能、用途、重量、数量及其他特点的文字、图形。
- 带有民族歧视性的文字、图形。
- 夸大宣传并带有欺骗性的文字、图形。
- 有害于社会主义道德风尚或者有其他不良影响的文字、图形。
- 县级以上行政区划的地名和公众知晓的外国地名。

县级以上行政区划的地名或者公众知晓的外国地名，不得作为商标。但是，地名具有其他含义或者作为集体商标、证明商标组成部分的除外；已经注册的使用地名的商标继续有效。

根据《商标法》第十一条规定，下列标志不得作为商标注册。

● 仅有本商品的通用名称、图形、型号的。

● 仅直接表示商品的质量、主要原料、功能、用途、重量、数量及其他特点的。

● 其他缺乏显著特征的。

前述所列标志经过使用取得显著特征，并便于识别的，可以作为商标注册。

看一看

申请商标注册，应当按规定的商品和服务分类表填报使用商标的商品或服务类别和商品或服务名称。

同一申请人在不同类别的商品或服务上使用同一商标的，应当按商品服务分类表提出注册申请。

注册商标需要在同一类的其他商品上使用的，应当另行提出注册申请。

注册商标需要改变文字、图形的，应当重新提出注册申请。

（三）商标注册程序

1. 注册申请

注册申请人应亲自或者委托商标代理机构到商标注册机关查询商标的登记注册情况，申请商标注册应当依照公布的商品分类表按类申请。每一个商标注册申请应当向商标局交送《商标注册申请书》一份、商标图样十份（指定颜色的彩色商标，应当交送着色图样十份）、黑白墨稿一份。

商标图样必须清晰、便于粘贴，用光洁耐用的纸张印制或者用照片代替，长和宽应当不大于十厘米，不小于五厘米。

2. 审查注册与核准

商标局对受理的申请依法进行审查，凡符合《商标法》有关规定并具有显著性的商标，予以初步审定，并予以公告；驳回申请的，发给申请人《驳回通知书》。

商标局认为商标注册申请内容可以修正的，发给《审查意见书》，限期在收到通知之日起十五天内予以修正；未作修正、超过期限修正或者修正后仍不符合《商标法》有关规定的，驳回申请，发给申请人《驳回通知书》。

对驳回申请的商标申请复审的，申请人应当在收到驳回通知之日起十五天内，将《驳回商标复审申请书》一份交送商标评审委员会申请复审，同时附送原《商标注册申请书》一份、原商标图样十份、黑白墨稿一份和《驳回通知书》。

商标评审委员会做出终局决定，书面通知申请人，终局决定应予初步审定的商标移交商标局办理。

对商标局初步审定予以公告的商标提出异议的，异议人应当将《商标异议书》一式两份交送商标局，《商标异议书》应当写明被异议商标刊登《商标公告》的期号、页码及初步审定号。商标局将《商标异议书》交被异议人，限期在收到通知之日起三十天内答辩，并根据当事人陈述的事实和理由予以裁定；期满不答辩的，由商标局裁定并通知有关当事人。

被异议商标在异议裁定生效前公告注册的，该商标的注册公告无效。

当事人对商标局的异议裁定不服的，可以在收到商标异议裁定通知之日起十五天内，将《商标异议复审申请书》一式两份交送商标评审委员会申请复审。

商标评审委员会做出终局裁定，书面通知有关当事人，并移交商标局办理。

异议不成立的商标，异议裁定生效后，由商标局核准注册。

申请人自商标核准注册之日起，取得商标权。

三、商标权的内容

商标权的内容就是指商标注册人享有的权利和承担的义务。

（一）商标注册人的权利

商标注册人的权利主要是指对注册商标所享有的专用权。根据我国《商标法》规定，经商标局核准注册的商标为注册商标，商标注册人对该注册商标享有商标专用权，受法律保护，商标专用权包括以下几种。

1. 使用权

商标注册人有权在其注册商标核准使用的商品和服务上使用该商标，在相关的商业活动中使用该商标。

2. 许可权

商标注册人有权依照法律规定，通过签订商标使用许可合同的形式，许可他人使用其注册商标。

3. 独占权

商标注册人对其注册商标享有排他性的独占权利，其他任何人不得在相同或类似的商品或服务上擅自使用与注册商标相同或近似的商标。

4. 投资权

商标注册人有权根据法律规定，依照法定程序将其注册商标作为无形资产进行投资。

5. 转让权

商标注册人有权通过法定程序将其注册商标有偿或者无偿转让给他人。

（二）商标注册人的义务

（1）商标注册人应当对其使用注册商标的商品或服务的质量负责。许可他人使用其注册商标时，应当监督被许可人使用其注册商标的商品或者服务的质量。

（2）商标注册人有依法缴费的义务，商标权人应缴纳申请费、注册费、续展费等。

（3）商标注册人有使用注册商标的义务。如果注册商标自核准之日连续三年停止使用，该商标将可能被依法撤销。

驰名商标的认定

驰名商标的认定可以由特定的行政机关认定，也可以由人民法院在审理案件时进行认定。市场监督管理局负责驰名商标的认定与管理工作，驰名商标的认定以当事人申请为原则。人民法院在审理商标纠纷案件中，根据当事人的请求和案件的具体情况，可以对涉及的注册商标是否驰名依法作出认定。当事人对曾经被行政机关或者人民法院认定的驰名商标请求保护的，对方当事人对涉及的商标驰名不持异议，人民法院不再审查；提出异议的，人民法院依照商标法的规定审查。

认定驰名商标应当考虑下列因素：①相关公众对该商标的知晓程度；②该商标使用的持续时间；③该商标的任何宣传工作的持续时间、程度和地理范围；④该商标作为驰名商标受保护的记录；⑤该商标驰名的其他因素。这里的“相关公众”，是指与商标所标识的某类商品或者服务有关的消费者和与前述商品或者服务的营销有密切关系的其他经营者。例如奔驰、KFC、百事可乐等都属于驰名商标。

四、商标权的期限

注册商标的有效期为十年，自核准注册之日起计算。

注册商标有效期满，需要继续使用的，商标注册人应当在期满前十二个月内按照规定办理续展手续；在此期间未能办理的，可以给予六个月的宽展期。每次续展注册的有效期为十年，自该商标上一届有效期满次日起计算。期满未办理续展手续的，注销其注册商标。

想一想

商标期满后，商标所有人是否可以申请续展？

五、注册商标专有权的保护

（一）保护范围

注册商标的专用权，以核准注册的商标和核定使用的商品为限。超出该范围不受法律的保护。

（二）商标侵权行为的表现

- 未经商标注册人的许可，在同一种商品上使用与其注册商标相同的商标的。
- 未经商标注册人的许可，在同一种商品上使用与其注册商标近似的商标，或者在类似商品上使用与其注册商标相同或者近似的商标，容易导致混淆的。
- 销售侵犯注册商标专用权的商品的。
- 伪造、擅自制造他人注册商标标识或者销售伪造、擅自制造的注册商标标识的。
- 未经商标注册人同意，更换其注册商标并将该更换商标的商品又投入市场的。
- 故意为侵犯他人商标专用权行为提供便利条件，帮助他人实施侵犯商标专用权行为的。
- 给他人的注册商标专用权造成其他损害的。

案例分析

甲公司是一家外企，经营的快餐店一直使用“美国加州牛肉面大王”的名称并将其设计的外观于1993年获得外观设计专利，后又申请商标，于1994年获得服务商标。

乙餐厅于1998年开业，在牌匾上一直使用：“美国加州牛肉面大王”。后来被甲公司发现，向乙餐厅提出索赔，乙餐厅拒绝赔偿。甲公司向法院提出诉讼。

请问：乙餐厅是否侵权？为什么？

总结与回顾

本模块在介绍工业产权的概念和特征的基础上，详细介绍了专利、商标的内容，其中第二节详细地介绍了专利的取得、主体、客体、专利权的内容，第三节介绍了商标的概念、种类、注册、商标权的内容。通过此模块内容的学习，同学们应能处理简单的专利和商标相关事务并能分析处理专利和商标案件纠纷。

拓展知识

商标、专利和版权的区别

商标——品牌的守护者。

商标，简单来说就是商品的“身份证”，是用来区分不同商品或服务来源的标志。

商标的作用：区别商品或服务来源，避免消费者混淆；提升企业知名度，树立品牌形象；享有专用权，排除他人侵权行为。

专利——让创新更有价值。

专利的类型：发明专利、实用新型、外观设计。

专利的作用：保护创新成果，防止他人侵权；排他使用权，确保发明人获得回报；提升企业竞争力，推动产业发展。

版权——保护作品预防抄袭。

版权，又称著作权，是对文学、艺术和科学作品及其相关权利的保护。这些作品包括小说、诗歌、散文、论文、电影、音乐、绘画、雕塑等。版权保护的是作品的原创性和表达形式，而不是作品所传达的思想或信息。

版权的类型：文字作品，如书籍、文章、报告等；艺术作品：如绘画、雕塑、建筑作品等；音乐作品，如歌曲、交响乐、舞蹈等；视听作品：如电影、电视剧、综艺节目等。

版权的作用：保护创作者权益，鼓励创新创作；促进文化传承，推动艺术发展；维护市场秩序，防止他人侵犯。

法治素养

商标侵权责任的相关法律规定

侵犯注册商标专用权引起纠纷的，由当事人协商解决；不愿协商或者协商不成的，商标注册人或者利害关系人可以向人民法院起诉，也可以请求市场监督管理部门处理。市场监督管理部门处理时，认定侵权行为成立的，责令立即停止侵权行为，没收、销毁侵权商品和专门用于制造侵权商品、伪造注册商标标识的工具，并可处以罚款。

当事人对处理决定不服的，可以自收到处理通知之日起十五日内依照《中华人民共和国行政诉讼法》向人民法院起诉；侵权人期满不起诉又不履行的，市场监督管理部门可以申请人民法院强制执行。进行处理的市场监督管理部门根据当事人的请求，可以就侵犯商标专用权的赔偿数额进行调解；调解不成的，当事人可以依照《中华人民共和国民事诉讼法》向人民法院起诉。

侵犯商标专用权的赔偿数额，按照权利人因被侵权所受到的实际损失确定；实际损失难以确定的，可以按照侵权人因侵权所获得的利益确定；权利人的损失或者侵权人获得的利益难以确定的，参照该商标许可使用费的倍数合理确定。对恶意侵犯商标专用权，情节严重的，可以在按照上述方法确定数额的一倍以上五倍以下确定赔偿数额。赔偿数额应当包括权利人为制止侵权行为所支付的合理开支。

人民法院为确定赔偿数额，在权利人已经尽力举证，而与侵权行为相关的账簿、资料主要由侵权人掌握的情况下，可以责令侵权人提供与侵权行为相关的账簿、资料；侵权人不提供或者提供虚假的账簿、资料的，人民法院可以参考权利人的主张和提供的证据判定赔偿数额。

权利人因被侵权所受到的实际损失、侵权人因侵权所获得的利益、注册商标许可使用费难以确定的，由人民法院根据侵权行为的情节判决给予五百万元以下的赔偿。

注册商标专用权人请求赔偿，被控侵权人以注册商标专用权人未使用注册商标提出抗辩的，人民法院可以要求注册商标专用权人提供此前三年内实际使用该注册商标的证据。注册商标专用权人不能证明此前三年内实际使用过该注册商标，也不能证明因侵权行为受到其他损失的，被控侵权人不承担赔偿责任。

销售不知道是侵犯注册商标专用权的商品，能证明该商品是自己合法取得并说明提供者的，不承担赔偿责任。

复习思考题

❶ 专利的种类有哪些？

❷ 不授予专利权的情形包括哪些？

❸ 专利侵权有哪些行为表现？

❹ 商标权的内容包括哪些？

技能训练

❶ 如果你在一家公司工作并设计了一个外观标识，想申请专利或商标，你该如何处理此事？

❷ 如果你是公司的高管，发现有人侵犯你公司的专利或商标权，你该如何处理此事？

模块十四

仲裁法与民事诉讼法

学习目标

一、知识目标

- 理解仲裁的概念、特点、基本制度、仲裁协议和仲裁委员会。
- 掌握仲裁的程序。
- 理解并掌握民事诉讼制度和管辖。
- 掌握民事诉讼程序。

二、能力目标

- 具备撰写仲裁文书和诉讼文书的能力。
- 掌握能够独立进行仲裁和诉讼，用仲裁和诉讼方式解决经济纠纷的能力。

三、素质目标

- 引导学生能够通过法律途径保护自身合法权益，加强自身法律意识和提高法律素养，做社会主义法治建设的践行者。
- 对学生进行法治教育，培养学生依法依规的商业道德价值取向。

导入案例

甲乙双方签订一份1000件羊毛衫购销合同。合同规定分两批交货，货到后经乙方检验合格后付款，如果一方违约应向另一方支付违约金10000元。第一批500件到货后，乙正常收货但是却没有支付货款。于是甲向乙提出解除合同。乙公司接到函电后同意解除合同，但是对于甲提出支付违约金的请求，乙方拒绝。

请问：甲乙双方发生纠纷，解决纠纷的方式有哪些？

第一节　仲裁法

一、仲裁

（一）仲裁的概念

仲裁是指发生争议的双方当事人，根据争议前或争议发生后所达成的协议，自愿将该争议提交第三者进行裁决的方式。

看一看

仲裁法是规范仲裁法律关系主体在仲裁活动中必须遵守的法律规范的总称。

1994年8月31日中华人民共和国第八届全国人民代表大会常务委员会第九次会议通过了《中华人民共和国仲裁法》（以下简称《仲裁法》），自1995年9月1日实施。后又经过两次修正，修正后的仲裁法于2018年1月1日起实施。

（二）仲裁的特点

1. 独立性

仲裁委员会依法独立行使裁决权，不受行政机关、社会团体和个人的干涉。

2. 自愿性

仲裁纠纷实行自愿原则和或裁或审制度。即当事人采用仲裁方式解决纠纷应当双方自愿，达成仲裁协议；没有仲裁协议，一方申请的，仲裁机构不予受理；当事人达成仲裁协议，一方向人民法院起诉的，法院不予受理。在仲裁过程中，当事人可自愿选择仲裁员、开庭方式和审理方式等。

想一想

仲裁裁决书下达后，一方当事人如果不服应怎么办?

3. 保密性

仲裁一般不公开进行，可为当事人保守商业秘密，维护当事人的形象和声誉。

4. 快捷性

仲裁实行一裁终局，裁决书一经作出，即发生法律效力。当事人应当履行裁决，一方不履行的，另一方可申请人民法院强制执行。

（三）仲裁范围

根据我国《仲裁法》的规定，平等主体的公民、法人和其他组织之间发生的合同纠纷和其他财产权益纠纷，可以仲裁。但是，下列纠纷不能仲裁。

（1）婚姻、收养、监护、扶养、继承纠纷。

（2）依法应当由行政机关处理的行政争议。

（3）劳动争议和农业集体经济组织内部的农业承包合同纠纷。

二、仲裁法的基本制度

（一）协议仲裁制度

《仲裁法》第四条规定：当事人采用仲裁方式解决纠纷，应当双方自愿，达成仲裁协议。没有仲裁协议，一方申请仲裁的，仲裁委员会不予受理。

议一议

劳动争议仲裁委员会和本节所指的仲裁委员会是同一单位吗？

（二）或裁或审制度

《仲裁法》第五条规定：当事人达成仲裁协议，一方向人民法院起诉的，人民法院不予受理，但仲裁协议无效的除外。当事人之间如发生争议，只能在仲裁或者诉讼中选择其一。有效的仲裁协议可排除法院的管辖权，只有在没有仲裁协议或者仲裁协议无效的情况下，法院才有权管辖。

（三）一裁终局制度

《仲裁法》第九条规定：仲裁实行一裁终局的制度。裁决作出后，当事人就同一纠纷再申请仲裁或者向人民法院起诉的，仲裁委员会或者人民法院不予受理。

裁决被人民法院依法裁定撤销或者不予执行的，当事人就该纠纷可以根据双方重新达成的仲裁协议申请仲裁，也可以向人民法院起诉。

三、仲裁委员会与仲裁协议

（一）仲裁委员会

仲裁委员会可以在直辖市和省、自治区人民政府所在地的市设立，也可以根据需要在其他设区的市设立，不按行政区划层层设立。

设立仲裁委员会，应当经省、自治区、直辖市的司法行政部门登记。

想一想

司法行政部门的具体名称是什么？

仲裁委员会按照不同专业设仲裁员名册。仲裁委员会独立于行政机关，与行政机关没有隶属关系。仲裁委员会之间也没有隶属关系。

看一看

仲裁委员会由主任一人、副主任二至四人和委员七至十一人组成。仲裁委员会的主任、副主任和委员由法律、经济贸易专家和有实际工作经验的人员担任。仲裁委员会的组成人员中，法律、经济贸易专家不得少于三分之二。

（二）仲裁协议

1. 仲裁协议的概念

仲裁协议是当事人自愿达成的，将已发生或可能发生的争议提交仲裁裁决的书面协议。

仲裁协议包括合同中订立的仲裁条款和以其他书面方式在纠纷发生前或者纠纷发生后达成的请求仲裁的协议。

2. 仲裁协议的内容

（1）请求仲裁的意思表示。

（2）仲裁事项。

（3）选定的仲裁委员会。

练一练

拟定一份仲裁协议。

3. 仲裁协议的效力

仲裁协议一经合法成立，就意味着只能通过仲裁方式解决争议，仲裁协议排除了法院的管辖权。当事人对仲裁协议的效力有异议的，应当在仲裁庭首次开庭前向仲裁委员会或人民法院提出。

其中仲裁协议独立存在，合同的变更、解除、终止或者无效，不影响仲裁协议的效力。

但有下列情形之一的，仲裁协议无效。

- 约定的仲裁事项超出法律规定的仲裁范围的。
- 无民事行为能力人或者限制民事行为能力人订立的仲裁协议。
- 一方采取胁迫手段，迫使对方订立仲裁协议的。

案例分析

甲厂转让一台设备给乙厂，双方签订的合同约定了价款、运费等内容，并约定如果发生争议由甲厂所在地的市级仲裁委员会进行仲裁。后来甲厂交给乙厂的设备质量存在问题，乙厂拒绝付款并向乙厂所在地的法院提起了诉讼，法院发给了甲厂传票。

请问：如果你是甲厂的代表，如何处理此事？

四、仲裁程序

（一）申请与受理

1．申请

当事人申请仲裁应当符合下列条件。

● 有仲裁协议。

● 有具体的仲裁请求和事实、理由。

● 属于仲裁委员会的受理范围。

当事人申请仲裁，应当向仲裁委员会递交仲裁协议、仲裁申请书及副本。

仲裁申请书应当载明下列事项。

● 当事人的姓名、性别、年龄、职业、工作单位和住所，法人或者其他组织的名称、住所和法定代表人或者主要负责人的姓名、职务。

● 仲裁请求和所根据的事实、理由。

● 证据和证据来源、证人姓名和住所。

> **练一练**
>
> 撰写一份仲裁申请书和仲裁答辩状（内容自拟）。

2．受理

仲裁委员会收到仲裁申请书之日起五日内，认为符合受理条件的，应当受理，并通知当事人；认为不符合受理条件的，应当书面通知当事人不予受理，并说明理由。

仲裁委员会受理仲裁申请后，应当在仲裁规则规定的期限内将仲裁规则和仲裁员名册送达申请人，并将仲裁申请书副本和仲裁规则、仲裁员名册送达被申请人。

被申请人收到仲裁申请书副本后，应当在仲裁规则规定的期限内向仲裁委员会提交答辩书。仲裁委员会收到答辩书后，应当在仲裁规则规定的期限内将答辩书副本送达申请人。被申请人未提交答辩书的，不影响仲裁程序的进行。

当事人达成仲裁协议，一方向人民法院起诉未声明有仲裁协议，人民法院受理后，另一方在首次开庭前提交仲裁协议的，人民法院应当驳回起诉，但仲裁协议无效的除外；另一方在首次开庭前未对人民法院受理该案提出异议的，视为放弃仲裁协议，人民法院应当继续审理。

申请人可以放弃或者变更仲裁请求。被申请人可以承认或者反驳仲裁请求，有权提出反请求。

（二）仲裁庭的组成

1．仲裁庭的组成形式

仲裁庭的组成形式有合议仲裁庭和独任仲裁庭两种。仲裁庭可以由三名仲裁员或者一名仲裁员组成。由三名仲裁员组成的，设首席仲裁员。

2．仲裁庭的组成程序

当事人约定由三名仲裁员组成仲裁庭的，应当各自选定或者各自委托仲裁委员会主任指定一名仲裁员，第三名仲裁员由当事人共同选定或者共同委托仲裁委员会主任指定。第三名仲裁员是首席仲裁员。

当事人约定由一名仲裁员成立仲裁庭的，应当由当事人共同选定或者共同委托仲裁委员会主任指定仲裁员。

当事人没有在仲裁规则规定的期限内约定仲裁庭的组成方式或者选定仲裁员的，由仲裁委员会主任指定。

仲裁庭组成后，仲裁委员会应当将仲裁庭的组成情况书面通知当事人。

（三）仲裁审理

1. 仲裁审理的方式

仲裁审理的方式分为开庭审理和书面审理两种。《仲裁法》第三十九条规定：仲裁应当开庭进行。当事人协议不开庭的，仲裁庭可以根据仲裁申请书、答辩书以及其他材料作出裁决。

想一想

仲裁审理一定要开庭进行吗?

2. 开庭通知

根据《仲裁法》规定，仲裁委员会应当在仲裁规则规定的期限内将开庭日期通知双方当事人。当事人有正当理由的，可以在仲裁规则规定的期限内请求延期开庭。是否延期，由仲裁庭决定。申请人经书面通知，无正当理由不到庭或者未经仲裁庭许可中途退庭的，可以视为撤回仲裁申请。被申请人经书面通知，无正当理由不到庭或者未经仲裁庭许可中途退庭的，可以缺席裁决。

3. 开庭审理程序

（1）宣布开庭。开庭审理时，由首席仲裁员或者独任仲裁员宣布开庭。随后，首席仲裁员或者独任仲裁员核对当事人宣布案由，宣布仲裁庭组成人员和记录人员名单，告知当事人仲裁权利义务，询问当事人是否提出回避申请。

（2）开庭调查。

（3）出示证据和质证。根据《仲裁法》规定，当事人应当对自己的主张提供证据。证据应当在开庭时出示，当事人可以质证。

（4）辩论。根据《仲裁法》规定，当事人在仲裁过程中有权进行辩论。辩论终结时，首席仲裁员或者独任仲裁员应当征询当事人的最后意见。仲裁庭应当将开庭情况记入笔录。当事人和其他仲裁参与人认为对自己陈述的记录有遗漏或者差错的，有权申请补正。如果不予补正，应当记录该申请。笔录由仲裁员、记录人员、当事人和其他仲裁参与人签名或者盖章。

（四）仲裁中的和解、调解和裁决

1. 仲裁和解

仲裁和解是指仲裁当事人通过协商，自行解决已提交仲裁的争议事项的行为。当事人申请仲裁后，可以自行和解。达成和解协议的，可以请求仲裁庭根据和解协议作出裁决书，也可以撤回仲裁申请。如当事人达成和解协议，撤回仲裁申请后反悔的，可以根据仲裁协议重新申请仲裁。

2. 仲裁调解

仲裁调解是指在仲裁庭的主持下，当事人在自愿协商、互谅互让基础上达成协议，从而解决纠纷的一种方法。

仲裁庭在作出裁决前，可以先行调解。当事人自愿调解的，仲裁庭应当调解。调解不成的，应当及时作出裁决。调解达成协议的，仲裁庭应当制作调解书或者根据协议的结果制作裁决书。调解书与裁决书具有同等法律效力。

调解书经双方当事人签收后，即发生法律效力。在调解书签收前当事人反悔的，仲裁庭应当及时作出裁决。

3. 仲裁裁决

仲裁裁决是指仲裁庭对当事人之间所争议的事项进行审理后所作出的书面决定的行为。

仲裁裁决书应当写明仲裁请求、争议事实、裁决理由、裁决结果、仲裁费用的负担和裁决日期。当事人协议不愿写明争议事实和裁决理由的，可以不写。裁决书由仲裁员签名，加盖仲裁委员会印章。对裁决持不同意见的仲裁员，可以签名，也可以不签名。

仲裁庭仲裁纠纷时，其中一部分事实已经清楚，可以就该部分先行裁决。对裁决书中的文字、计算错误或者仲裁庭已经裁决但在裁决书中遗漏的事项，仲裁庭应当补正；当事人自收到裁决书之日起三十日内，可以请求仲裁庭补正。

仲裁裁决书自作出之日起发生法律效力。

五、申请撤销仲裁裁决与仲裁裁决的执行

（一）申请撤销仲裁裁决

1. 申请撤销仲裁裁决的时间

当事人申请撤销裁决的，应当自收到裁决书之日起六个月内提出。

2. 申请撤销仲裁裁决的理由

当事人提出证据证明裁决有下列情形之一的，可以向仲裁委员会所在地的中级人民法院申请撤销裁决。

● 没有仲裁协议的。

● 裁决的事项不属于仲裁协议的范围或者仲裁委员会无权仲裁的。

● 仲裁庭的组成或者仲裁的程序违反法定程序的。

● 裁决所根据的证据是伪造的。

● 对方当事人隐瞒了足以影响公正裁决的证据的。

想一想

如果当事人无正当理由在收到裁决书六个月后才提出申请撤销，有什么法律后果？

● 仲裁员在仲裁该案时有索贿受贿，徇私舞弊，枉法裁决行为的。

人民法院经组成合议庭审查核实裁决有前款规定情形之一的，应当裁定撤销。人民法院认定该裁决违背社会公共利益的，应当裁定撤销。

看一看

人民法院应当在受理撤销裁决申请之日起两个月内作出撤销裁决或者驳回申请的裁定。人民法院受理撤销裁决的申请后，认为可以由仲裁庭重新仲裁的，通知仲裁庭在一定期限内重新仲裁，并裁定中止撤销程序。仲裁庭拒绝重新仲裁的，人民法院应当裁定恢复撤销程序。

（二）仲裁裁决的执行

当事人应当履行裁决。一方当事人不履行的，另一方当事人可以依照《中华人民共和国民事诉讼法》的有关规定向人民法院申请执行。

一方当事人申请执行裁决，另一方当事人申请撤销裁决的，人民法院应当裁定中止执行。

案例分析

甲厂转让一台设备给乙厂，双方签订的合同约定了价款、运费、技术转让费等内容，但没有仲裁协议。后来甲厂的设备存在质量问题，乙厂找甲厂协商未果后向当地仲裁委员会申请仲裁，仲裁书下达后，甲厂不服，向法院提出申请撤销仲裁裁决书。

请问：你认为法院会支持谁的主张？为什么？

人民法院裁定撤销裁决的，应当裁定终结执行。撤销裁决的申请被裁定驳回的，人民法院应当裁定恢复执行。

仲裁文书的格式

仲裁申请书

申 请 人： 性 别： 民族：
出 生： 年 月 日 职 业：
现 住 址： 联系电话：
被申请人：
法定代表人： 职 务：
住 所：
联系电话：

仲裁请求

1.
2.

事实和理由

此致
…………仲裁委员会

申请人：
年 月 日

附件：1.《仲裁申请书》副本 份；
2. 证据清单及有关证据材料 份。

仲裁答辩状

答辩人：
被答辩人：
答辩人于 年 月 日收到你会转来的申请人 因与我方发生争议而提出的仲裁申请书。现提出答辩如下：

1.………………………………………………………………………

此致
………仲裁委员会

答辩人：
年 月 日

附：有关证据材料 份。

第二节　民事诉讼法

一、民事诉讼

我国法律将诉讼分为民事诉讼、刑事诉讼和行政诉讼。

民事诉讼是指人民法院在当事人和诉讼参与人参加下，依法审理和解决民事纠纷而进行的活动。

看一看

民事诉讼法是国家制定和认可的，用以调整法院和诉讼参与人的民事诉讼活动以及在这些活动中产生的民事诉讼关系法律规范的总称。

《中华人民共和国民事诉讼法》(以下简称《民事诉讼法》)于1991年4月9日第七届全国人民代表大会第四次会议通过，2007年10月28日第十届全国人民代表大会常务委员会第三十次会议第一次修正，修正后的民事诉讼法于2008年4月1日起施行。之后又于2012年、2017年、2021年、2023年进行了四次修正，第五次修正的《民事诉讼法》自2024年1月1日起施行。

二、民事诉讼基本制度

（一）合议制度

合议制是由审判员或与陪审员组成的审判集体对民事案件进行审理并作出裁判。合议制是与独任制相对的审判组织形式，其组织形式为合议庭。

（二）两审终审制度

两审终审制度是指一个民事经济案件经过两级法院进行审判后，即宣告终结的制度。两审终审制是案件的审级制度，即案件在地方各级人民法院一审审结后，还可以上诉到第二审的人民法院进行审判，第二审人民法院的裁判为案件的最终裁判。

需要指出的是，最高人民法院作为第一审法院所作的裁判为终审判决，当事人不能上诉。

议一议

我国的人民法院分为几级，分别是什么法院？

（三）回避制度

回避制度是指审判人员和其他有关人员遇到法律规定的情形，而退出案件审理活动的制度。

适用回避的对象有审判人员、书记员、翻译人员、鉴定人、勘验人。适用回避的法定情形是：上述人员是本案当事人或当事人、诉讼代理人的近亲属或者与本案有利害关系等。

当事人申请和有关人员自行回避必须在案件开始审理时，或在法庭辩论终结前提出，院长担任审判长或者独任审判员的回避，由审判委员会决定；审判人员回避，由院长决定；书记员、翻译人员、鉴定人员和勘验人的回避，由审判长或者独任审判员决定。是否同意回避，应作出口头的或书面的决定。当事人不服从回避的决定，可以申请复议，复议期间不停止本案的审理。

（四）公开审判制度

公开审判制度是指人民法院审理民事案件，除法律规定的情况外，审判过程和内容应向群众公开，向社会公开；不公开审判的案件，应当公开宣判，但下列案件不公开审理。

（1）涉及国家机密的案件。

（2）涉及个人隐私的案件。

（3）离婚案件和涉及商业秘密的案件，当事人申请不公开审理的，可以不公开审理。

评一评

法院对涉及商业秘密的民事案件一定不公开审理吗？

三、民事诉讼的管辖

管辖是指各级人民法院之间以及不同地区的同级人民法院之间，受理第一审民事案件的分工和权限。

（一）级别管辖

级别管辖也称等级管辖，是划分上下级人民法院之间受理和解决第一审民事案件的职权范围。

我国的法院设置分为四级，即基层人民法院、中级人民法院、高级人民法院和最高人民法院。

1. 基层人民法院管辖的第一审民事案件

我国《民事诉讼法》第十八条规定：基层人民法院管辖第一审民事案件，但本法另有规定的除外。明确规定除了由最高、高级、中级人民法院管辖的第一审民事案件外，所有的第一审民事案件都由基层人民法院管辖。

2. 中级人民法院管辖的第一审民事案件

根据我国《民事诉讼法》规定，中级人民法院管辖下列第一审民事案件。

● 重大涉外案件。

● 在本辖区有重大影响的案件。

● 最高人民法院确定由中级人民法院管辖的案件，主要是指专利纠纷案件和由海事法院受理的海事海商案件。

3. 高级人民法院管辖的第一审民事案件

我国《民事诉讼法》第二十条规定：高级人民法院管辖在本辖区有重大影响的第一审民事案件。

4. 最高人民法院管辖的第一审民事案件

根据我国《民事诉讼法》规定，最高人民法院管辖在全国有重大影响的案件以及认为应当由最高人民法院审理的第一审民事案件。

想一想

专利在我国分为哪几种类型？

（二）地域管辖

地域管辖是指同级不同地人民法院受理第一审民事案件的分工和权限。

1. 一般地域管辖

一般地域管辖又称普通管辖，是以当事人住所地或经常居住地与法院的辖区的关系来确定的管辖。

一般地域管辖的原则是“原告就被告”原则，即一般由被告所在地法院管辖，被告住所地与经常居住地不一致的，由经常居住地人民法院管辖。

对法人或者其他组织提起的民事诉讼，由被告住所地人民法院管辖。

同一诉讼的几个被告住所地、经常居住地在两个以上人民法院辖区的，各该人民法院都有管辖权。

2. 特殊地域管辖

特殊地域管辖又称特别地域管辖，是指以被告住所地、诉讼标的所在地、法律事实所在地为标准确定的管辖。

● 因合同纠纷提起的诉讼，由被告住所地或者合同履行地人民法院管辖。

● 因保险合同纠纷提起的诉讼，由被告住所地或者保险标的物所在地人民法院管辖。

● 因票据纠纷提起的诉讼，由票据支付地或者被告住所地人民法院管辖。

● 因铁路、公路、水上、航空运输和联合运输合同纠纷提起的诉讼，由运输始发地、目的地或者被告住所地人民法院管辖。

● 因侵权行为提起的诉讼，由侵权行为地或者被告住所地人民法院管辖。

● 因铁路、公路、水上和航空事故请求损害赔偿提起的诉讼，由事故发生地或者车辆、船舶最先到达地、航空器最先降落地或者被告住所地人民法院管辖。

● 因船舶碰撞或者其他海事损害事故请求损害赔偿提起的诉讼，由碰撞发生地、碰撞船舶最先到达地、加害船舶被扣留地或者被告住所地人民法院管辖。

● 因海难救助费用提起的诉讼，由救助地或者被救助船舶最先到达地人民法院管辖。

● 因共同海损提起的诉讼，由船舶最先到达地、共同海损理算地或者航程终止地的人民法院管辖。

3. 专属管辖

专属管辖是指法律专门规定某些类型的案件，只能由特定的法院管辖。我国《民事诉讼法》第三十四条对专属管辖作了规定，主要包括以下几点。

● 因不动产纠纷提起的诉讼，由不动产所在地人民法院管辖。

● 因港口作业中发生纠纷提起的诉讼，由港口所在地人民法院管辖。

● 因继承遗产纠纷提起的诉讼，由被继承人死亡时住所地或者主要遗产所在地人民法院管辖。

4. 共同管辖

《民事诉讼法》第三十六条规定：两个以上人民法院都有管辖权的诉讼，原告可以向其中一个人民法院起诉，原告向两个以上有管辖权的人民法院起诉的，由最先立案的人民法院管辖。

5. 协议管辖

协议管辖，又称合意管辖或者约定管辖，是指双方当事人在合同纠纷发生前或发生后，以协议方式选择解决纠纷的管辖法院。我国《民事诉讼法》第三十五条规定：合同或者其他财产权益纠纷的当事人可以书面协议选择被告住所地、合同履行地、合同签订地、原告住所地、标的物所在地等与争议有实际联系的地点的人民法院管辖，但不得违反《民事诉讼法》对级别管辖和专属管辖的规定。

四、民事诉讼程序

（一）第一审普通程序

第一审普通程序是《民事诉讼法》规定的人民法院审理案件时普遍适用的程序，第一审普通程序完整、具有广泛的适用性。它包括以下几个阶段。

1. 起诉和受理

起诉是公民、法人或其他组织认为民事权益受到侵害或与他人发生争议时，请求人民法院通过审判方式予以司法保护的诉讼行为。

根据《民事诉讼法》规定，起诉必须符合以下四个条件。

● 原告是与本案有直接利害关系的公民、法人和其他组织。

● 有明确的被告。

● 有具体的诉讼请求和事实、理由。

● 属于人民法院受理民事诉讼的范围和受诉人民法院管辖。

起诉要提交起诉状，并按照被告人数向法院提交起诉状副本，起诉状应记明下列事项。

● 原告的姓名、性别、年龄、民族、职业、工作单位、住所和联系方式，法人或者其他组织的名称、住所和法定代表人或者主要负责人的姓名、职务和联系方式。

● 被告的姓名、性别、工作单位、住所等信息，法人或者其他组织的名称、住所等信息。

● 诉讼请求和所根据的事实与理由。

● 证据和证据来源，证人姓名和住所。

2. 审查和受理

人民法院收到起诉状或者口头起诉，经审查，认为符合起诉条件的，应当在七日内立案，并通知当事人；认为不符合起诉条件的，应当在七日内作出裁定书，不予受理；原告对裁定不服的，可以提起上诉。

3. 审理前的准备

● 人民法院应当在立案之日起五日内将起诉状副本发送被告，被告在收到之日起十五日内提出答辩状。

● 被告提出答辩状的，人民法院应当在收到之日起五日内将答辩状副本发送原告。被告不提出答辩状的，不影响人民法院审理。

● 人民法院对决定受理的案件，应当在受理案件通知书和应诉通知书中向当事人告知有关的诉讼权利义务，或者口头告知。

● 依法组成合议庭，并告知当事人。合议庭组成人员确定后，应当在三日内告知当事人。

● 审核诉讼材料、调查收集必要的证据。审判人员必须认真审核诉讼材料，调查收集必要的证据。

● 必须共同进行诉讼的当事人没有参加诉讼的，人民法院应当通知其参加诉讼。

4. 开庭审理

开庭审理是指在人民法院审判人员主持下，在当事人和其他诉讼参与人的参加下，依照法定程序对案件进行审理的诉讼活动。开庭审理有公开审理和不公开审理两种方式，我国《民事诉讼法》以公开审理为原则，不公开审理为例外。

法庭开庭审理程序可分为以下几个阶段。

（1）庭审准备。开庭审理前，书记员应当查明当事人和其他诉讼参与人是否到庭，宣布法庭纪律；由审判长核对当事人，宣布案由，宣布审判人员、书记员名单，告知当事人有关的诉讼权利义务，询问当事人是否提出回避申请。

（2）法庭调查。法庭调查按下列顺序进行：当事人陈述→告知证人的权利义务，证人作证，宣读未到庭的证人证言→出示书证、物证、视听资料和电子数据→宣读鉴定结论→宣读勘验笔录。

（3）法庭辩论。法庭辩论按照下列顺序进行：原告及其诉讼代理人发言→被告及其诉讼代理人答辩→第三人及其诉讼代理人发言或者答辩→互相辩论。

法庭辩论终结，由审判长按照原告、被告、第三人的先后顺序征询各方最后意见。

（4）评议与宣判。法庭辩论终结，审判长宣布休庭，全体合议庭成员退庭进行评议。合议庭实行少数

练一练

画出第一审普通程序的草图。

服从多数的原则，对不同意见应如实记入笔录。评议笔录应由全体合议庭成员签名。人民法院对公开审理或者不公开审理的案件，一律公开宣告判决。当庭宣判的，应当在十日内发送判决书；定期宣判的，宣判后立即发给判决书。宣告判决时，必须告知当事人上诉权利、上诉期限和上诉的法院。

人民法院适用普通程序审理的案件，应当在立案之日起六个月内审结。有特殊情况需要延长的，由本院院长批准，可以延长六个月；还需要延长的，报请上级人民法院批准。

看一看

根据《民事诉讼法》的规定，对于事实清楚、权利义务关系明确、争议不大的简单的民事纠纷案件可以适用简易程序，简易程序由审判员一人独任审判。

人民法院适用简易程序审理案件，应当在立案之日起三个月内审结。

（二）第二审程序

第二审程序又称上诉审程序，是当事人不服第一审法院的判决或裁定，在法定期限内向上一级人民法院提起上诉，上一级人民法院对案件进行审理时所适用的诉讼程序。

第二审程序一般包括如下几个阶段。

1. 上诉的提起

当事人不服地方人民法院第一审判决的，有权在判决书送达之日起十五日内向上一级人民法院提起上诉。当事人不服地方人民法院第一审裁定的，有权在裁定书送达之日起十日内向上一级人民法院提起上诉。

上诉应当递交上诉状。上诉状的内容应当包括以下几点。

- 当事人的姓名，法人的名称及其法定代表人的姓名或者其他组织的名称及其主要负责人的姓名。
- 原审人民法院名称、案件的编号和案由。
- 上诉的请求和理由。

上诉状应当通过原审人民法院提出，并按照对方当事人或者代表人的人数提出副本。当事人直接向第二审人民法院上诉的，第二审人民法院应当在五日内将上诉状移交原审人民法院。

2. 上诉的受理

原审人民法院收到上诉状，应当在五日内将上诉状副本送达对方当事人，对方当事人在收到之日起十五日内提出答辩状。人民法院应当在收到答辩状之日起五日内将副本送达上诉人。对方当事人不提出答辩状的，不影响人民法院审理。原审人民法院收到上诉状、答辩状，应当在五日内连同全部案卷和证据，报送第二审人民法院。

3. 上诉的审理

第二审人民法院应当对上诉请求的有关事实和适用法律进行审查。二审一般情况下是开庭审理，在特殊情况下可以不开庭审理，由合议庭直接判决。

4. 上诉的裁判

第二审人民法院对上诉案件，经过审理，按照下列情形，分别处理。

● 原判决、裁定认定事实清楚，适用法律正确的，以判决、裁定方式驳回上诉，维持原判决、裁定。

● 原判决、裁定认定事实错误或者适用法律错误的，依法改判。

● 原判决认定基本事实不清的，裁定撤销原判决，发回原审人民法院重审，或者查清事实后改判。

● 原判决遗漏当事人或者违法缺席判决等严重违反法定程序的，裁定撤销原判决，发回原审人民法院重审。当事人对重审案件的判决、裁定，可以上诉。

人民法院审理对判决的上诉案件，应当在第二审立案之日起三个月内审结。有特殊情况需要延长的，由本院院长批准。

人民法院审理对裁定的上诉案件，应当在第二审立案之日起三十日内作出终审裁定。

（三）审判监督程序

审判监督程序也称再审程序，是指法院对已经发生法律效力的判决、裁定，发现确有错误，依法对案件进行再次审理的程序。

根据《民事诉讼法》的规定，提起审判监督程序的情形主要有三种。

1. 人民法院提起的再审

根据《民事诉讼法》的规定，各级人民法院院长对本院已经发生法律效力的判决、裁定，发现确有错误，认为需要再审的，应当提交审判委员会讨论决定。最高人民法院对地方各级人民法院已经发生法律效力的判决、裁定，上级人民法院对下级人民法院已经发生法律效力的判决、裁定，发现确有错误的，有权提审或者指令下级人民法院再审。

2. 当事人申请再审引起的审判监督程序

根据《民事诉讼法》的规定，当事人对已经发生法律效力的判决、裁定，认为有错误的，可以向上一级人民法院申请再审，但不停止判决、裁定的执行。

当事人的申请符合下列情形之一的，人民法院应当再审。

● 有新的证据，足以推翻原判决、裁定的。

● 原判决、裁定认定的基本事实缺乏证据证明的。

● 原判决、裁定认定事实的主要证据是伪造的。

● 原判决、裁定认定事实的主要证据未经质证的。

● 对审理案件需要的证据，当事人因客观原因不能自行收集，书面申请人民法院调查收集，人民法院未调查收集的。

● 原判决、裁定适用法律确有错误的。

● 审判组织的组成不合法或者依法应当回避的审判人员没有回避的。

● 无诉讼行为能力人未经法定代理人代为诉讼或者应当参加诉讼的当事人，因不能归责于本人或者其诉讼代理人的事由，未参加诉讼的。

● 违反法律规定，剥夺当事人辩论权利的。

● 未经传票传唤，缺席判决的。

● 原判决、裁定遗漏或者超出诉讼请求的。

● 据以作出原判决、裁定的法律文书被撤销或者变更的。

● 审判人员在审理该案件时有贪污受贿，徇私舞弊，枉法裁判行为的。

3. 人民检察院提起的审判监督程序

人民检察院提起审判监督程序是通过抗诉形式实现的。所谓抗诉，是指人民检察院对法院已经生效的判决裁定，发现确有错误，或者审判人员在审理过程中有违法行为，提请法院对案件重新进行审理的诉讼行为。根据《民事诉讼法》的规定，最高人民检察院对各级人民法院已经发生法律效力的判决、裁定，上级人民检察院对下级人民法院已经发生法律效力的判决、裁定，发现确有错误的，应当提出抗诉。地方各级人民检察院对同级人民法院已经发生法律效力的判决、裁定，发现确有错误的，应当提请上级人民检察院向同级人民法院提出抗诉。

看一看

人民法院按照审判监督程序再审的案件，发生法律效力的判决、裁定是由第一审法院作出的，按照第一审程序审理，所作的判决、裁定，当事人可以上诉；发生法律效力的判决、裁定是由第二审法院作出的，按照第二审程序审理，所作的判决、裁定，是发生法律效力的判决、裁定；上级人民法院按照审判监督程序提审的，按照第二审程序审理，所作的判决、裁定是发生法律效力的判决、裁定。

人民法院审理再审案件，应当另行组成合议庭。

（四）执行程序

执行程序也称强制执行，是人民法院依当事人的申请，运用国家强制力强制债务人履行债务的行为过程。民事诉讼的判决生效后，当事人应自觉履行，如果当事人拒绝履行，就可以启动执行程序。

申请执行的期间为二年。从法律文书规定履行期间的最后一日起计算；法律文书规定分期履行的，从最后一期履行期限届满之日起计算；法律文书未规定履行期间的，从法律文书生效之日起计算。

查一查

通过互联网或其他途径查询人民法院的强制执行包括哪些措施。

法院强制执行手段

总结与回顾

本模块介绍了仲裁和诉讼的相关法律规定，其中仲裁主要涉及仲裁制度、仲裁协议、仲裁程序等内容，诉讼主要包括诉讼制度、诉讼管辖、诉讼程序等内容。同学们在学习本模块时应立足于如何通过仲裁和诉讼的方式解决争议，特别是对仲裁和诉讼程序、仲裁和诉讼文书撰写更应熟练掌握。

拓展知识

位于某市甲区的天南公司与位于乙区的海北公司签订合同，约定海北公司承建天南公司位于丙区的新办公楼，合同中未约定仲裁条款。新办公楼施工过程中，天南公司与海北公司因工程增加工作量、工程进度款等问题发生争议。双方在交涉过程中通过电子邮件约定将争议提交某仲裁委员会进行仲裁。其后天南公司考虑到多种因素，向人民法院提起诉讼，请求判决解除合同。

法院在不知道双方曾约定仲裁的情况下受理了本案，海北公司进行了答辩，表示不同意解除合同。在一审法院审理过程中，原告申请法院裁定被告停止施工，法院未予准许。开庭审理过程中，原告提交了双方在履行合同过程中的会谈录音带和会议纪要，主张原合同已经变更。被告质证时表示，对方在会谈时进行录音未征得本方同意，被告事先不知道原告进行了录音，而会议纪要则无被告方人员的签字，故均不予认可。一审法院经过审理，判决驳回原告的诉讼请求。原告不服，认为一审判决错误，提出上诉，并称双方当事人之间存在仲裁协议，法院对本案无诉讼管辖权。

二审法院对本案进行了审理。在二审过程中，海北公司见一审法院判决支持了本公司的主张，又向二审法院提出反诉，请求天南公司支付拖欠的工程款。天南公司考虑到二审可能败诉，故提请调解，为了达成协议，表示认可部分工程新增加的工作量。后因调解不成，天南公司又表示对已认可增加的工作量不予认可。二审法院经过审理，判决驳回上诉，维持原判。

请问：

❶ 何地法院对本案具有诉讼管辖权？

❷ 假设本案起诉前双方当事人对仲裁协议的效力有争议，可以通过何种途径加以解决？

❸ 一审法院未依原告请求裁定被告停工是否正确？为什么？

❹ 双方的会谈录音带和会议纪要可否作为法院认定案件事实的根据？为什么？

❺ 原告关于管辖权的上诉理由是否成立？为什么？

❻ 假设二审法院认为本案不应由人民法院受理，可以如何处理？

❼ 对于海北公司提出的反诉，人民法院的正确处理方式是什么？

❽ 天南公司已经认可增加的工作量，法院在判决中能否作为认定事实的根据？

解析：

❶ 乙区法院和丙区法院。

❷ 请求仲裁委员会作出决定或者请求人民法院作出裁定。一方请求仲裁委员会作出决

定，另一方请求人民法院作出裁定的，由人民法院裁定。

❸ 正确，原告请求不符合先予执行的条件，因本案尚在审理中，合同是否解除尚无定论，当事人之间的权利义务关系尚不明确。

❹ 录音带可以作为认定案件事实的根据，该证据即使是秘密录音，其取得方式也是合法的，只有以侵害他人合法权益或者违反法律禁止性规定的方法获得的证据，才不能作为认定案件事实的依据；会议纪要不能作为认定案件事实的根据，其形式有欠缺，应当双方签字。

❺ 不成立。当事人一方向人民法院起诉时未声明有仲裁协议，人民法院受理后，对方当事人又应诉答辩的，视为该人民法院有管辖权。

❻ 裁定撤销原判，驳回起诉。

❼ 可以根据自愿原则进行调解，调解不成的，告知当事人另行起诉。

❽ 不能。在诉讼中，当事人为了达成调解协议或者和解的目的作出妥协所涉及的对案件事实的认可，不得在其后的诉讼中作为对其不利的证据。

法治素养

民事法官的五种能力

一是锻造敏锐的政治判断力。在司法审判工作中做到讲政治、顾大局，而不是因循于具体法律条文，机械司法，就案办案。民事案件是社会转型期一些经济社会矛盾的真实体现，单个案件的背后往往隐藏着一个行业、一个群体乃至一个领域的突出问题。这就要求青年法官提高政治站位，高度关注国家大政方针、基本方略，尤其是与自己审判领域有关的方针政策，以确保自己所办的案件不偏离大政方针，做到“三个效果”有机统一。

二是提高查清案件事实的能力。以事实为根据，以法律为准绳，是法官办案的基本要求。只有把案件事实查清、查透，才能准确适用法律，定分止争。平时办案中，要根据当事人提交的诉状、答辩状、代理词、证据材料，结合庭审调查，准确甄别有效证据，全面查明案件事实。而办案经验的积累、自身阅历的丰富、所学知识的加持，均有助于查清案件事实。

三是增强做群众工作的能力。法官办案的过程也是与当事人、代理人、鉴定人员等接触、交流、沟通的过程，在这个过程中法官要有敏锐的洞察力，克服急躁、畏难情绪，对可能出现的风险点、矛盾点及时跟进化解。要换位思考，将心比心，耐心听诉，用心用情做好矛盾化解、案件调解、释法疏导工作，通过每一个司法案件来传递法律温度，弘扬社会主义核心价值观。

四是保持终身学习的能力。法官要坚持第一时间学习和掌握与审判业务相关的新修改的法律、法规、司法解释，掌握最新审判精神。每年都会出台很多新的法律、法规、司法解释，法官如果不坚持学习，就很容易出错。

五是自我心理调整的能力。民事法官长期处于审判一线，处于社会矛盾、冲突、争议的最前沿，平时办案中难免会遇到个别不理智的当事人，接触到一些负面信息、负能量，时间长了必然会影响自身心理。此时一定要学会排解，可以通过运动等方式来释放紧张、压抑的情绪，进行良好的自我暗示，再以饱满的热情投入到工作当中。也可以多阅读一些心理学方面的书籍，不断加强自身修养，增强自己的心理承受能力，在办案遇到的重重考验中锻造本领、增长才干，为法治中国建设贡献青春力量。

资料来源：人民法院报。

复习思考题

❶ 仲裁的基本制度包括哪些？

❷ 仲裁程序是什么？

❸ 民事诉讼的基本制度包括哪些？

❹ 民事诉讼一审程序的步骤是什么？

技能训练

实训项目一　撰写仲裁申请书和仲裁答辩状

一、实训目的

通过撰写仲裁申请书，使学生掌握仲裁文书的撰写，使学生具备独立仲裁的能力。

二、实训组织

由教师提供案例材料，然后将学生分组，根据材料撰写仲裁申请书和仲裁答辩状。

实训项目二　模拟法庭

一、实训目的

通过模拟法庭实训，使学生掌握诉讼程序和诉讼文书的撰写，使学生具备独立诉讼的能力。

二、实训组织

教师提供案例材料，学生根据材料撰写民事起诉状、民事答辩状、代理词、民事反诉状、民事上诉状等诉讼文书。让学生担任不同的角色，进行模拟法庭活动的演示（庭审程序的具体环节可根据案件不同的情况进行添加或修改）。

参考文献

[1] 张守文．经济法学[M]．2版．北京：中国人民大学出版社，2013.

[2] 王先林．经济法教程[M]．2版．上海：上海交通大学出版社，2016.

[3] 王福友．经济法[M]．6版．北京：高等教育出版社，2017.

[4] 贺拥军．经济法基础[M]．太原：山西经济出版社，2019.

[5] 李振华．经济法概论[M]．北京：中国民主法制出版社，2019.

[6] 张卫平．民事诉讼法[M]．5版．北京：法律出版社，2019.

[7] 施天涛．商法学[M]．北京：法律出版社，2019.

[8] 杨立新．中华人民共和国民法典条文要义[M]．北京：中国法制出版社，2020.

[9] 王欣新．公司法[M]．4版．北京：中国人民大学出版社，2020.

[10] 张士元．企业法学[M]．4版．北京：法律出版社，2020.

[11] 周友苏．证券法新论[M]．北京：法律出版社，2020.

[12] 乔欣．仲裁法学[M]．3版．北京：清华大学出版社，2020.

[13] 郑彧．证券法要义[M]．北京：北京大学出版社，2021.

[14] 李良雄，王琳雯．金融法[M]．3版．北京：人民邮电出版社，2021.

[15] 佟元琪，贾晨露．经济法[M]．2版．北京：清华大学出版社，2022.